LE
SPIRITISME DÉVOILÉ

OU

LES FAITS SPIRITES

CONSTATÉS ET COMMENTÉS

PAR

A. JEANNIARD DU DOT

PARIS
BLOUD ET BARRAL
LIBRAIRES-ÉDITEURS
4, Rue Madame, et rue de Rennes, 59

LE SPIRITISME DÉVOILÉ

LE
SPIRITISME DÉVOILÉ

OU

LES FAITS SPIRITES

CONSTATÉS ET COMMENTÉS

PAR

A. JEANNIARD DU DOT

PARIS

BLOUD ET BARRAL

LIBRAIRES-ÉDITEURS

4, Rue Madame, et rue de Rennes, 59

LE SPIRITISME DÉVOILÉ

Lettre de Monseigneur Bécel, évêque de Vannes, à l'Auteur.

Monsieur,

J'ai confié à M. l'abbé Le Roux, professeur de philosophie au collège Saint-François-Xavier votre ouvrage intitulé le *Spiritisme dévoilé*. Sur le rapport favorable de ce prêtre d'un grand mérite, je vous engage à livrer à la publicité ce travail, qui vous fait honneur, et dont la lecture, dit l'examinateur, ne peut qu'inspirer une plus grande défiance de *l'ennemi de la nature humaine*.

Veuillez agréer, monsieur, avec mes félicitations, l'assurance de mon respectueux dévouement.

† Jean-Marie, évêque de Vannes.

Rapport de M. Le Roux, professeur de philosophie au collège Saint-François-Xavier, à Monseigneur de Vannes.

L'ouvrage intitulé le *Spiritisme dévoilé* renferme une étude au point de vue théologique d'un grand nombre de faits anciens ou contemporains se rapportant à l'ordre extra naturel.

L'auteur apprécie ces faits d'après les principes de la philosophie de saint Thomas et montre dans quelles circonstances on doit reconnaître l'action diabolique. Il combat l'affirmation des spirites modernes, qui prétendent par leurs évocations, entrer en relations avec les âmes des défunts et montre que ce sont les démons qui sont les dieux du spiritisme, comme ils furent les dieux du paganisme.

L'auteur indique ainsi lui-même le même but de son ouvrage : « Ce petit livre n'a guère d'autre but que d'aider au discernement des esprits en distinguant nettement les faits démoniaques, tant des faits humains et naturels que des faits divins, soit ordinaires et physiques, soit extraordinaires, surnaturels et miraculeux. » C'est pour cela qu'il compare et oppose en eux-mêmes et dans leurs effets l'extase démoniaque et l'extase divine, le miracle et le prestige diabolique.

Ce livre est intéressant, bien écrit, d'une psychologie profonde et d'une grande valeur littéraire. Au point de vue théologique, il me paraît irréprochable. Sa lecture ne peut que porter au bien et inspirer une plus grande défiance de *l'ennemi de la nature humaine.*

Lettre de Monseigneur de Kernaëret, doyen de la Faculté de théologie d'Angers, à l'Auteur.

Monsieur,

En ces temps où l'étude des phénomènes physiques absorbe un si grand nombre d'intelligences, où la psychologie elle-même tend à se confondre avec la physiologie, vous vous êtes fait une spécialité de l'étude des purs esprits. Déjà vous leur avez consacré un livre où l'on trouve avec la vulgarisation la plus claire et la plus exacte de la doctrine thomiste sur les Anges, les aperçus nouveaux qui conviennent à notre époque rapprochés des considérations historiques qui jettent un grand jour sur le passé. Il était tout naturel qu'un écrivain de votre talent, en possession de la saine doctrine théologique, voulût en faire l'application aux prestiges contemporains; personne n'était mieux préparé que vous, et, de fait, vous avez pleinement réussi.

Nous assistons depuis longtemps à un immense travail de dissolution religieuse, qui se poursuit partout avec une véritable unité de plan, et cette unité de plan dénote l'unité de direction. La négation, non plus partielle comme autrefois, mais totale et absolue, tend à devenir l'état d'esprit du genre humain. Elle pénètre dans tous les milieux. Nous pensions autrefois que les théorèmes de la géométrie élémentaire étaient inattaquables ; je connais aujourd'hui des hommes (et il y a des chrétiens parmi eux) qui n'attribuent qu'un caractère « conjectural » aux *Eléments* d'Euclide. Il est vrai qu'ils croient à l'espace à un nombre indéfini de dimensions. Cet exemple de suicide intellectuel par le non sens me paraît des plus remarquables, et il y en a bien d'autres. Comment après cela les faits historiques et les certitudes morales qui forment, comme disent les théologiens, « le préambule de la foi, » pourraient-ils rester debout? Comment l'existence de Dieu, moins immédiatement évidente que le postulatum d'Euclide, serait-elle respectée ? Pauvre raison! elle a voulu régner seule, et elle est maintenant plus en péril que la foi elle-même, et il a fallu que le concile du Vatican prît en main sa cause et affirmât sa puissance.

Mais le genre humain peut-il croupir à jamais dans ce nihilisme ? Evidemment non. La voix de notre nature ne peut cesser de se faire entendre, et elle demande qu'on donne satisfaction au plus noble de ses besoins : elle veut l'idéal, elle veut une religion, ou du moins, quelque chose qui en ait l'apparence. Ne donner à ce besoin aucune satisfaction, c'était pour le « prince de ce monde » se priver de la victoire relative sur laquelle il y a quelque motif de compter. Et nous avons vu les prestiges du paganisme et de la magie, les superstitions de l'antiquité et du moyen-âge reparaître sous des formes à peine modifiées.

Le paganisme et la magie, tels sont les vieux ennemis que nous avons de nouveau à combattre, et il est nécessaire que nous les connaissions. Vous vous êtes surtout attaché à nous montrer le fond de la magie contemporaine, et votre livre vient pour cela précisément à son heure. Il y a peu d'années, la science officielle écartait absolument ce genre de questions, et tout homme qui s'en occupait était banni de toutes les académies.

Il n'en est plus de même aujourd'hui : le prestige a forcé les portes des Sociétés savantes. Le magnétisme, proscrit sous son premier nom, est en honneur sous le nom d'hypnotisme, en attendant que les vieux noms de sorcellerie et de magie reprennent le droit de cité. Le second l'a même déjà reconquis, et les mages pullulent à Paris comme à Londres, contractant la plus singulière des alliances, avec un boudhisme frelaté. Alliance singulière, dis-je, alliance pourtant fort compréhensible, puisque le boudhisme (je parle de celui des savants) n'est qu'une forme de l'athéisme et qu'il s'agit précisément d'obtenir une religion athée, comme Renan nous a déjà doté, après Auguste Comte, d'un athéisme dévot.

En présence de ces tentatives, il est indispensable de démasquer, à la lumière des vrais principes, l'agent principal des manifestations extraordinaires qui captivent l'attention publique. Il est bon de montrer Satan, non fier et superbe comme dans le poëme de Milton, mais bas et rampant, menteur et homicide. Il est nécessaire de distinguer nettement ses œuvres des merveilles lumineuses et consolantes du vrai surnaturel, et aussi des phénomènes purement physiques. Dans les faits que vous étudiez et que vous commentez avec tant de soin et avec une pénétrante critique, vous montrez une cause libre, mais perverse et rivée au mal. Vos études, en montrant dans toute son horreur la religion de l'abîme, auront pour résultat d'en éloigner les âmes faibles que le merveilleux séduit, et contribuera par conséquent à enlever à l'ennemi du genre humain une de ses armes, et non la moins terrible.

Nous sommes, nous autres catholiques de France, dans une période de découragement, et l'on ne saurait s'en étonner outre mesure. Et pourtant il n'y a pas lieu d'abandonner la lutte contre Satan. Ses succès ne seront jamais que partiels et misérables. Croit-on, par exemple, que le théosophisme de M. X, ou le néo-boudhisme de Mme Y, soit destiné à devenir la religion de l'humanité? Croit-on que le christianisme, fondé sur la résurrection de l'Homme-Dieu, disparaisse devant le fantôme de Katie King? Non, ce qui se prépare dans l'humanité, c'est une grande séparation, prélude de celle du jugement dernier. Toutes les demi-vérités tendent à disparaître avec les demi-erreurs, pour ne plus laisser place qu'à la vérité intégrale, le *catholicisme*, et à l'erreur intégrale, le *nihilisme*. Au point de vue social, je ne crois pas du tout à l'avenir de la magie. Mais au point de vue individuel, elle peut faire, elle fait déjà de nombreuses victimes. Faisons-la donc connaître pour la faire haïr, comme nous faisons connaître le christianisme pour le faire aimer.

Agréez, monsieur, avec l'expression de mon admiration pour votre science et vos talents, l'assurance de mes sentiments de cordiale confraternité dans la défense de toutes les bonnes causes.

Jude de Kernaeret,
Doyen de la Faculté de théologie d'Angers.

INTRODUCTION

I

CHOSES A LAISSER PASSER.

Il me faut du nouveau, n'en fût-il plus au monde !

s'écriait le bon La Fontaine. Plus d'un lecteur trouvera du nouveau dans ce mince volume. Les faits qui en sont la base matérielle, nous les devons à M. Paul Gibier qui en a constaté lui-même une partie et emprunté beaucoup d'autres aux plus illustres des savants européens dont il suit les traces. Le petit nombre de narrations qu'il reproduit d'après divers écrivains moins graves, nous les signalons, comme lui à l'attention du lecteur, nous ne les imposons point à sa croyance.

Les réflexions qui sortent de ces récits n'apparaissent point d'abord à tous les yeux, parce que la facilité de voir les choses métaphysiques et de les faire voir à autrui dépend d'un don particulier fortifié par l'habitude. La vulgarisation des idées philosophiques est une matérialisation d'esprit qui ne se fait pas sans médium.

Nous donnerons nos explications presque sans discuter. M. Paul Gibier et nous sommes aux deux pôles de la philosophie : pour se battre, il faut se rencontrer : de peur donc de perdre nos coups, nous raisonnerons constamment sur ses faits, rarement contre ses idées, laissant tout d'abord de côté les sciences hindoues qui l'occupent tant. (1)

Qu'il découvre, s'il le peut, après quelques autres, des calculs cinquante-huit fois millénaires dans les rêveries du *Sûrya-Siddhânta* !

Qu'il s'écrie dans l'enthousiasme de sa jeune érudition :

---

(1) Notons seulement qu'il est presque en tout contredit par les savants indianistes Leupol, Nève, Weber, Dowson, Angelo de Gubernatis, Wilhelm da Fonseca, Monier Williams, Burnouf, Müller, Lassen, Roth, Muir, etc. Voir sur ce sujet les écrits de Mgr de Harlez, professeur à l'Université de Louvain.

« Quel savant homme que ce Souryô ! (1) Quel beau génie ! »

— Je le crois bien ! C'est le soleil en personne.

Qu'il trouve avec M. Jacolliot (2), l'histoire anticipée du Christ dans les interpolations les plus modernes du *Mahabhârata* (3) relatives à Kershna ; il nous suffit que les mots : *Jezeus Christna* (4) soient impossibles (n)é) sanscrit, tandis que *Jesus* et *Christ* sont, le premier, reproduit, le second, traduit des vieux livres

---

(1) Le *Sûrya-Siddhânta*, livre d'astronomie rédigé par Ilagadha, deux siècles après J. C. Le *Jyotisham*, sorte de calendrier des Védas, auquel il se reporte, a été dressé à peu près 400 ans avant notre ère.

(2) Le *Spiritisme dans le monde*, *La Bible dans l'Inde*. (Librairie internationale). Les ouvrages de M. L. Jacolliot, ancien magistrat à Pondichéry, prouvent que cet écrivain, qui habita pourtant vingt années dans l'Hindoustan, porte beaucoup d'imagination dans la science comme dans l'histoire.

(3) Poème ancien de cinq à huit mille distiques, porté à 200,000 vers par les additions perpétuelles des Brahmanes jusqu'en plein siècle de Louis XIV. La *Trimourti*, contrefaçon grossière de la Trinité, date du iv° siècle après J.-C., elle a été perfectionnée au x°.

(4) La lettre Z et les combinaisons *eu*, *chr* ou *khr* ne se trouvent pas dans un seul mot sanscrit. Et sans plus parler du mot, on trouverait plus aisément dans le type ordinaire de Kershna, simple héros dans les poèmes anciens, divinité longtemps depuis J. C., le portrait de don Juan que celui du Messie.

hébraïques par les *juifs hellénisants*, auteurs des Évangiles (1).

Qu'il accepte de ce maître improvisé ses étymologies hindoues des noms d'hommes ou de peuples asiatiques et européens, comme *Artaxercès, Anaxagore, Italien, Moldave, Valaque*; le malheur est que les plus spécieuses violent les lois élémentaires de la composition (2) et que les autres sont sanscrites comme *mamamouchi* est turc !

Qu'il croie encore, si bon lui semble, aux hommes singes des poëmes brahmaniques, luttant victorieusement pour un dieu contre ses ennemis et dont les descendants *non transformés* auraient été vus récemment dans le Laos! Ce n'est pas nous, c'est lui qui donne ce soufflet à Darwin. Mais *une pierre de la main d'un ami, c'est une pomme*.

Qu'il admire même sur ouï dire les lois du prétendu Manou (3), aussi contraires à la raison

---

(1) *Ieschoua*, sauveur ; *maschouah*, oint, en grec *Christos* adjectif verbal de *Chriô*, oindre.

(2) L'emploi en composition de *na* pour *nar, aner, vir*, qui sert tant à M. Jacolliot dans ses étymologies, ne se trouve dans aucun mot sanscrit. Les cinq mots cités ici n'ont pas une parcelle de sanscrit.

(3) Edictées par les Brahmanes environ deux siècles avant J.-C. et rédigées sous leur forme actuelle au deuxième siècle de notre ère.

universelle qu'à nos idées européennes; ces lois dont l'esprit apparaît tout entier dans un article qui n'en est pourtant ni le plus inhumain ni le plus absurde : « Celui qui crachera du côté d'un Brahmane, le roi lui fera couper les deux lèvres ».

Qu'il exalte les Bouddhistes, leur philosophie, leur vertu ; de celle-ci nous ne disons rien : nous aurions trop à dire. Mais pour la philosophie logiquement folle et savamment absurde, l'Inde n'est que l'enfance de l'Allemagne : c'est le Bouddha balbutiant ses rêves dans son berceau de lotus ; au lieu que chez nos voisins, le Bouddha grandi les articules dans les chaires officielles.

Notre Europe, c'est le bouillonnement des mers qui l'assiègent ; c'est l'orgueil ambitieux, c'est l'esprit affairé qui s'agite ; l'Hindoustan, c'est le croupissement des mares infectes où il se purifie ; c'est l'orgueil sans avenir foulant d'un pied dur, impitoyable, l'abjection sans espoir.

Saluer notre bonheur futur en croyant le voir lever de ce côté-là, c'est rire, et nous pensons avec Cicéron que ceux qui ont le blé n'ont plus besoin d'aller chercher les glands : *Quæ est in*

Ciceronis *Orator.*

hominibus tanta perversitas ut inventis frugibus glande vescamur?

II

CHOSES A RETENIR.

Le livre du docteur Gibier n'en est pas moins un livre sérieux, en ce qu'il a une partie sérieuse, celle qui relève complètement de ses études (1).

L'auteur sait observer les faits matériels avec un scrupule, une juste défiance, une sagacité, une sagesse incontestables. Aussi les phénomènes constatés par ses sens ne font pour nous aucun doute.

---

(1). Le *spiritisme (fakirisme occidental,)* du docteur Paul Gibier, ancien interne des hôpitaux de Paris, aide naturaliste au Muséum d'histoire naturelle, ouvrage publié chez Octave Doin, place de l'Odéon, est un recueil de faits spirites recueillis de divers auteurs ou personnels à l'auteur lui-même ; la partie la plus importante se compose des expériences de Crookes et de Zœllner et de celles de M. Gibier. Par le sérieux, l'intérêt, la richesse et la variété des faits, ce livre est le classique de la science spirite en France. Mais à la critique historique, l'auteur ne joint aucune appréciation doctrinale, par la raison qu'il n'a pas de doctrine : c'est cette lacune que nous cherchons à combler.

Sincère envers les autres toutes les fois qu'il l'est envers lui-même, il avoue tout d'abord qu'aucune loi connue ne saurait expliquer les faits dont il est témoin. Mais il attend de l'avenir la révélation des lois qui les régissent.

Il trouve dans l'Inde des pratiques fort anciennes, semblables à celles dont l'Amérique et l'Europe nous offrent le spectacle et il appelle avec raison le Spiritisme un fakirisme occidental. Le fakir est, en effet, le médium de l'Inde, comme le médium est le fakir de la famille européenne, comme le jongleur est le médium et le fakir des peuplades sauvages; le nom n'y fait absolument rien.

Mais il est avéré que les faits de sorcellerie sont toujours plus nombreux dans les pays restés païens que dans nos régions chrétiennes : les récits des missionnaires et des voyageurs en font foi. C'est que le diable, ce prince des mouches (Béelzebub), est souvent chassé, ou du moins fort incommodé, par la fumée de l'encens bénit.

Néanmoins la foi des hommes et surtout la foi des nations, en reculant toujours, a, comme parle l'Evangile, fait la place au Malin (1) De là le spiritisme et d'autres choses encore.

---

(1) *Nolite dare locum maligno*. Evangile.

C'est là notre appréciation, non celle de notre auteur. Lui attribue à des sciences particulières et très réelles, connues des Hindous, inconnues de nous autres, leur supériorité dans les pratiques occultes.

Selon nous, la théologie seule peut fournir une doctrine logique sur le spiritisme, parce que seule elle connaît les actes et les pouvoirs des purs esprits. Mais qui connaît la théologie ?

Saint Thomas semble avoir prévu tous les faits spirites : c'est qu'il les avait vus dans la sorcellerie de son temps.

Pour ceux qui croient aux démons, l'explication théologique du spiritisme est absolument satisfaisante. Pour ceux qui n'y croient pas, il y a lieu de l'examiner à titre d'hypothèse. On fait cela tous les jours dans la science physique. Combien la lumière, par exemple, a-t-elle usé de théories, toutes assez plausibles ?

Pour nous qui avons appris dans l'Evangile à juger de l'arbre par ses fruits, nous n'aurons garde d'attribuer aux bons anges, à des causes libres et bienfaisantes, ces effets souvent nuisibles, souvent insignifiants, jamais véritablement utiles, et ne pouvant reconnaître dans les manifestations spirites les âmes des défunts qui n'ont plus aucun rôle ordinaire à remplir en ce monde des vivants, nous y verrons nécessairement les démons qui, d'après l'Ecriture, y ont toujours fort à faire.

Leur action sur la nature et sur l'homme, limitée par la volonté divine, toujours agissante, bien plus que par leur force naturelle inadmissible, est toujours redoutable. Bossuet nous dit de Satan, leur chef : « Si Dieu ne retenait sa fureur, on le verrait agiter le monde, comme nous remuons une petite boule. »

Contenus par Dieu même et combattus par les bons anges, ils changent leur force en ruse et le lion se fait serpent. Soit par la tentation, soit par l'obsession, soit par des pratiques plus rares, ils se servent de nos inclinations, de nos tempéraments, de nos maladies comme de notre santé même pour amener l'homme à leurs fins sans l'homme s'en doute. Selon l'avantage qu'ils y voient, ils se montrent ou ils se cachent. C'est ce qui fait qu'il y a des spirites conscients et des spirites inconscients.

L'orgueil du savant, on le verra dans tout cet ouvrage, est à la fois un attrait qui les appelle et un moyen qui les sert ; c'est de tous les humains, hélas ! celui dont ils se moquent le plus, et pour cause.

Enfin, si les phénomènes proprement spirites

et purs de tout charlatanisme humain répondent aux pouvoirs naturels que la théologie reconnait aux anges, ils répondent en même temps au caractère désordonné des anges déchus, qui sont ainsi les dieux du spiritisme comme ils furent les dieux du paganisme.

Omnes dii gentium dæmonia.

PREMIÈRE PARTIE

NOTIONS FONDAMENTALES

CHAPITRE I

LE FAIT ET LA DOCTRINE.

C'est donc au livre de M. Paul Gibier, le Spiritisme (fakirisme occidental), que nous empruntons un certain nombre de faits suffisant à dénoter la véritable nature des phénomènes spirites.

Ce livre nous a plu, tout en nous agaçant, comme un fruit vert. Le fruit a déjà toute sa substance, mais il n'a pas encore sa saveur. Le fait est bien exposé, mais l'explication manque, et par là même l'esprit, la saveur, la véritable maturité du fait.

Le fait demeure isolé de la doctrine, le fruit n'a pas vu le soleil.

Le docteur Paul Gibier déclare que les faits spirites sont inexplicables à la science moderne. Heureusement la théologie les explique.

Le spiritisme n'est pas d'hier, son nom seul est nouveau. Ses prestiges remplissent tous les temps, tous les lieux, mais surtout les temps et les lieux païens. La lumière du Christ répandue dans nos pays effarouche les démons, comme le jour chasse les hiboux.

Nous n'avons point à recommencer l'histoire de cette religion de l'enfer, à rappeler ses origines, sa diffusion, sa puissance. Notre tâche consiste à prendre les faits apportés par un observateur sagace et de bonne foi, libre penseur absolu, puis à les expliquer par la doctrine thomiste qui les a vus dans leur cause unique : l'intervention démoniaque.

— Mais nous ne croyons pas, direz-vous, au surnaturel. — Pourquoi ? Avez-vous des raisons ? Aucune ? Vous avez la foi au naturalisme et il n'y a pas de foi qui soit plus aveugle et moins raisonnable.

Vous commencez un livre par cette déclaration, vous prenez votre opinion pour un axiome et vous pensez qu'elle n'a pas besoin de preuve.

Ne pourrions-nous dire à notre tour : Je crois au surnaturel, et nous prévaloir du *beati possidentes*? Le surnaturel est encore en possession dans tout l'univers.

Nous ne le ferons pas. Si vous ne voulez point remonter jusqu'à la source élevée d'où partent nos pensées, regardez-les du moins courir en suivant leur pente logique, comme une rivière dont on regarde distraitement çà et là et le cours et les bords. On a soif peut-être, on se laisse parfois aller à goûter de son eau si on la trouve limpide. Si vous pouvez goûter ainsi quelqu'une de nos doctrines, même sans vous élever au principe d'où elles tiennent ce qu'elles peuvent avoir d'abondance ou de saveur, elles y perdront beaucoup, mais il en restera bien quelque chose.

CHAPITRE II

SUGGESTION, TENTATION, OBSESSION, POSSESSION, SORCELLERIE OU MAGIE.

Ceux qui veulent se faire une vue d'ensemble des choses diaboliques, étudier un peu ces pouvoirs étranges qui ressemblent aux nôtres et qui les surpassent trouveront ici quelques définitions et quelques notions utiles.

La *suggestion*, telle que la professent nos grands médecins, c'est la substitution de la volonté du docteur à celle du sujet dans l'exercice de ses propres facultés.

Ils s'emparent surtout de certains malades appelés hystériques et en font littéralement ce qu'ils veulent.

A ce compte, c'est la *possession doctorale* substituée à l'antique *possession diabolique*.

Dans le cours ordinaire des choses, l'action des démons est même beaucoup moins énergique que celle des médecins et les suggestions des premiers ne vont pas plus loin que ne porte la force linguistique du mot *suggérer*. Suggérer une pensée ou une action, c'est dicter cette pensée ou cette action à autrui, qui peut à volonté s'il est permis de continuer l'image, écrire ou n'écrire pas sous la dictée.

Celui, par exemple, qui fait entendre un témoignage *suggéré*, pouvait, s'il l'eût voulu, obéir à sa conscience en apportant son propre témoignage.

La *suggestion* n'est en ce sens propre et restreint que la communication d'une pensée, d'un sentiment, d'une impression, d'une action, avec injonction ou prière de s'y conformer.

La *tentation* est une suggestion démoniaque ayant pour but de nous porter au mal.

L'*obsession* est une suggestion démoniaque à l'état fixe. Elle a pour but, ou de nous porter au mal, et alors elle n'est qu'une tentation prolongée, ou simplement de nous faire du mal. Elle est dans les deux cas une attaque persévérante contre le for intérieur.

La *possession* est, au contraire, l'action démoniaque directe sur un organisme. Les démons se servent de cet organisme comme s'il était leur. La possession peut être d'un instant, comme elle peut durer des années.

La *sorcellerie* est à la fois une obsession et une possession voulues par le sujet : être sorcier, c'est être obsédé et possédé volontairement, du moins à l'origine. Le sorcier se livre corps et âme : il accepte et provoque l'inspiration satanique dans son âme, et l'action diabolique sur les corps et avant tout sur le sien.

Il n'y a pas autre chose dans la sorcellerie : la magie n'est pas une science ni un code. En effet : 1° Il n'y a pas de moyen fixe d'évoquer les esprits, j'entends pas de moyen efficace par lui-même ni par une vertu surnaturelle permanente. 2° Le pacte implicite ou explicite avec le démon n'a pas d'effets certains : ces traités sont comme ceux des diplomates qui ne lient que le plus faible et laissent toujours libre le plus fort. Le diable n'est donc pas l'instrument du sorcier, c'est le sorcier qui est l'instrument du diable.

CHAPITRE III

QU'EST-CE QUE LE SPIRITISME.
SPIRITISME RÉEL ET SPIRITISME IMAGINAIRE.
ILLUSION ET SUPERCHERIE.
LE SPIRITISME RÉEL SEUL OBJET DE CET OUVRAGE.

Le *spiritisme* est un système de relations extra-naturelles des hommes avec les purs esprits.

La loi de notre nature qui veut que l'âme agisse au moyen du corps ne nous permet que des communications très imparfaites avec les esprits

Ceux-ci, en effet, vivent et agissent d'une façon bien différente de la nôtre : car ils pensent, parlent, se meuvent et meuvent les objets comme nous ne pouvons le faire, c'est-à-dire sans le secours d'organes appropriés à chaque genre d'actions. Ils appartiennent à un autre monde dont nous sommes séparés, non pas tant par des bornes matérielles que par les bornes mêmes de nos pouvoirs naturels.

D'après la croyance catholique, la prière à Dieu, aux anges, aux saints, d'une part; les inspirations divines ou les tentations démoniaques, de l'autre, sont les types principaux des relations ordinaires entre ces deux mondes, relations tantôt naturelles et tantôt surnaturelles.

D'autres relations , mais extraordinaires ,

prennent le nom de surnaturelles quand elles ont Dieu pour promoteur, et d'extra-naturelles quand ce sont les démons qui les procurent. Ces dernières seules vont nous occuper : les faits démoniaques apparaîtront ici comme des témoins pour confirmer les données de la foi et de la théologie sur les mauvais esprits.

Le spiritisme possède ou croit posséder (c'est ce que nous verrons) les moyens de franchir presque à volonté la barrière qui sépare de notre règne humain celui des purs esprits, et c'est la coordination plus ou moins heureuse de ces moyens qui constitue tout système de spiritisme.

Mais ces relations de l'homme avec le pur esprit sont tantôt réelles, tantôt imaginaires, tantôt mêlées d'imaginaire et de réel.

Chez les fakirs des Indes, chez les gnostisqués des premiers siècles, chez les sauvages de l'Amérique, chez les spirites modernes, nul doute que l'illusion et la réalité ne règnent tour à tour. Mais le spiritisme n'est spiritisme pour nous qu'autant qu'il est réalité : autrement, c'est un simple délire.

Une hallucination, par exemple, peut être ou maladive ou démoniaque : la première ne pourrait jamais nous occuper qu'en passant et dans l'intérêt de l'autre, pour constater leurs mutuels rapports comme leurs différences, et quelquefois leur rencontre dans un même sujet. Car quelle que soit sa cause active, l'*hallucination* est toujours un affolement des sens d'où naît une falsification de leurs images et cet affolement résulte toujours d'un trouble des nerfs ou du cerveau. L'agent infernal, comme l'agent humain ne peut donc la produire qu'en agissant sur les nerfs ou sur les centres nerveux.

Peu nous importe, au fond, ce qui s'est passé dans l'esprit des adeptes : nous n'aurons sous les yeux que des faits qui se sont passés dans le for extérieur et où l'hallucination elle-même n'aura place que comme étant l'œuvre certain des démons, lequel sera, dans cet écrit, la seule matière de nos jugements.

Nous ne verrons dans le spiritisme que le spiritisme même et non point les spirites qui seraient pourtant un si curieux, mais trop vaste sujet d'études ; que l'intervention des esprits provoquée par le désir des hommes et non point l'illusion qui naît parfois de ce désir ou la supercherie humaine qui en abuse pour payer de mensonges en parole ou en action la curiosité des simples. Il y a, en effet, dans toutes les superstitions, deux hardis imposteurs : la fourberie des uns et la folle imagination des autres. L'homme est pipé ou il se pipe tout seul, il peut prendre ou des artifices étrangers ou ses propres rêves pour des réalités surnaturelles, bien qu'il ne nous semble point aussi aisé qu'à Malebranche de confondre ce qu'on voit ou ce qu'on fait en rêve avec ce qu'on voit ou ce qu'on fait dans l'état de veille : mais les songes de l'homme éveillé sont les plus dangereux.

Donc le spiritisme peut être partout et toujours accompagné d'illusion, puisqu'il peut être partout et toujours mis en œuvre par des fripons aussi bien que par des gens de bonne foi et envisagé par des esprits naïfs et enthousiastes aussi bien que par des esprits sages et prudents. Mais nous verrons que son chef invisible est toujours la mauvaise foi et l'astuce en personne et qu'il est en même temps le plus réel et le plus puissant des magiciens. Admettant donc sans peine que les cas de tromperie ou d'erreur sont encore assez fréquents, nous les mettons sévèrement de côté pour ne nous attacher qu'aux faits bien caractérisés comme extra-naturels et que le bon sens ne saurait attribuer ni à l'imposture des charlatans ni à la chaleur de l'imagination qui a fait selon Malebranche tant de faux sorciers. Ce grand philosophe reconnaît du moins qu'il en est de véritables; Voltaire et son dix-huitième siècle le nient. Il était réservé aux libres-penseurs du nôtre de prouver, sans y croire, l'existence des sorciers, en pratiquant eux-mêmes la sorcellerie la plus authentique, sans convenir, il est vrai, du véritable caractère des manifestations observées par tous leurs sens et provoquées par leur énergique initiative.

CHAPITRE IV

L'ESPRIT ET LE CORPS DES ESPRITS.

Leur esprit, on le connaît ; leur corps peut être de deux sortes : ou factice et faux, ou naturel et vrai, mais emprunté, d'une façon transitoire, au moyen de la possession démoniaque. Quelques commentaires éclairciront ceci.

« Nous avons fait, dit le docteur Gibier, la remarque suivante à un spirite : Quand nous sommes morts, conservons-nous donc notre visage, notre barbe blanche, si nous en avions une de notre vivant ? Les bossus conservent-ils aussi leurs bosses ? — Non, nous fut-il répondu, mais les esprits prennent cet aspect pour être reconnus de leur proches auxquels le médium voyant décrit leur aspect. — Mais si les esprits prennent telle forme qu'il leur plait, qui nous prouve que l'esprit annoncé est bien celui auquel il ressemble ? — Pourquoi voudriez-vous qu'on nous trompât ? nous dit notre contradicteur.

« Ce raisonnement ne nous a pas pleinement convaincu. »

Nous non plus, et nous avons dit pourquoi. Si ce n'était la Révélation qui coupe la racine au spiritisme, rien ne nous empêcherait d'adopter la théorie spirite sur les manifestations des âmes de nos défunts. Elle nous semblerait, sinon concluante, du moins consolante, ce qui est quelque chose. Car du moment qu'on ne croit rien fermement, on croit à demi ce qu'on peut ; c'est naturel et même raisonnable. Mais les données de la foi, en nous apportant des consolations plus graves et plus solides mettent à néant cette frivole et vaine atténuation de nos regrets.

Quant à la théorie du spirite au sujet du corps des esprits, c'est textuellement celle de saint Thomas. Ces corps ne sont qu'un signe de reconnaissance et non point un organisme réel, mais tout au plus un mécanisme automatique.

« Nous avons vu, continue le Docteur, de ces médiums attendant la venue de l'esprit comme les Pythonisses attendaient celle du dieu qui les inspirait dans leurs oracles. Au bout d'un certain temps, le médium subit un mouvement d'oscillation comme autour d'un axe vertical, tout à coup il éprouve une convulsion brusque, et le voilà transfiguré. »

Preuve de la substitution d'une activité étrangère à la sienne, de la survenance d'une âme nouvelle à la place de son âme endormie. C'est le tressaut de la machine au premier effort de la vapeur. Ici la force motrice étant spirituelle opère subitement son effet spirituel en transfigurant ou peut-être en défigurant le sujet.

L'âme, disaient les anciens, habite dans les yeux. « Les yeux, dit Dante, sont le balcon où cette illustre habitante du corps se montre, bien que voilée. »

L'âme, professent les scolastiques, est la *forme substantielle du corps*. Elle l'*informe*, elle l'achève, elle le complète en l'animant de sa vie et en le marquant de son sceau, bien qu'elle puisse vivre à part de lui d'une vie indépendante, à ne considérer que sa nature, puisqu'elle est en elle-même une *substance* complète et un être vivant. Ainsi par l'adjonction de l'âme le corps reçoit et sa vie propre et son caractère individuel. Elle est le moule et le cachet qui modèle cette boue ou cette cire informe. Sans elle il n'est encore qu'un embryon ou n'est plus qu'un cadavre. Elle est la flamme qui anime ce feu toujours renouvelé dont toute la nature, vivante ou inanimée, fournit les aliments.

L'âme est donc et la vie et la force et le mouvement du corps et de plus son expression, grâce à l'intelligence et au sentiment moral qui ne sont qu'à elles et dont elle ne peut lui communiquer que le reflet. Et voilà pourquoi, l'âme étant éclipsée et changée en quelque sorte, le visage lui-même change. Et tandis qu'elle est endormie au fond de son palais, la nouvelle habitante apparaît à son tour au balcon, mais on reconnaît aussitôt que c'est une étrangère.

Le docteur continue :

« Nous avons vu des hommes parler comme des

femmes et des femmes parler au masculin. Nous avons assisté à des scènes pénibles, nous en avons vu d'autres ridicules; ceux qui les jouent seraient bien misérables s'ils n'étaient pas convaincus... Si des hommes devant l'autorité scientifique desquels nous nous inclinons n'avaient étudié des faits semblables qu'ils ont relatés en observateurs consciencieux, nous ne serions pas embarrassés et nous conclurions que ces personnages sont hallucinés. Mais comment faire la part de l'hallucination et du je ne sais quoi lorsqu'un savant comme M. Russel Wallace vient confirmer une observation du genre de celle que nous allons reproduire et qui a été faite par son ami M. Serjeant Cox, jurisconsulte et philosophe éminent de la Grande-Bretagne ? Voici le récit de M. Serjeant Cox confirmé par M. Russel Wallace :

« J'ai entendu un garçon de comptoir sans éducation soutenir, quand il était en transe (1), une conversation avec un parti de philosophes sur la raison et la prescience, la volonté et la fatalité, et leur tenir tête. Je lui ai posé les plus difficiles questions de théologie et j'ai reçu des réponses toujours sensées, toujours pleines de force et invariablement exprimées en langage choisi et élégant. Cependant, un quart d'heure après, quand il était dans son état naturel, il était incapable de répondre à la plus simple question sur un sujet philosophique et avait toujours peine à trouver un langage suffisant pour exprimer les idées les plus communes. »

Preuve évidente qu'il y avait là deux personnes : l'esprit et l'homme. Il y a bien quelque chose qui ressemble à cela de très loin chez certains person-

---

(1) *Intranced*, c'est l'état particulier où se trouvent les médiums à *incarnations*.

nages qui, dans l'inspiration poétique sont merveilleux, et en dehors de cet heureux moment, sembleraient presque des imbéciles. Mais ici, ce n'est pas une différence du plus au moins, le passage subit de beaucoup d'esprit, à peu d'esprit, c'est le changement brusque et complet d'individualité; c'est la science versée dans ce garçon comme du vin dans une cruche : on la vide, il n'y a plus rien que la cruche.

En un mot, l'intelligence chez le même homme a ses hauts et ses bas ; mais cet homme ne peut être à la fois totalement ignorant et prodigieusement savant : la nature ne l'accorde pas ; le savant et l'ignorant sont deux; il y a eu substitution ou plus exactement superposition d'âme dans le corps du pauvre hère et l'on peut dire que l'esprit s'est servi de cette langue inerte tout à l'heure comme un virtuose sublime d'un instrument très indifférent en lui-même, maintenant sensible, expressif, harmonieux, tout à l'heure stupide et comme muet sous la main de son maître inhabile.

CHAPITRE V

CLASSIFICATION DES FAITS SPIRITES.

Les faits spirites se peuvent réduire à trois classes : (1).

1° Manifestations d'une puissance analogue et su-

---

(1) Division du docteur Crookes : 1re classe : mouvements de corps pesants avec contact, mais sans effort mécanique, (rentre dans notre 1°); 2e classe : phénomène de percussion et

périeure à notre sens du toucher et aux pouvoirs physiques s'y rapportant ;

2° Manifestations d'une puissance analogue et supérieure à notre force d'invention, soit artistique, soit mécanique ;

3° Manifestations d'une puissance analogue et supérieure à notre faculté de converser, soit par la parole, soit par l'écriture.

Tous ces phénomènes répartis en treize classes par le savant docteur anglais William Crookes peuvent tenir en cette triple classe à laquelle on en pourrait ajouter une quatrième comprenant les faits d'un caractère mixte, dont tous les éléments appartiennent à chacune des trois autres.

A l'aide de cette simple indication, tous les faits que nous allons citer sans un ordre méthodique bien rigoureux (1) se classeront d'eux-mêmes dans l'esprit du lecteur. Dans le labyrinthe spirite, ce fil est nécessaire.

---

autres sens de même nature ; rentre dans notre 1° et dans notre 3° ou simplement dans notre 4°) ; 3° classe : altération du poids des corps, (cette altération n'étant qu'une fraude opérée par l'attouchement de l'esprit opérateur se rapporte à notre 1°) ; 4° classe : mouvements d'objets pesants placés à une certaine distance du médium (1·) ; 5° classe : tables et chaises enlevées de terre sans l'attouchement de personne (1·) ; 6° classe : enlèvement de corps humains. (1·) 7° classe : mouvements de certains petits objets sans le contact de personne ; cette classe qui rentre dans notre 1· ne devait-elle pas en faire une seule avec la 4° et la 5° du docteur, même à son simple point de vue physique ? 8° classe : apparitions lumineuses ; (notre 2°) 9° classe : apparitions de mains lumineuses par elles-mêmes ou visibles à la lumière ordinaire (notre 2· et le 8· de M. Crookes ;) 10° classe : écriture directe (notre 3·) 11° classe : formes et figures de fantômes, (2·) 12° classe : cas particuliers qui semblent indiquer l'action d'une intelligence extérieure ; (nos 4 classes ;) 13° classe : manifestations diverses d'un caractère composé, (notre 4°).

(1) C'est le plus souvent l'ordre même du livre de M. P. Gibier, livre qui est la base matérielle de celui-ci.

DEUXIÈME PARTIE

TÉMOIGNAGES HISTORIQUES

CHAPITRE I

LA TABLE PHILOSOPHIQUE DE M. EUGÈNE NUS. SON AVERSION POUR LA PHILOSOPHIE CHRÉTIENNE.

« Chez M. Nus(1) dit le docteur Gibier les *communications* étaient données au moyen de coups alphabétiques frappés par une table se soulevant sur ses pieds. Certains de ces messages expliquent parfaitement l'empressement qu'a mis l'Eglise à lancer l'anathème contre ces pratiques ; en voici un pris au hasard :

« La religion nouvelle, dit la table, qui parle évidemment du *spiritualisme expérimental*, transformera les croûtes du vieux monde catholique déjà ébranlées par les coups du protestantisme, de la philosophie et de la science...

---

(1) Auteur des *Choses de l'autre monde*, Paris 1880 (sans nom d'éditeur) et des *grands Mystères* (Paris 1877). Deux écrits originaux et intéressants, mais tout à fait hétérodoxes, sur les manifestations des esprits.

M. Paul Gibier pense-t-il sérieusement que, si les tables magiques n'eussent pas servi à leurs adeptes de ces banalités voltairiennes traduites en jargon prud'hommesque, l'Eglise s'en fût moins empressée à les interdire? Elles nous montrent simplement, à nous, comment les plus beaux génies se rendent sots à bon escient pour se faire tout à tous.

« M. Nus, dit plus loin notre auteur, obtint des communications fort curieuses. Citons encore *une d'elles:* c'est une définition de la mort, qui a sa valeur si elle vient réellement de quelqu'un bien placé pour savoir à quoi s'en tenir.

« La mort n'est pas la tombe humaine. Elle borne la forme de l'être matériel; fin de l'individu, elle dégage l'élément immatériel. — La mort initie l'âme à une nouvelle existence. Fiez-vous à une destinée qui sera votre ouvrage. »

« Une série de communications analogues que nous trouvons dans le même ouvrage offre ce côté très curieux de présenter des définitions rédigées en douze mots. Ces douze mots tombaient rapides comme la flèche sur la demande des personnes présentes, et nous croyons fermement M. Nus quand il nous dit qu'il est impossible à un mortel ordinaire d'arriver au même résultat dans le même temps. Ainsi, non seulement le cerveau ne servirait pas à sécréter la pensée, comme le veut l'école matérialiste, mais encore il nous empêcherait de penser, si nous en croyons les esprits.

« Citons quelques-unes de ces définitions en douze mots :

Amour

Pivot des passions mortelles, force attractive des sexes, élément de la continuation.

Bien

Harmonie de l'être, association des forces passionnelles en accord avec les destinées.

Mal

Trouble dans les phénomènes, discord entre les effets et la cause divine.

Religion future

L'idéal progressif pour dogme, les arts pour culte, la nature pour église.

Philosophie

Jeu de mots, fantaisie de dictionnaire, analyse du vide, synthèse du faux.

« La table de M. Nus dicta même de la musique dont il donne des échantillons dans son livre. Etrange, étrange ! Et dire, conclut le Docteur, que nous n'avons pas le droit de douter, car enfin M. Nus est un honnête homme et un cerveau bien équilibré. »

Nous avons écouté M. P. Gibier, prenons à notre tour la parole.

Le mal que l'esprit nous dit du cerveau qui gênerait pour penser est vrai dans la fièvre et dans la folie. Dans l'état normal il n'est que l'outil nécessaire à ce travail.

Mais l'esprit vante ici la grande supériorité des pures intelligences chez qui l'exercice de la pensée n'est pas limité par les limites mêmes des forces cérébrales.

La réponse sur la mort est équivoque : elle ressemble aux oracles antiques, et pour cause. Elle a quelque phraséologie : les démons aiment la rhétorique. *Fin de l'individu* est faux : l'individu se conserve en son fond dans l'âme séparée et se retrouve en son entier dans la résurrection du corps.

Les définitions en douze mots portent la marque d'un esprit brillant.

La première, l'*Amour*, est assez philosophique ; cependant elle ne s'élève pas au-dessus de la terre.

La seconde, le *Bien*, est vague, elle est même nulle : car elle indique des effets sans rapport à un principe : or c'est le principe qu'il fallait dégager ; mais ce principe déplaît au définiteur.

Et puis, elle affecte les termes et les tours favoris de notre époque, elle sent le flatteur, partant le trompeur.

La troisième, le *Mal*, est orthodoxe et profonde. Elle est même tout à fait théologique : car le principe y apparaît. Hélas ! c'est le cri tout involontaire de la douleur, et l'on sent que l'auteur était plein de son sujet.

La quatrième, la *Religion future*, est hérétique ou plutôt voltairienne, mais toujours dans la langue pédante de notre époque.

La cinquième et dernière, la *philosophie*, est sceptique et spirituelle, vraie et fausse : vraie, si elle parle de la fausse philosophie ; fausse, s'il s'agit de la philosophie vraie.

La pièce dont ces échantillons sont coupés doit être un beau tissu démoniaque ou plutôt une infernale toile d'araignée infiniment plus compliquée que celles des maisons mal tenues. C'est que les démons sont les brouilleurs d'idées par excellence.

Le fruit juge l'arbre, l'effet juge la cause : cet ensemble captieux dénonce le génie du mal.

Quant au mode adopté pour correspondre avec les hommes, n'est-il pas évident que des esprits de vérité ne s'abaisseraient point à ces procédés sournois et ne seraient pas réduits par la Divinité au rôle de galériens frappant sur les parois de leurs cellules des coups alphabétiques pour communiquer à leurs voisins quelque projet de révolte ou d'évasion ?

Et quand on pense à la grande supériorité de l'ange sur l'homme, à la valeur suréminente de chacune de ses idées, compréhensive de cent et de mille idées humaines, on est effrayé de ce travail contre nature que l'ange s'impose de diviser ainsi ces idées largement intuitives, non seulement en pensées humaines, non seulement en mots pauvres, indigents, analytiques enfin, mais encore en nos lettres alphabétiques, ces atomes de l'analyse humaine.

Quelle misère du pur esprit ! Ce n'est plus l'humilité du Verbe fait chair, parlant comme homme le langage des hommes Ce n'est plus l'humiliation charitable d'un être supérieur qui embrasse par l'union la plus étroite une nature inférieure ; c'est l'abaissement honteux d'une nature élevée qui se travestit.

CHAPITRE II

LA TABLE DIVINATRICE ET LA TABLE FACÉTIEUSE
DE M. PAUL GIBIER

« Nous avons fait des recherches dans la littérature spéciale, dit M. Paul Gibier ; mais à part quelques rares ouvrages écrits dans un esprit vraiment scientifique, nous n'avons rien trouvé qui entraînât la conviction, du moins celle d'un homme habitué aux observations rigoureusement exactes. Nous irons plus : la lecture de ces histoires de revenants accompagnées de commentaires religiosâtres et superstitieux, était plutôt faite pour nous détourner de ces matières et nous inspirer la crainte d'un pourvoiement compromettant. Mais de vrais savants n'ont pas dédaigné de s'occuper de ces choses, pourquoi n'aurions-nous pas fait de même ? Le sujet en est-il indigne ? nous ne le pensons pas; et de plus, comme l'a dit un des hommes auxquels nous venons de faire allusion : « il est du devoir des hommes de science qui ont appris à travailler d'une manière exacte d'examiner les phénomènes qui attirent l'attention du public, afin d'en confirmer la réalité, ou d'expliquer, s'il est possible, les illusions des honnêtes gens, et de dévoiler les ruses des trompeurs. »

« Poussé de plus en plus par le désir de voir par nos yeux, nous avons assisté à plusieurs réunions spirites annoncées par les journaux, nous avons entendu des conférences fort bien faites, dans la forme sinon dans le fond, par des hommes paraissant jouir de toutes leurs facultés intellectuelles et nous nous sommes mêlé à une société au sein de laquelle on trouve côte à côte des gens très sensés, du moins en apparence, et des exaltés, des fanatiques qui croient tout sur parole.

« Nous nous sommes même laissé tenter jusqu'à nous placer en face d'un monsieur ou d'une dame se disant médium, les mains sur une table représentant provisoirement un esprit et nous pouvons avouer que nous nous sommes trouvé l'air parfaitement ridicule dans cette position-là. Néanmoins nous sommes obligé de constater que dès ce début nous nous sommes heurté à des choses surprenantes et inexplicables, suivant nous, en l'état actuel de nos connaissances.

« Exemple : on nous invite à songer à une personne de notre famille morte depuis un certain temps ; nous pensons à un de nos amis décédé depuis deux ans, et au bout de quelques secondes, au moyen de coups correspondant aux lettres de l'alphabet, la table nous indique exactement le nom de notre ami, son âge que nous ne savions pas au juste à ce moment et que nous avons vérifié depuis, la maladie qui l'a emporté et le village où il est mort. Qu'est-ce que cela veut dire ? Est-ce une nouvelle manifestation du magnétisme ? Y a-t-il eu transmission de notre pensée ? Le médium l'a-t-il lue dans nos yeux ? N'importe, le fait est très curieux et mérite bien d'être étudié : « Vous en verrez bien d'autres, dit-on autour de nous, si vous consentez à observer ces phénomènes. »

Voilà une table bien savante, qui lit dans ma pensée et me rapprend des choses que j'avais oubliées, et j'hésite encore à croire que cette table ait un esprit ! Il n'est que faire de parler ici de la science future : expliquera-t-elle en vertu de quelle loi physique une table devine nos pensées ?

La science a beau avancer : elle ne guérira pas les impuissances radicales de la nature humaine : elle n'apprendra point à l'homme à lire dans la pensée d'autrui. On ne donne pas des lunettes à un aveugle, un porte-voix à un muet ni un cornet acoustique à qui n'a pas de tympan.

Elle aura beau chausser ses bottes de sept lieues, elle n'enjambera pas l'abîme qui sépare la force humaine de la force angélique. C'est ce qui n'a pas besoin d'être démontré.

Cet appel de la science du présent à la science de l'avenir en des choses où la science est incompétente par sa nature même, n'est jamais qu'une défaite, une fin de non recevoir opposée à la solution religieuse. C'est l'ancien appel des hérétiques au futur concile.

« Un soir de l'hiver dernier, raconte encore M. P. Gibier, nous étions chez M. B... un professeur distingué qui possède la propriété de faire parler la table, comme on dit. On proposa de porter un nouveau coups à notre scepticisme à l'égard des esprits en nous donnant une *séance de table*. M. et Mme B... placent les mains sur la table de leur salle à manger et nous invitent à faire comme eux ; nous nous laissons aller. Bientôt la table se meut et, par coups frappés désignant les lettres de l'alphabet, elle nous débite quelques facéties d'un goût douteux, à tel point que la jeune femme de M. B... en devient toute rouge. M. B... me dit : « Je sais qui c'est, c'est un esprit inférieur, plutôt mauvais que bon, dont nous ne pouvons nous défaire. »

Le docteur raconte ensuite que l'esprit dicta une fort belle phrase et avoua qu'elle se trouvait dans un livre qu'il fit chercher dans la bibliothèque. La phrase y était à peu près textuellement. Il donna ensuite quatre vers qu'il semblait d'abord s'attribuer et qu'il rendit finalement à V. Hugo :

Je suis au paradis ainsi qu'un déclassé,
Je me mêle, démon, à la foule des anges,
Je souille leur blancheur au contact de mes fanges,
Près des amphores d'or je suis un pot cassé.

SATAN.

« Satan fut, du reste, très bon garçon, ajoute M. P. Gibier ; il nous dit qu'il était le Satan dont parle V. Hugo et qu'il allait bientôt reprendre son rang au séjour des élus. »

Un génie infernal peut-il se moquer plus crânement des génies de la terre.

L'auteur avoue, d'ailleurs, que les séances de tables tournantes n'ont rien de très sérieux et il comprend le dédain des Bouddhistes pour ce genre ou les genres analogues d'évocation où ils ne reconnaissent que des esprits inférieurs dont le contact est impur. Mais il ajoute qu'un renseignement donné par l'esprit et connu seulement de la personne sceptique qui expérimente écarte nécessairement toute idée de supercherie. Ainsi cette expérience rudimentaire, peu concluante pour le vulgaire, est décisive pour les véritables savants. »

Qu'ajouterons-nous à cette réflexion judicieuse? quelques remarques de détail seulement.

L'esprit cite une phrase par à peu près : il y a lieu de croire que c'est une inexactitude volontaire, la mémoire angélique étant sans défaillance et n'ayant d'autre condition que l'attention présente rafraîchissant l'attention passée. Et puis, est-ce bien un acte de mémoire ou n'est-ce pas une simple intuition présente qui lui fait lire à livre fermé comme nous lisons à livre ouvert? L'obstacle matériel, en effet, n'arrête que le regard physique et non l'intelligence qui suréquivaut chez l'ange à tous nos sens en tant qu'auxiliaires ou éclaireurs de la pensée.

Il fait de mauvaises plaisanteries : c'est assez dans les habitudes de ces êtres déchus, « plutôt mauvais que bons, » comme dit si bien M. B...

La bouffonnerie est un désordre, et tout désordre convient aux mauvais esprits. L'incivilité leur est naturelle : c'est l'expression de la haine et du mépris qu'ils ont pour nous et de leur rage même contre Dieu qui est le principe de l'ordre. La vraie

La convenance et la politesse sont les signes extérieurs du bon ordre intérieur et de la charité.

Si les démons sont quelquefois polis, c'est par hypocrisie.

Quant à dire quel est le rang hiérarchique des esprits qui se manifestent dans les tables, nous croyons que ni les bouddistes ni les spirites ne le sauraient. Il en est qui montrent une certaine force : comme ceux qui s'élèvent avec la table jusqu'au plafond, l'agitent désordonnément quand on provoque leur orgueil, ou celui qui, après avoir renversé le bréviaire qu'on venait de poser sur la table, loin de faire en sortant des révérences à chacun comme l'esprit bon garçon à M. Paul Gibier et à ses amis, poursuivait un prélat jusqu'à la porte de la salle avec une fureur qui semblait animer l'inerte instrument.

CHAPITRE III

LE PROPHÈTE ET LE MÉDECIN PEAU-ROUGE

M. Paul Gibier emprunte encore à M. Eugène Nus d'autres récits qu'il apporte « à titre de curioriosité et comme *documents d'attente.* »

« Voici d'abord l'histoire écrite par un nommé Alexandre Henri, fait prisonnier par les Peaux-Rouges dans les guerres de 1759. Sir William Johnson adressait un message aux Indiens pour inviter leurs chefs installés au Saut-Sainte-Marie, à venir conclure la paix au fort du Niagara.

« C'était une chose de trop grande importance pour être abandonnée à la décision de la simple sagesse humaine. On fit donc les préparatifs nécessaires pour évoquer solennellement et consulter la Grande Tortue. On commença par construire une grande maison ou Wigwam dans l'intérieur de laquelle fut placée une espèce de tente, pour l'usage du prêtre et la réception de l'esprit. Cette tente, d'environ quatre pieds de diamètre était faite avec des peaux d'élan recouvrant une charpente construite avec des pieux enfoncés de deux pieds en terre, hauts de dix pieds, épais de huit pouces et fortement reliés par des traverses. Les peaux étaient solidement attachées autour de cette charpente par des lanières de cuir, sauf d'un côté où on laissa une petite ouverture par laquelle le prêtre devait entrer. Bientôt arriva le prêtre dans un état de complète nudité. Il approcha de la tente dans laquelle il s'introduisit en rampant sur ses mains et sur ses genoux. Sa tête avait à peine pénétré dans l'ouverture que la charpente, massive et solide comme je l'ai décrite, commença à être secouée; et la peau qui pendait devant l'entrée n'était pas retombée, que des bruits et des voix nombreuses furent entendus dans la tente, les unes poussant des cris sauvages, les autres aboyant comme des chiens, d'autres hurlant comme des loups.

« A cet horrible concert étaient mêlées des plaintes, des sanglots comme de désespoir, d'angoisse et de douleur aiguë. Des paroles étaient aussi articulées comme sortant de bouches humaines, mais dans une langue inconnue de tout l'auditoire.

« Au bout de quelque temps, un silence mortel succéda à ce tumulte confus et horrible. Puis une voix qu'on n'avait pas encore entendue indiqua l'arrivée d'un nouveau phénomène dans la tente.

C'était une voix faible et basse ressemblant au cri d'un jeune chien. Cette voix ne fut pas plus tôt entendue que tous les Indiens firent claquer leurs mains de joie, s'écriant que c'était le chef des esprits, la tortue, l'esprit qui ne mentait jamais. Ils avaient sifflé auparavant les autres voix qu'on distinguait de temps en temps, les reconnaissant pour appartenir aux esprits menteurs et mauvais qui trompent les hommes. De nouveaux sons arrivèrent de la tente. Durant l'espace d'une heure et demie une succession de bruits furent entendus, au milieu desquels des voix diverses frappaient l'oreille.

« Depuis que le prêtre était entré sous la tente jusqu'à ce que tous ces bruits eussent pris fin, on n'avait pas entendu sa voix. Mais alors il s'adressa à la foule, annonçant la présence de la Grande Tortue et le consentement de l'esprit de répondre à toutes les questions qu'on lui adresserait. Les questions furent adressées par le chef du village qui glissa préalablement par l'ouverture de la tente une grande quantité de tabac. C'était un sacrifice offert à l'esprit, car les Indiens s'imaginent que les esprits aiment le tabac autant qu'eux-mêmes. Le tabac accepté, il pria le prêtre de demander si les Anglais se préparaient ou non à faire la guerre aux Indiens et s'il y avait au fort du Niagara une grande quantité d'habits rouges.

« A peine ces questions étaient-elles posées par le prêtre que la tente fut aussitôt secouée, et quelques minutes après, elle continua de s'agiter si violemment que je m'attendais à la voir s'écrouler.

« Je supposais que c'était le prélude de la réponse ; mais un cri terrible annonça assez clairement que la Grande Tortue venait de partir. Un quart d'heure s'écoula en silence, et j'étais impatient de voir quel serait le nouvel incident de cette scène. Il consista dans le retour de l'esprit dont la voix se fit de nouveau entendre et qui alors fit un long discours. Le langage de la Tortue, pareil à celui que nous avions déjà entendu, était inintelligible pour toutes les oreilles, excepté pour le prêtre. Ce ne fut donc que quand l'esprit eût fini de parler et quand le prêtre nous eût traduit son récit que nous trouvâmes le sens de cette extraordinaire communication. L'esprit, comme nous en informa le prêtre, avait, pendant son absence, franchi le lac Huron, était allé au fort du Niagara; il n'avait pas vu beaucoup de soldats; mais en descendant le Saint-Laurent jusqu'à Montréal, il avait vu la rivière garnie de bateaux pleins de soldats aussi nombreux que les feuilles des arbres. Le chef demanda alors si dans le cas où les Indiens iraient visiter sir William Johnson, celui-ci les recevrait comme des amis. L'esprit répondit, toujours d'après l'interprétation du prêtre, que sir William Johnson remplirait leurs canots de présents : couvertures, chaudrons, fusils, poudre, balles et larges tonneaux de rhum, autant que les canots pourraient en contenir, et que chacun s'en reviendrait en sûreté au village.

« Alors le transport fut universel et, au milieu des battements des mains, chacun s'écria : « J'irai, j'irai aussi. »

« Je fus soigneusement sur mes gardes durant toute la scène que j'ai décrite pour remarquer les connivences qui auraient pu avoir lieu, mais il me fut impossible d'en découvrir aucune.

« Le résultat de l'expédition racontée dans l'histoire de Drake confirme entièrement les promesses faites par *l'esprit qui n'avait jamais menti.*

« Dans l'*Histoire de la Nouvelle France* de Charlevoix, continue le docteur, on trouve écrite par M. de Champlin la description d'une pareille scène se passant chez les Algonquins et les Hurons. »

Suit un récit plus moderne tiré d'une lettre de M. Larrabée, chief-justice du Wisconsin, au gouverneur Tallmage :

« J'ai conversé la semaine dernière avec L. John du Bay, que je connais un peu. Il a passé toute sa vie au milieu des Indiens et fut pendant plusieurs années agent de la Compagnie américaine des fourrures. Il m'a raconté plusieurs faits qui prouvent que les communications avec les habitants de l'autre monde sont très communes chez les Indiens. Il m'a dit que, dans différentes occasions, il a vu un médecin indien construire trois huttes dont il enfonçait les pieux dans la terre et qu'il recouvrait de peaux de daims formant de petites tentes qui ne pouvaient contenir qu'une personne assise. Ces tentes étaient placées à environ deux pieds de distance l'une de l'autre. Dans l'une, le médecin plaçait ses mocassins, dans l'autre, ses guêtres, et il se postait lui-même dans celle du milieu. Alors tout Indien qui voulait converser avec un brave défunt posait ses questions. Aussitôt les tentes commençaient à se pencher d'un côté et d'autre, comme si elles eussent été secouées par quelqu'un placé dans l'intérieur, et l'on entendait des voix sortant de l'une et de l'autre, et quelquefois de toutes les trois en même temps.

« Ces sons n'étaient intelligibles que pour le médecin qui se chargeait de les traduire. Du Bay dit qu'il a saisi ces tentes bien souvent et qu'il a employé toutes ses forces pour arrêter leur mouvement, mais en vain, qu'il a alors soulevé les peaux et qu'il s'est assuré qu'il n'y avait personne à l'intérieur pour causer les mouvements.

« Du Bay m'a raconté aussi quelques exemples du clairvoyant pouvoir de ces médecins. Il y a quelques années, il arriva à un port de commerce sur les chutes du Wisconsin. Il attendait là un autre commerçant qui devait venir d'un poste plus au nord, sur le lac Supérieur. Il attendait en vain depuis quelques jours lorsque le médecin lui proposa de lui annoncer l'instant où son ami arriverait. La proposition fut acceptée avec un certain doute. Le médecin s'assit sur le gazon et se couvrit la tête avec ses couvertures. Au bout de quelques minutes il se leva et dit :

« Demain les nuages couvriront le ciel ; mais quand le soleil sera sur le point de se coucher, vous verrez un espace clair et dans cet espace, le soleil. Alors si vous regardez là-bas la pointe de terre sur le côté opposé des lacs, vous verrez venir votre ami. »

« Le jour suivant, comme il l'avait prédit, le ciel fut nuageux jusqu'au coucher du soleil ; puis les nuages se dissipèrent et le soleil apparut. Du Bay regarda le point indiqué, mais ne vit pas son marchand arriver. Il retourna vers le médecin rouge et commença à le plaisanter. Celui-ci répondit seulement : « Je vais voir... Alors s'asseyant comme la veille un instant, et se relevant il dit : « Dans cinq minutes vous le verrez ». Au bout de ce temps, dit Du Bay, mon homme paraissait bientôt et atteignait le poste.

« Suivant le docteur Fitzgibbon, dernier gouverneur de Bay Island, continue M. P. Gibier, un grand nombre de peaux-rouges sont naturellement médiums et à ce titre obtiennent des résultats plus puissants, plus étranges qu'aucun médium blanc. Les esprits qui se manifestent par leur intermédiaire se désignent, les uns, sous le nom d'Espagnols-Américains, d'autres prétendent appartenir à des races plus anciennes qui construisirent les villes dont on trouve les débris merveilleux sous le sol des forêts prétendues vierges de l'Amérique. D'autres esprits, d'après les médiums rouges qui traduisent leur langage inconnu, se disent plus antiques encore et se donnent pour d'anciens Phéniciens, Japonais, Tartares et Arabes, venus à différentes époques, par tribus, dans le temps où, le détroit de Béhring, n'existant pas, l'Amérique et l'Asie ne formaient qu'un seul continent. »

Quelques remarques seulement, courtes et détachées.

Nous n'admettons pas qu'on soit naturellement médium, c'est-à-dire naturellement sorcier, bien qu'on puisse avoir des aptitudes particulières à le devenir. S'il y a plus de puissants médiums chez les Peaux-Rouges que chez les Européens, c'est par une raison toute surnaturelle, qui est le règne de Satan sur les peuples païens. Ces peuples ont plus d'influence sur les démons, parce que les démons ont plus de pouvoir sur eux. *Rien pour rien* est la devise de l'enfer comme celle de la banque.

Inutile d'ajouter que, sans mépriser nullement les notions ethnographiques et géographiques, fort vraisemblables, que les esprits nous donnent, on peut hardiment mettre au rang de leurs mensonges les nationalités qu'ils s'attribuent et affirmer qu'ils n'ont tous également qu'une seule et même et bien triste patrie. Ils se donnent pour des humains de peur d'effaroucher les hommes et afin d'éveiller la sympathie toujours acquise à la parité de nature.

Les démons connaissant à fond toutes les forces de la nature, savent le moyen de produire dans l'air tous les bruits possibles, même des sons articulés.

Il leur est aisé de mouvoir puissamment n'importe quel objet.

Les cris de désespoir sont le signe même de l'enfer qu'ils portent partout avec eux.

L'*esprit qui ne ment jamais :* cette dénomination caractéristique suppose évidemment l'habitude de mentir commune à tous les mauvais esprits. Il y a lieu de croire qu'il mentait moins souvent que les autres, et ne mentait peut-être jamais en matière que les hommes pussent contrôler, ayant sans doute quelque intérêt à ne pas mentir. Mais l'intérêt des démons, ce n'est pas leur bien, c'est le mal d'autrui.

Il va, vient, regarde : c'est une manière humaine de parler : cela veut dire qu'il porte son attention ici et là par un mouvement spirituel instantané ; telle est l'action des purs esprits.

Il parle un langage de convention inventé pour ses communications avec les prêtres ou quelque langue étrangère adoptée pour ce but. Dans les deux cas, ou il a initié son interprète à ce langage par un enseignement rapide ou bien plutôt il lui en dicte intérieurement la traduction, tandis qu'il se sert de ces sons étrangers pour étonner le vulgaire. Car il faut bien le dire : les démons sont toujours charlatans, même quand les sorciers ne le sont pas.

L'avenir que prédit l'esprit n'est pas à venir pour lui : il entend par son intelligence suréquivalente à notre sens auditif les délibérations présentes des Anglais et connaît, par conséquent, leurs dispositions. Si, par un revirement subit, les Anglais avaient changé d'avis, l'esprit n'eût pas menti en annonçant l'avenir à faux, il se fût trompé de bonne foi. Sa conjecture obscure, mais instantanée, comme l'aspect d'un fantôme dans l'ombre, n'eût pas atteint à cet avenir dont Dieu se réserve la connaissance directe.

L'autre esprit consulté par le médecin et parlant avec lui un langage convenu, voit l'ami attendu qui part, qui s'avance, qui approche, qui arrive, il perçoit en même temps les variations atmosphériques qui doivent naître physiquement les unes des autres dans un laps de temps déterminé qu'il connaît sans calcul, et il donne ces variations pour signe de l'événement annoncé, parce qu'il a une science exacte des lois de la nature et embrasse du même acte intellectuel l'effet avec la cause, comme étant pour lui l'objet d'une seule et même perception.

C'est ainsi, toute proportion gardée, que nous pouvons annoncer la tempête en la voyant venir d'Amérique ou de Norwège, quoique par les yeux d'autrui, quand le télégraphe nous communique d'instant en instant les étapes rapides de la redoutable voyageuse.

Encore une dernière réflexion, celle-ci tout épisodique.

Les ruines que nous cachaient et celles que nous cachent encore les racines des forêts américaines à la si rapide croissance, ruines quelquefois sans histoire et même sans nom, sont datées, quoique largement, par les ruines célèbres de l'Ancien Monde qui, souvent contemporaines les unes des autres, sont pourtant très inégalement enfouies, selon les mouvements et selon la fertilité du sol.

Est-ce qu'on ne déterre pas tous les jours les villas et les temples romains de notre ère sous nos vignes et sous nos bois ?

Nous ne sommes que d'hier au monde. L'Inde a beau vanter ses millions d'années divisés si hardiment en époques plusieurs cents fois millénaires où l'avenir est escompté par ses savants Brahmanes, la *Genèse* et la Géologie lui répondent à la fois : le monde est vieux, l'homme est jeune sur la terre.

La terre est un grand livre dont toutes les pages ne sont pas indéchiffrables : mais on a beau soulever un par un ses lourds et antiques feuillets, jamais la science n'y pourra rien lire qui démente la foi. Où c'est qu'on lit ce livre-là, non comme l'hébreu, au rebours de notre habitude, mais bien au rebours du bons sens. On y peut voir des transitions, mais ce n'est point celle du singe à l'homme ni de la moindre espèce à une autre espèce voisine ; c'est le mélange des genres défunts aux genres nouveaux-nés sur les frontières unies qui séparent chacune des grandes époques indiquées par Moïse, découvertes par la géologie. Ainsi la *Genèse*, collationnée avec ce texte immense, apparaît comme un abrégé de l'ouvrage, inspiré par l'Auteur.

CHAPITRE VI

ÉCRITURE MAGIQUE, DIVINATION, LÉVITATION CHEZ LES HINDOUS

Voici une pratique des fakirs qui ressemble terriblement à l'écriture magique des Américains modernes et des Européens aussi. M. P. Gibier, s'inspirant de M. Jacolliot, nous donne un aperçu des étonnements qui attendent le voyageur curieux, frais débarqué dans la brillante patrie des castes irréductibles et des pauvres parias déclassés.

« Le nouvel arrivé est-il un Provençal ou un Savoisien, on l'invite à penser à un vers de *Mireille* ou à une phrase dans le patois de son pays. Est-ce un lettré ? il pensera à un vers d'Homère ou de Virgile : le fakir étend du sable fin sur une table ou sur toute autre surface unie : un petit bâtonnet de bois est placé sur le sable égalisé en couche mince, et l'homme nu se campe immobile, le corps en demi-cercle, les jambes repliées à l'orientale et les mains étendues vers le sable. Après une station plus ou moins prolongée, à la stupéfaction générale, le petit morceau de bois se dresse et marche, trotte, court tout seul sur le sable où chacun peut lire bientôt le vers de Mistral pensé par le Provençal ou la phrase en patois savoyard ; à moins que le lettré n'ait demandé mentalement et obtenu un vers de l'*Iliade* ou des *Bucoliques*.

« M. Jacolliot obtint par un procédé semblable le nom d'un ami mort plusieurs années auparavant. »

M. P. Gibier, dans une longue note, nous apprend que M. Jacolliot a été juge au Tribunal de Pondichéry pendant plusieurs années, puis il entre dans le détail des conditions auxquelles se soumettent les fakirs, d'après l'ouvrage de cet homme compétent. Ils procèdent dans des réunions peu nombreuses, n'ont aucun compère, sont presque complètement nus, n'ont aucun instrument d'escamotage, mais une simple baguette de bambou à sept nœuds et un petit sifflet de trois pouces attaché à leurs longs cheveux, opèrent, au gré des gens, debout ou assis sur n'importe quelle natte ou sur le sol, acceptent tel aide que vous voulez, reçoivent de vous l'objet dont ils ont besoin : instrument de musique, canne, papier, crayon, etc. ; recommencent autant de fois leurs expériences qu'on le désire et les laissent contrôler, et enfin ne demandent jamais de salaire et acceptent seulement une aumône pour leurs temples.

« Pendant de longues années, affirme M. Jacolliot (1), que j'ai sillonné l'Inde en tous sens, je puis affirmer n'avoir jamais vu un seul fakir qui ait cherché à éluder une seule de ces prescriptions. »

D'après le rapport *de visu* de M. Jacolliot et de beaucoup d'autres voyageurs, il n'est pas rare qu'un fakir, avant de vous quitter, se place bien en vue, dans la salle où chacun l'observe et, les bras croisés, le visage rayonnant, ses yeux s'allumant d'un feu sombre, quitte doucement la terre et s'élève à plusieurs pieds du sol, parfois jusqu'au plafond. Ils attribuent ce phénomène aux âmes de leurs ancêtres (âmes plus ou moins matérielles, selon les Hindous) combinant avec le fluide du fakir leur propre fluide pour enfanter mystérieusement cette faculté accidentelle, toujours renouvelable, d'ailleurs, accordée au fakir, comme ils enfantent par le même moyen des formes nouvelles revêtant leurs mânes évoqués. Ce langage n'est-il pas à peu près celui des médiums d'Amérique et des spirites parisiens? Nous dirons plus tard, d'après saint Thomas, ce qu'il en faut croire et, d'après la science, ce qu'il est impossible d'accepter.

---

(1) Louis Jacolliot, le *Spiritisme dans le monde*, Paris, 1879.

CHAPITRE V

LE PAPAYER POUSSÉ EN DEUX HEURES

Enfin M. P. Gibier choisit dans les récits de M. Jacolliot l'histoire intéressante qu'on va lire :

Au nombre des prétentions les plus extraordinaires des fakirs est celle d'influer d'une manière directe sur la végétation des plantes et de pouvoir accélérer de telle sorte leur croissance, qu'elles puissent en quelques heures atteindre un résultat qui demande ordinairement de longs mois, plusieurs années même de culture.

J'avais vu nombre de fois déjà les charmeurs de passage répéter ce phénomène; mais comme je ne voyais là qu'une supercherie très réussie, j'avais négligé de noter exactement les circonstances dans lesquelles le fait s'était produit.

Quelque fantastique que fût la chose, je résolus, puisque j'étais en train, de faire reproduire par Covindasamy (1), dont la force était réellement merveilleuse, tous les phénomènes que j'avais déjà vu accomplir par divers, d'expérimenter avec lui ce fait absurde, mais curieux, et d'exercer une telle surveillance sur chacun de ses actes qu'il ne pût en soustraire aucun à mon attention.

Il devait me donner encore deux heures d'expériences en pleine lumière, de trois à cinq, avant la

---

(1) Un fakir que l'auteur rencontra à Bénarès.

grande séance de nuit. Je me décidai à les consacrer à cet examen.

Le fakir ne se doutait de rien, et je crus fortement le surprendre lorsqu'à son arrivée je lui fis part de mes intentions. « Je suis à tes ordres, » me dit-il avec sa simplicité ordinaire.

Je fus un peu décontenancé par cette assurance. Cependant je repris aussitôt : Me laisseras-tu choisir la terre, le vase et la graine que tu vas faire pousser devant moi ?

— Le vase et la graine, oui ; mais la terre doit être prise dans un nid de carias.

Ces petites fourmis blanches qui construisent pour s'y abriter de petits monticules qui atteignent souvent une hauteur du huit à dix mètres sont fort communes dans l'Inde et rien n'était plus facile que de se procurer un peu de cette terre qu'elles gâchent fort proprement pour édifier leurs asiles.

J'ordonnai à mon cansama (1) d'aller en chercher un plein vase à fleur d'une grandeur ordinaire et de m'apporter en même temps quelques graines de différentes espèces.

Le fakir le pria d'écraser entre deux pierres la terre qu'il ne pourrait arracher que par morceaux presque aussi durs que des débris de démolition. La recommandation était bonne : nous n'aurions pu en effet nous livrer à cette opération, au milieu des appartements.

Moins d'un quart d'heure après mon domestique était de retour, apportant les objets demandés. Je les lui pris des mains et le renvoyai, ne voulant pas le laisser communiquer avec Covindasamy.

---

(1) Serviteur hindou.

Je remis à ce dernier le vase plein d'une terre blanchâtre qui devait être entièrement saturée de cette liqueur laiteuse que les carias secrètent sur chaque parcelle infime de terre dont ils se servent pour élever leurs monuments.

Il la délaya lentement avec un peu d'eau en marmotant des mentrams dont les paroles n'arrivaient pas jusqu'à moi.

Lorsque le fakir jugea qu'elle était convenablement préparée, il me pria de lui donner la graine que j'avais choisie, ainsi que quelques coudées d'une étoffe blanche quelconque. Je pris au hasard une graine de papayer parmi celles que mon cansama m'avait apportées, et avant de la lui remettre, je lui demandai s'il m'autorisait à la marquer. Sur sa réponse affirmative, j'entaillai légèrement la pellicule de la graine assez semblable à un pépin de courge, moins la couleur qui était d'un brun foncé, et la lui donnai avec quelques mètres de mousseline à moustiquaire.

Je vais bientôt dormir du sommeil des esprits, me dit Covindasamy : jure-moi de ne toucher ni à ma personne ni au vase.

Je le lui promis.

Il planta alors la graine dans la terre qu'il avait amenée à l'état de boue liquide, puis enfonçant son bâton à sept nœuds, signe d'initiation qui ne le quittait jamais, dans un des coins du vase, il s'en servit comme d'un support sur lequel il étendit la pièce de mousseline que je venais de lui donner. Après avoir ainsi caché l'objet sur lequel il allait opérer, il s'accroupit, étendit les deux mains horizontalement au-dessus de l'appareil et tomba peu à peu dans un état complet de catalepsie.

J'avais promis de ne point le toucher et j'ignorais

tout d'abord si cette situation était réelle ou simulée ; mais lorsqu'au bout d'une demi-heure je vis qu'il n'avait pas fait un mouvement, je fus forcé de me rendre à l'évidence, aucun homme éveillé, quelle que soit sa force, n'étant capable de tenir pendant dix minutes seulement les deux bras étendus horizontalement devant lui.

Une heure s'écoula ainsi sans que le plus petit jeu de muscles vint déceler la vie... Presque entièrement nu, le corps luisant et bruni par la chaleur, l'œil ouvert et fixe, le fakir ressemblait à une statue de bronze dans une pose d'évocation mystique.

Je m'étais d'abord placé en face de lui pour ne rien perdre de la scène, mais bientôt je ne pus supporter ses regards qui, quoiqu'à demi éteints, me paraissaient chargés d'effluves magnétiques...

A un moment donné, il me sembla que tout commençait à tourner autour de moi, le fakir lui-même me paraissait entrer en danse... Pour échapper à cette hallucination des sens produite sans aucun doute par la tension trop grande de mes regards sur un même objet, je me levai, et sans perdre de vue Covindasamy, toujours aussi immobile qu'un cadavre, je fus m'asseoir à l'extrémité de la terrasse, portant alternativement mon attention sur le cours du Gange et sur le fakir, pour échapper ainsi à une influence trop directe et trop prolongée.

Il y avait deux heures que j'attendais ; le soleil commençait à baisser rapidement à l'horizon, lorsqu'un léger soupir me fit tressaillir : le fakir était revenu à lui.

Il me fit signe d'approcher et, enlevant la mousseline qui voilait le vase, me montra, fraîche et verte, une jeune tige de papayer ayant à peu près vingt centimètres de hauteur. Devinant ma pensée, Covindasamy enfonça ses doigts dans la terre qui, pendant l'opération, avait perdu presque toute son humidité et, retirant délicatement la jeune plante, il me montra sur une des deux pellicules qui adhéraient encore aux racines l'entaille que j'avais faite deux heures auparavant.

Etait-ce la même graine et la même entaille ? Je n'ai qu'une chose à répondre : je ne me suis aperçu d'aucune substitution; le fakir n'était pas sorti de la terrasse; je ne l'avais pas perdu des yeux. Il ignorait en venant ce que j'allais lui demander. Il ne pouvait cacher une plante sous ses vêtements, puisqu'il était entièrement nu et, dans tous les cas, comment aurait-il pu prévoir d'avance que je choisirais une graine de papayer au milieu de trente espèces différentes que le cansama m'avait apportées ?

Je ne puis, on le conçoit, rien affirmer de plus sur un pareil fait. Il est des cas où la raison ne se rend pas, même en présence de phénomènes que les sens n'ont pu prendre en flagrant délit de tromperie.

Après avoir joui quelques instants de mon étonnement, le fakir me dit avec un mouvement d'orgueil qu'il dissimulait peu :

— Si je continuais les évocations, dans huit jours le papayer aurait des fleurs et dans quinze des fruits.

CHAPITRE VI

COMMENTAIRE SUR CES PHÉNOMÈNES DIVERS : ÉCRITURE SPONTANÉE, DIVINATION, SOMMEIL MAGIQUE, ET PARTICULIÈREMENT SUR LA CROISSANCE VÉGÉTALE PRÉCIPITÉE

Il nous faut joindre à ce récit des réserves expresses: car il est d'un auteur qui a créé, non seulement des mots sanscrits étrangers au dictionnaire et tirés soit du grec, soit du latin, soit de sa propre imagination ; non seulement des phrases sanscrites formées de membres arrachés tant à des dialogues vulgaires qu'à des chansons connues translatées fantastiquement ; mais encore des traductions de textes sanscrits ignorés des savants.

Ajoutons cependant que les choses ici relatées n'ont rien de nouveau pour ceux qui ont accoutumé de lire les voyageurs sérieux. Plus loin, les expériences vraiment scientifiques nous offriront des circonstances non moins invraisemblables et pourtant vraies.

L'écriture dite improprement spontanée se produit par l'action du pur esprit sur le crayon qu'il remue, soit par un procédé mécanique, soit par sa seule vertu.

L'esprit atteint la matière sans qu'on sache par où il la touche : ce qui est certain, c'est qu'il agit sur elle, et cela sans réaction de sa part, hormis dans ce composé vivant qui s'appelle l'homme. Le pur esprit n'échoue que s'il se heurte aux lois physiques qu'il ne saurait changer.

Ce crayon reproduit la parole simplement pensée qui est loin d'être la pensée secrète; on a *demandé mentalement*: l'homme a parlé comme il a pu le langage silencieux des esprits et l'esprit répond à cette parole intérieure en la traduisant dans notre langage écrit : échange de politesses.

La divination du nom de l'ami mort, supposé que M. Jacolliot eût quelque envie de le cacher pour éprouver l'esprit, répondrait plutôt à cette connaissance des faits qui est toujours ouverte à l'attention puissante de l'intelligence angélique.

Laissons passer pour cette fois la *lévitation*; nous la retrouverons quand il le faudra pour la prendre corps à corps.

Voici maintenant ce qu'il faut penser de l'histoire du papayer qui est bien loin de mériter le titre de *fait absurde*. C'est une action très bien conduite et tout à fait logique, mais d'une logique foudroyante.

Les démons, comme les bons anges, connaissent à fond toute la nature créée : ils savent donc les propriétés et la composition des terroirs, les influences de l'air, de la lumière, des variations de la température, les moyens physiques ou chimiques de les contrefaire dans un milieu borné, la marche de la végétation, les conditions du développement plus ou moins rapide des plantes. A leur science est proportionné le pouvoir de leur art : n'en est-il pas ainsi, même chez l'homme ?

Or on voit l'homme, sachant et pouvant beaucoup moins qu'eux, reproduire et hâter par son art l'œuvre de la nature. Le pur esprit emploie ainsi, avec sa puissance supérieure fondée sur sa science supérieure un procédé supérieur, mais analogue à celui de l'homme.

Dans le cas présent, il choisit une terre spéciale,

douée de propriétés dont l'analyse nous livrerait sans doute une partie, il la rend meuble, puis la sature d'humidité et force cette eau qu'il lui a fait boire à donner en deux heures le produit légitime de quelques jours ou de quelques mois.

Il développe la plante par un moyen accélératif à lui connu, mais il n'en tire que ce que le germe contient, ce qu'y délaie pour ainsi dire, l'eau vantée par d'anciens sages comme l'élément premier de toutes choses, l'eau dont Lucrèce a fait d'après eux la nourriture et la substance même des plantes et des animaux :

« L'eau disparaît, dit le poète, mais là où elle est tombée, elle sort en moissons, elle sort en forêts, bientôt elle fait chanter les arbres et les buissons pleins d'oiseaux. N'est-elle pas la productrice du gazon? n'est-elle pas ainsi le lait qui enivre les frêles agneaux? »

Quel est donc ici le rôle du fakir? Invoquer l'esprit cultivateur et dormir, comme pour mieux montrer son impuissance.

Et le merveilleux jardinier tire du germe et de la terre et de l'eau tout ce que la force créée dirigée par l'intelligence créée peut demander à la matière, tant organisée qu'inorganique, la première s'assimilant la seconde, selon les lois naturelles.

Ce n'est point à dire que ce sommeil cataleptique n'ait aucune affinité avec l'opération et ne soit pas peut-être, dans une certaine mesure, une de ses conditions physiques ou morales.

Les moyens employés pour le prestige démoniaque sont des moyens naturels, sans doute ; ils n'en sont pas moins ordinairement inaccessibles à notre intelligence, étant employés par un agent supérieur à notre nature, à nous ; en ce sens tout relatif, ils sont surnaturels.

Peut-être la psychologie aidée de la physiologie pourra-t-elle un jour découvrir ou conjecturer sur ce point ténébreux du sommeil des sorciers quelque chose de vrai ou de vraisemblable, sans toutefois s'en approprier jamais le véritable procédé, le moyen profond. Maintenant elle se perd comme nous dans ce mystère qui nous a fait penser, pourtant, qu'il y a probablement, dans la nature humaine, pour le triste métier de sorcier, quelques aptitudes inégales, ou physiques ou morales. C'est ce qu'exprime avec beaucoup d'exagération la doctrine spirite en disant qu'on est naturellement médium.

La théorie du fluide des défunts formant ou ressuscitant des personnalités par sa combinaison avec le fluide des vivants anéantis dans un sommeil léthargique, théorie persistante aux Indes Orientales, flottante et passagère chez les Indiens d'Amérique et chez les Européens des deux mondes, si elle n'était pas physiquement absurde et contradictoire des lois naturelles les plus incontestables, n'aurait encore d'autre fondement que l'affirmation des esprits, qui ne nous inspirent aucune confiance, et pour cause. Sachons douter quand il le faut, bien que le doute soit une pierre assez dure et non point *un doux oreiller pour une tête bien faite.* (1)

Voilà les points notables du récit de M. Jacolliot.

Le bâton n'est qu'un symbole de reconnaissance entre les deux complices: l'ange et l'homme, ou

---

(1) Montaigne.

comme le dit en d'autres termes le narrateur, un signe d'initiation.

Quant au voile, il reparaît ordinairement sous une forme ou sous une autre dans presque tous les sortilèges, comme le signe des ténèbres où habitent et où opèrent les esprits de l'abîme.

Et puis est-il certain que tous leurs procédés sans exception, surtout quand l'opération qu'ils entreprennent tient aux objets de nos sciences naturelles, soient absolument inaccessibles à l'homme et qu'ils ne sentent pas parfois le besoin de les lui cacher, de peur de perdre un seul des moyens qu'ils ont pour se faire valoir?

C'est encore en ce sens-là comme dans beaucoup d'autres que l'enfer est *avare*.

CHAPITRE VII

LE JEUNE INSTITUTEUR ET SON GÉNIE FAMILIER

La lettre suivante est écrite à la *Revue Spirite de Paris* :

Messieurs, un abonné de la *Revue Spirite* m'ayant prêté le n° du 15 août 1885, j'en ai lu *le contenu* avec intérêt et tout particulièrement un article ayant pour titre : *Ecriture automatique*. C'est à ce sujet que je me permets de vous adresser ces quelques notes dont vous ferez tel usage que vous jugerez à propos.

En 1854 j'étais instituteur dans un village, ma

commune natale, Amance (Meurthe.) Le hasard mit entre mes mains un numéro d'une publication sur le Spiritisme. Cela m'intrigua d'abord, puis m'inspira le désir d'essayer les expériences dont je venais de lire quelques détails. Mais malgré toute ma volonté et une assez longue persévérance, je n'obtins aucun résultat : ni tables ni chaises ne subissaient mon influence. Je dus y renoncer, dans la conviction que je ne ferais jamais qu'un médium de nulle valeur.

A cette époque, j'avais un jeune instituteur adjoint qui assistait curieusement à mes essais, mais sans y prendre part. Quand j'abandonnai la partie, il lui prit la fantaisie d'essayer lui-même de faire tourner ou frapper un guéridon. Ce jeune homme se trouva être du coup un médium d'une grande puissance. A peine touchait-il une chaise ou un guéridon que ces petits meubles frémissaient sous sa main. Pendant longtemps il ne se servit que d'une chaise et d'un guéridon pour établir ses communications spirites au moyen d'un alphabet conventionnel.

Nous nous amusions de ces exercices ; la curiosité seule y présidait ; ce n'étaient point des expériences que nous faisions, car il n'y avait rien d'ordonné, de méthodique dans notre travail, c'était pour nous un passe-temps qui nous amusait et qui *éveillait* notre curiosité et rien de plus.

Un jour, mon adjoint et moi, nous réfléchissions sur les inconvénients de la transmission trop lente par des corps frappés. On perdait beaucoup de temps et on était exposé à mille erreurs. Il faudrait, dit Charles (c'était le nom de mon adjoint), pouvoir écrire avec une plume ou un crayon que l'on tiendrait à la main comme on le tient d'habitude, et aussitôt dit, aussitôt fait : il prend un crayon dont il pose la pointe sur une feuille de papier et, tout à coup, nous sommes épouvantés du résultat : le crayon marche avec une rapidité étonnante tout les mots sont écrits lisiblement, se lient tous par le même trait de crayon qui revient à la ligne, entraînant avec lui la main du médium.

Ce début nous *a* tellement *surpris* que le jeune homme, frappé de terreur, *jeta* là le crayon et *se sauva*.

Il fut quelque temps sans renouveler cette expérience : il en avait peur et il m'a avoué bien souvent qu'il se sentait comme envahi par un esprit qui l'obsédait en le contraignant à écrire. Il reprit néanmoins la suite de ces exercices et s'y livra durant environ une année ; mais je finis par lui donner le conseil, et il le suivit, de *suspendre* désormais ce genre d'exercice qui dégénérait en une véritable obsession et qui commençait *par* me donner de vives inquiétudes.

Que de mains de papier ce jeune homme a ainsi *usées* ! que de réponses inattendues, surprenantes, stupéfiantes même, il a obtenues ! mais aussi que de plaisanteries plus ou moins légères sont venues au bout de son crayon !

Cette écriture était vraiment *automatique*, en ce sens qu'elle était obtenue en dehors de la *volonté* du médium : celui-ci était toujours dans la plus complète ignorance de la réponse ou de la phrase qu'il allait écrire. Il n'était pas endormi et bien souvent sa pensée était loin *des faits qui se produisaient par son crayon, qui était, cela était* incontestable, dirigé par une force et une volonté autres que sa propre force et sa propre volonté.

Qu'il me soit permis de rappeler certains faits.

Un chanoine de la cathédrale de Nancy (M. l'abbé Garo) ayant aussi entendu parler des révélations surprenantes obtenues par mon jeune homme, le fit mander un jour chez lui, je l'y accompagnai. Là se trouvaient réunis cinq ou six prêtres âgés et respectables. On remit au jeune homme du papier et un crayon, l'invitant à répondre à certaines questions renfermées sous un pli cacheté déposé sur la table.

Je n'ai jamais connu la nature des questions posées ; mais je sais que la première réponse stupéfia les prêtres qui se regardèrent tout étonnés de la phrase qui venait d'être écrite. Une réponse fut même faite en latin : or le jeune homme n'avait pas la moindre notion de cette langue. L'abbé Garo et ses amis ne voulurent y croire que sur l'affirmation formelle du médium qu'il ignorait le latin.

Une dernière réponse obtenue nous fit deviner la nature de la demande ; cette réponse fut celle-ci : « Que t'importe que la lune soit habitée ou non ? Tu as ici-bas une mission à remplir ; remplis-la. »

Ce fut fini, la séance fut levée et nous partîmes, laissant dans le plus complet étonnement les prêtres qui avaient voulu être témoins de cette séance de spiritisme.

Le jeune Charles avait quitté son école et il remplissait à celle de Ville-en-Vernois les fonctions d'instituteur-adjoint. Un jeudi, il devait aller à Saint-Nicolas assister à une conférence d'instituteurs. C'était en hiver, le sol était partout couvert de neige. Au milieu de la campagne, il s'arrêta pour contempler le tableau que lui offrait cette neige éclatante de blancheur qui couvrait la terre ; il s'appuyait sur sa canne, quand tout à coup il la sent frémir dans sa main. Il la laissa libre entre ses doigts et aussitôt cette canne trace sur la neige : « Charles, ton père est mort ce matin, retourne au village et tu rencontreras un tel qui vient t'apporter la nouvelle. » Le nom était bien désigné.

Cette nouvelle terrifie notre jeune homme, mais il y croit : il retourne au village et la première personne qu'il rencontre est bien celle qui lui est désignée et qui lui apprend *en même temps* que ce même jour, le matin, son père, en tombant d'un grenier, s'était tué.

Plus tard ce jeune homme fut nommé chef d'études au collège de Commercy. Un jeudi, il accompagnait les élèves à la promenade, c'était un été, il faisait chaud, une imprudence le perdit. Étant tout en sueur, il but de l'eau fraîche et alla se reposer à l'ombre d'un arbre. Il rentra au collège avec la fièvre et mourut dix jours après.

L'avant-veille de sa mort, ayant toute sa connaissance, il sentit sa main droite s'agiter. Il comprit et demanda à l'infirmier un crayon et du papier et, quoiqu'étant dans un état de grande faiblesse, le crayon traça vigoureusement ces mots : « Charles, prépare-toi : après demain, à trois heures, tu mourras. » Il se tint pour sûrement averti, et en effet, le surlendemain, à trois heures, en présence du principal et d'un certain nombre d'élèves, il rendit le dernier soupir.

Je tiens tous ces détails du principal lui-même qui conserve très précieusement la feuille de papier sur laquelle étaient écrits les mots cités plus haut.

Quelle conclusion à tirer de tous ces faits ?

Eh bien, qu'il me soit permis de donner ici mon opinion personnelle sur le spiritisme.

Oui, le spiritisme est *réel, il existe* ; oui, l'homme

est parfois le médium à l'aide duquel les manifestations d'un autre monde se produisent : monde des Esprits. Mais quelle est la nature de ces esprits? Voilà pour moi la question *insoluble et je ne crois pas qu'elle puisse jamais être résolue.*

J'ai lu un grand nombre d'ouvrages sur le spiritisme et j'avoue que je n'ai lu dans aucun cette question nettement tranchée.

On a eu, dit-on, des révélations de quelques grands hommes : guerriers, orateurs, philosophes.

On a eu, dit-on, des communications de membres de sa famille, d'un père, d'une mère, d'un frère, d'une sœur, etc., etc. Tous ces dires sont des hypothèses gratuites; rien, absolument rien n'est venu justifier ces assertions.

Mais certaines particularités intimes de la vie seraient-elles révélées par la personne qui se nomme? La *preuve* n'est pas *probante*. Qu'est-ce que les philosophes ont révélé de nouveau en dehors des œuvres qu'ils ont laissées? Ont-ils condamné certaines de leurs doctrines? les ont-ils affirmées de nouveau? Où est la preuve que le philosophe qui se nomme est bien *lui-même ?*

Mais je m'arrête, parce que cela n'en finirait pas. Tout ce que je puis dire, c'est que le spiritisme est la *preuve* la plus irréfragable et la plus tangible, en quelque sorte, *contre* le matérialisme. Notre esprit, notre âme enfin survit à la matière ; car si rien ne survivait en nous, ces manifestations spirites ne se comprendraient pas, n'auraient pas de raison d'être et même ne seraient pas.

DIDELOT.

Rosières-aux-Salines, octobre 1885.

Cette lettre, dont les termes, souvent impropres,

sont toujours éclaircis par le contexte, a une valeur spéciale. Oui, ce français d'un homme qui n'a pas étudié le latin, qui ne sait pas la langue parce qu'il n'en connaît pas les origines, toujours plus lourd et plus long à mesure qu'il s'applique davantage, se trompant sur le dictionnaire, parce qu'il ne l'a pas refait dans des lectures variées, et sur la grammaire, parce qu'il ne l'a pas oubliée et qu'il y pense; joignez à cela je ne sais quelle dignité naïve de langage, puis, par endroits, la force du bon sens ou la sincérité de l'émotion qui relève le style : voilà le cachet d'origine, voilà la marque d'authenticité.

Ici apparaît encore ce qu'on serait tenté d'appeler le caprice des esprits, ce qui est en réalité leur politique.

La théorie du prétendu fluide magnétique plus puissant chez tel ou tel est et devait être abandonnée. Elle n'en vaut ni plus ni moins, n'ayant jamais eu de fondements sérieux.

L'idée spirite des préférences ne vaut pas davantage. Il n'y a point de ces inclinations humaines chez les anges déchus, inflexibles par nature et aussi par état. Leurs préférences de personnes, de temps, de lieux sont déterminées par le seul attrait d'un plus grand mal à faire, soit maintenant, soit plus tard, soit au médium, soit à d'autres par son moyen. Que les médiums préférés ne soient donc pas trop fiers.

Le chat ne nous caresse pas, il se caresse à nous (1). Les démons, en paraissant nous flatter, ne flattent que la haine froide qu'ils nous portent. Sous la patte de velours point la griffe d'acier qui ne demande qu'à sortir.

---

(1) Rivarol.

Ici la main du jeune homme est mue par une puissance qui n'est pas sa propre volonté. L'obsession d'écrire précède cette opération, des mouvements forcés la caractérisent. Et dans ce qu'il écrit, sans le savoir d'avance, souvent une supériorité intellectuelle désordonnée mêlant le profond et le sublime au burlesque et à l'obcène !

Celui qui croit aux anges déchus ne peut les méconnaître à ce mélange.

Mouvements du suppôt déterminés par une force empruntée ou plutôt imposée et qui demeure entière quand le sujet lui-même est défaillant ; envahissement de tout l'organisme par une âme étrangère dont il sent la puissance et l'usurpation violente ; écriture lue à travers des obstacles matériels qui sont infranchissables à notre vue, mais qui ne sont rien par la perception tout immatérielle des purs esprits ; langues et matières inconnues au médium maniées sans le plus petit apprentissage : ce sont les signes antiques des possessions démoniaques racontées par tous les siècles.

Et tous ces caractères de la possession sont tellement évidents que ces deux hommes ignorants en la matière voient du premier coup ce qu'il en est et sont épouvantés. La nature humaine a instinctivement horreur de ces choses, même quand elles l'attirent : c'est l'oiseau fasciné par le serpent.

En faisant écrire par ce jeune homme, à l'improviste, la mort de son père, qu'il n'apprend qu'après l'avoir tracée, en nommant le messager qui apporte la triste nouvelle, l'esprit ne raconte que ce qu'il a vu plus tôt que son médium : il n'a pas besoin de prophétiser.

Et pour la prédiction relative à sa mort, c'est seulement le pronostic d'un médecin surhumain qui voit dans ce qui est ce qui sera, c'est-à-dire l'effet dans la cause, et conclut à coup sûr l'issue de la maladie et sa durée même, de sa marche parfaitement constatée. Un miracle seul eût pu dérouter sa science toute naturelle.

Ce récit porte conviction : il offre le cachet du bon sens et de la bonne foi, peu éclairée, d'ailleurs, des lumières de la doctrine.

On dira peut-être que les faits rapportés ici ne peuvent être attribués qu'à un bon esprit. Mais outre que les bons esprits ne sauraient dicter *des paroles plus ou moins légères* (car elles sont l'expansion du tempérament humain dans ce qu'il a de sensuel, et l'esprit qui favorise cette fâcheuse disposition de notre faible nature est un vil flatteur), les bons anges sont encore bien moins que les autres *des chevaux de fiacre* (1), destinés à promener notre vaine curiosité selon ses fantaisies.

Sans doute il rend des services à ce jeune homme : il y en a même un qui semblerait sortir de l'ordre purement temporel : l'avertissement de se préparer à la mort. Mais ce que nous entendons par ce mot dans notre langage chrétien ne doit pas avoir plus de sens pour le jeune nourrisson des écoles normales que pour son brave supérieur qui ne paraît même pas se douter de la religion chrétienne, malgré ses rapports fugitifs avec les chanoines, et à qui le spiritisme révèle le spiritualisme en l'échauffant lui-même de tout l'enthousiasme d'un néophyte.

Or il est clair que l'esprit parlait pour être entendu.

---

(1) Mot de Mme de Girardin, grande spirite en ses dernières années.

Peut-être le jeune homme, grâce à cet avertissement, a-t-il pu dicter ses dernières volontés au principal et aux élèves qui l'entouraient. Pour ce qui est d'autre chose, le récit ne le donne même pas à soupçonner.

Il nous semblerait, d'ailleurs, tout à fait absurde de supposer une intention religieuse à ce plaisant personnage surnaturel qui lardait de quolibets grivois ses conversations philosophiques.

Ainsi tous ses bienfaits se seront bornés à quelques bons offices de camarade invisible et ce n'est pas là l'idée qu'on se fait des anges gardiens. On y croit ou l'on n'y croit pas, mais le simple bon sens défend de les laïciser.

— Mais comment pouvez-vous voir un démon dans ce génie bon enfant et serviable ? Quel mal a-t-il pu faire à son client ou à d'autres ? Qu'en pouvez-vous savoir ?

— Absolument rien ; mais je me défie des anges laïques.

CHAPITRE VIII

UNE SÉANCE SPIRITE EN AMÉRIQUE

Un jeune marin français, fort curieux, mais peu crédule, de passage à New-York, réussit à se faire introduire dans une réunion spirite. Il comptait bien mettre le doigt sur quelque ficelle, ayant grande confiance dans tous ses sens et surtout dans ses yeux.

Le soir arrive, il entre dans la salle, examine bien

tout autour de lui. Quatorze personnes étaient réunies dans cette pièce bien fermée : pour mobilier quelques sièges, une petite table, un bahut, deux tambours de basque, deux guitares et deux clochettes ; une lampe voilée par un parapluie chinois et tamisant plus ou moins chichement la lumière à travers ce voile, selon les mouvements qu'un léger mécanisme lui imprimait à elle-même ; enfin quatre globes à gaz suspendus au centre du salon.

On éteint le gaz, les personnes présentes se mettent en cercle, la main dans la main, le médium compris. Les instruments commencent à jouer en mesure, transportés dans l'espace, touchant les murs, courant autour des invités, se mettant sur leurs têtes, etc. « Une boule lumineuse dit le narrateur, apparut au milieu du cercle et des mains nous frappèrent sur les genoux. » On rallume le gaz, tout est en place, il semble que rien n'a bougé.

Autre cérémonie. On prend deux ardoises, on met deux crayons entre les deux, trois personnes placent leurs mains dessus et l'on entend le grattement des crayons.

M. Caffray, c'est le nom d'un des médiums, l'autre était sa femme, M. Caffray donc place les deux ardoises à terre, éloignées de tous les assistants, le bruit s'entend au mieux ; chacun est libre de les prendre et de les porter à son oreille et le bruit s'entend toujours.

On prie le nouveau venu d'ouvrir ces ardoises, ce qu'il fait avec précaution, et dans tous les sens étaient tracées pour chacun des assistants des communications d'esprits connus de lui.

Enfin troisième et dernier exercice, apparitions, appelées en termes techniques *matérialisations d'esprits*. On éteint les becs de gaz et l'on allume la petite lampe qui, s'affaiblissant bientôt indique la présence des forces invisibles qui la règlent; la boîte à musique est aussi remontée par des mains impalpables et exercées qui continuent à la remonter au temps voulu pendant toute la séance.

Une femme plus petite que Mme Caffray et vêtue de blanc semble sortir du bahut où celle-ci est assise, marche jusqu'au milieu du cercle, salue et disparaît.

La lumière variable était souvent assez intense pour montrer la couleur des cheveux, des yeux, du visage des assistants et des apparitions et la blancheur de leurs dents; mais toujours elle permettait de voir tous les mouvements des spectateurs :

« Un autre esprit, dit le narrateur, plus grand que le premier, se dirigea vers une dame assise près de nous, l'embrassa et tint conversation avec elle; c'était la fille défunte de cette dame, elle s'en revint vers le médium et disparut. Un jeune homme se présenta, vêtu de gris, se dirigea vers son père présent parmi nous, puis il s'effaça pour faire place à d'autres. M. Lacroix eut la matérialisation de son frère, puis de sa femme qui voulut me serrer la la main ; je fus très *émotionné* et surpris en dévisageant cette face blanche, humaine, dont la main qui serrait la mienne était froide et humide : elle échangea quelques paroles avec son mari, me dit *good bye* et se retira pour disparaître.

« Un esprit nous montra comment il se matérialisait : nous vîmes un point blanc très petit qui s'agrandit peu à peu et atteignit la grandeur d'un foulard ordinaire ; un souffle l'agita, le souleva au milieu, ce qui l'élargit en lui donnant la dimension d'un voile très grand ; ce voile se releva et au-dessous se trouva une femme qui put nous parler, nous offrit des fleurs naturelles, pleines de doux parfums. Ensuite elle se dématérialisa ainsi : ses vêtements et son voile tombèrent à terre en morceaux détachés nettement, se réduisirent en un voile large comme les deux mains, lequel devint un point imperceptible ; enfin tout disparut.

« *Six dames et demoiselles, quatre hommes, trois enfants et un Indien* nous apparurent dans cette séance et nous offrirent des bouquets et des fleurs prises dans les champs, dans les jardins, au dire des assistants, ou fabriquées par ces êtres étranges; ces fleurs bien réelles nous restèrent dans les mains... »

Le jeune marin termine ainsi sa lettre :

« Les portes, sur lesquelles mon regard se portait, n'ont jamais été ouvertes, et j'ai bonne vue, jeune et fort, point crédule, investigateur, j'étais assuré autant qu'on peut l'être, que ce qui se passait devant moi n'était pas l'effet d'un truc, d'autant plus que tous les assistants voyaient ce que mon toucher, mes oreilles et mes yeux constataient être la réalité.

« M. J. Caffray, médium, est un homme de trente ans ; *sa dame, qui possède une si belle faculté*, a vingt-cinq ans ; ils paraissent tous les deux pleins de franchise et leur physionomie *porte l'empreinte de gens* qui ne font pas seulement un métier...

A. TEYNAC, de Blésignac (Gironde).

Encore ici le style ou, si l'on veut, l'absence de style accroît la valeur du témoignage : le narrateur dit tout simplement les choses comme il les a vues. Son langage, sans doute, a un fort bouquet de vanité, il sent son terroir gascon. Mais s'il prête à la plaisanterie, il n'éveille pas la défiance. *La belle faculté de la dame* est un trait d'innocence religieuse et philosophique valant son pesant d'or.

Il y a bien dans ce salon quelque attirail de charlatans, mais pas d'autres charlatans que ceux de la vieille école, les maîtres inimitables de l'homme en fait de charlatanisme.

Ceux-ci commencent la séance par une musique mystérieuse accompagnée d'une petite espièglerie : ils font à la fois les artistes et les gamins : car tout leur est bon.

Il va de soi, n'est-ce pas ? que les esprits seuls ont pu transporter les instruments, les faire jouer, produire la boule lumineuse, frapper sur les genoux des assistants, puisque les êtres visibles n'ont touché à rien.

Ce jeu des instruments est l'A B C de l'art des esprits donneurs de spectacles. Il faut en dire autant de la boule lumineuse qui est peut-être un mode d'éclairage à l'électricité.

Dans la scène de *matérialisation*, nous voyons, comme nous le savions par la théologie, que les esprits peuvent faire apparaître des corps, soit en frappant nos sens d'hallucination, soit en produisant des réalités que ces mêmes sens constatent.

Ici l'esprit se matérialisant à vue d'œil, c'est-à-dire composant un fantôme qui ne saurait lui servir d'ailleurs d'organisme vivant, ne sort pas de la catégorie des productions aériennes. On y sent, pour ainsi dire, sans pouvoir l'analyser, le procédé de l'artiste suréminent.

L'organisme est un mécanisme vivant. Il n'y aurait ici tout au plus qu'un mécanisme inanimé comme les automates de Vaucanson, mais beaucoup plus parfait. Les particules de matière ténue et vaporeuse s'aggrègent mystérieusement : on ne les voit point passer de l'état impalpable et invisible à l'état visible et palpable, on ne voit rien en réalité que le voile composé lui aussi de gaz aériens. L'esprit a la pudeur de son art ou je ne sais quelle crainte de le trahir.

Toujours les mains froides et humides! C'est la flamme de vie qui manque à ces faux Prométhées pour échauffer leurs statues : ils imitent de plus près que nous, voilà tout leur avantage. Ils ne peuvent, comme nous, qu'assembler des atomes existants pour leurs créations prétendues et c'est par un procédé inverse et semblable que vont se désagréger aux yeux des spectateurs étonnés les particules d'air agglomérées par l'acte compositeur.

Pour ce qui est des fleurs fraîches cueillies et parfumées, il n'est possible aux démons ni de les créer de rien ni de les faire entrer à travers les murs. Rien ne saurait empêcher ces purs esprits d'entrer ainsi eux-mêmes, la matière ne les contient pas ; mais les lois physiques leur interdisent de rien faire passer de matériel avec eux par la même voie qui est seulement le chemin des esprits. Et devant les lois prohibitives de la nature, il n'y a pas de contrebande possible.

Il faut donc supposer ou des interstices assez grands pour livrer passage à cette gracieuse denrée, ce qui n'est nullement probable, ou une fabrication instantanée de fleurs dans le local fermé.

Les artistes humains ne sont en vérité que des *apprentifs* au prix des ouvriers angéliques. Ceux-ci n'ont-ils pu ou introduire ces fleurs par parties presque imperceptibles qu'ils ont collées, comme des fleuristes, à l'aide de substances extraites de l'air atmosphérique ou trouver dans ses gaz vraiment élémentaires, à jamais peut-être inanalysables, toute la matière variée de leurs bouquets très savamment artificiels ?

Ne se peut-il encore qu'ils aient caché dans la chambre, même depuis longtemps, en prévision de ce qu'ils voulaient produire, les germes légers des fleurs destinées à paraître dans le spectacle? C'est la fleur naturelle produite artificiellement.

Les anges connaissant tout dans la nature, il leur est sans doute facile d'activer à un point qui nous semble miraculeux les divers gaz, éléments des plantes ou excitateurs de la végétation. Ayant toutes les connaissances, ils ont tous les talents fondés sur ces connaissances. Savants et artistes à des degrés qui nous sont inaccessibles, chimistes et jardiniers hors ligne, artificiers merveilleux et en outre, il faut bien le dire, escamoteurs achevés, leurs prestiges, pour nous, ressemblent à des miracles, parce que nous ne connaissons pas leurs moyens.

De ces moyens, les uns nous échappent pour n'y avoir pas encore songé ; les autres, plus nombreux sans doute, dépassent notre force intellectuelle, sans parler ici de notre force physique.

S'il y a des espaces infranchissables entre l'esprit vulgaire et le génie, à plus forte raison entre le génie lui-même et l'intelligence angélique.

TROISIÈME PARTIE

EXPÉRIENCES SCIENTIFIQUES

SECTION PREMIÈRE

LES EXPÉRIENCES DE CROOKES & DE ZŒLLNER

CHAPITRE I

VALEUR SCIENTIFIQUE ET MORALE DE M. CROOKES.
SON DÉBUT DANS L'ÉTUDE DU SPIRITISME.
AVIS AUX DOCTEURS FRANÇAIS.

Nous arrivons aux expériences proprement dites, aux expériences voulues, abordées avec le scepticisme le plus entier, et conduites sans ombre d'enthousiasme.

Le docteur William Crookes, célèbre savant anglais, auteur de découvertes importantes dans la physique et dans la chimie, mais philosophe imparfait, comme le prouve déjà sa classification un peu diffuse des faits spirites, comme le prouvera encore la série de ses expériences, admirables d'ailleurs au point de vue physiologique, fut d'abord absolument incrédule à la réalité de ces phénomènes extranaturels. Quand il se mit à les étudier, sur la demande de beaucoup de ses savants confrères, en promettant de publier sa solution, la plupart l'acceptaient d'avance, persuadés qu'elle devait et ne pourrait être que la constatation d'une immense duperie. Tous furent étonnés, la plupart même furent mécontents quand, après des expériences sévères et prolongées, le docteur déclara qu'il avait la preuve et l'expérience des faits, mais qu'il ne pouvait se prononcer sur les causes.

Il avait observé tout d'abord les phénomènes déterminés par les pratiques du fameux Home qui vient de s'éteindre dans la misère.

Il avait vu Home tenir un accordéon d'une main par le côté opposé aux clefs et l'accordéon jouer comme de lui-même les airs les plus variés.

Nous ne reproduirons pas le détail de toutes les précautions qui furent prises par M. Crookes et d'autres savants qui entouraient le médecin ni de la cage construite à l'effet d'y placer l'instrument pour qu'il ne le pût autrement toucher par un artifice quelconque. Ce luxe de précautions était bien inutile, puisqu'ils purent bientôt voir et entendre l'accordéon jouer tout seul, sans que M. Home ni personne eût besoin de le tenir.

En attendant meilleure solution, c'est un esprit, dirons-nous, c'est une force libre et invisible qui a fait jouer l'instrument, soit par sa seule vertu, soit par un procédé que nous ignorons.

Le docteur Giles de la Tourette, disciple de Brouardel et de Charcot, nous dira peut-être quel artifice a été employé pour tirer des airs d'un instrument sans le toucher, lui qui s'est aperçu que les tables, aux séances spirites, ne tournent et ne frappent que parce qu'on les pousse.

La vérité, c'est que nos savants ne veulent pas marcher, quand les faits les talonnent. Voilà que le docteur italien Lombroso, grâce à son médium Eusapia, constate la réalité de quelques phénomènes spirites, fort élémentaires, d'ailleurs. Et là-dessus les docteurs français Bérillon et Richet se décident à dire enfin qu'il peut bien y avoir au fond quelque chose dans les histoires spirites. Ils entrent ainsi dans la voie où l'Angleterre et l'Allemagne sont déjà si loin.

Il est vrai que, pour s'initier, le docteur Bérillon avait déjà étudié les artistes forains en *physiologie* ou en *psychologie transcendante* : il a même découvert une ficelle et il nous la déroule longuement, avec une gravité toute scientifique : vous voulez faire mouvoir des objets sans que personne les touche, ou du moins sans qu'il y paraisse : eh bien, c'est tout simple. Le médium qui fait cercle avec tous les assistants, les mains dans les mains, escamotant à propos (ce qui est la condition des autres escamotages), l'attention de ses voisins, met doucement, et par une série d'artifices *ad hoc*, les mains qui tenaient les siennes dans des mains nouvelles et, recouvrant ainsi sa liberté, s'en va à pas de loup transporter les objets à travers la chambre, sans que personne le voie dans l'obscurité ni l'entende dans le silence. Leur habileté est telle en ce tour de passe-passe que sans les entrevoir seulement, on voit distinctement les objets qu'ils portent. Ils n'ont pas besoin de petites cloisons pour se cacher, comme les *thaumatopoioi* de Platon. Ils ont l'art de se rendre imperceptibles à tous les sens humains, en s'escamotant eux-mêmes. *Et voilà pourquoi votre fille est muette !*

Le docteur croit qu'une expérience loyale

pourrait prouver la réalité de la psychologie transcendante et confirmer la découverte de certaines forces mystérieuses de notre nature, dues à la *psyché*, mot grec désignant le plus souvent chez les anciens, non pas l'âme, mais une substance intermédiaire entre l'âme et le corps, idée vague, vieille comme l'Hindoustan. Ces fictions obscures tiennent chez tous les peuples païens à leur façon grossière de *concevoir* les choses spirituelles en voulant les *imaginer* ; avec quel empressement j'ajouterais : « Et chez ces peuples seuls », si la psychologie, la vraie, ne me le défendait pas !

Les conclusions de M. Richet ne vont pas plus loin que celles de M. Bérillon. Tous deux attendent une expérience définitive et vraiment scientifique. Mais elle est faite, docteurs, votre expérience, et, il est clair qu'un homme tel que M. Lombroso, quand il entreprend une étude pratique, ne saurait en perdre de vue la condition principale, même dans l'obscurité : car le bon expérimentateur a, tout aussi bien que l'aveugle, des yeux au bout des doigts. Donc les objets se sont mus devant lui, sans un agent visible : nos savants seront alors obligés de dire qu'ils se sont mus, ou tout seuls ou par une force *psychique*, ce qui franchement, revient au même, ainsi que nous le prouverons.

Pas de milieu pour la science : parler net ou se taire ; mais quand la science se tait, les savants parlent encore.

Leur tort est de ne vouloir admettre que deux ordres de causes où ils rattachent tout, de gré ou de force : la nature physique et la nature humaine. Tout ce qui ne vient pas de la nature des choses vient d'une force de l'homme, connue ou inconnue : quand on la connaît, on la nomme ; quand on ne la connaît pas, on la nomme encore, quitte à en traiter plus longuement. Car, comme dit Bossuet, « ce n'est que les idées nettes qui produisent la brièveté ».

Borner la classification des causes à ces deux chefs, c'est une *énumération imparfaite* de première force, un paralogisme fécond en erreurs, et dont les *générations logiques*, dans ce qu'on nomme la *science moderne*, ne se peuvent plus compter.

CHAPITRE II

ÉTUDES DE M. CROOKES SUR L'AUGMENTATION DU POIDS DES OBJETS SANS ADDITION MATÉRIELLE

« En cinq occasions différentes, dit M. Crookes, j'avais vu des objets dont le poids variait de vingt-cinq à cent livres être momentanément influencés de telle manière que moi et d'autres personnes présentes, nous ne pouvions qu'avec difficulté les élever au-dessus du plancher. »

Il y a lieu d'admirer au point de vue de la science et du *labor improbus* tous ces appareils enrégistreurs et ces mesureurs mécaniques inventés par le docteur Crookes pour constater la réalité objective de certaines forces occultes qui semblent, mais semblent seulement, exagérer à volonté, sans moyens appréciables, les effets invariables des lois connues de la pesanteur et rendre par là ces lois mêmes problématiques.

Ces machines témoignent d'une ingéniosité hors ligne, c'est-à-dire d'un esprit d'invention tout à fait profond dans les détails, d'une extrême finesse d'observation et de conception, car la finesse est une profondeur de détail. Que manque-t-il, en effet, à l'esprit fin pour être profond ? l'étendue. Puis l'esprit à qui la nature et l'étude ont donné le plus d'étendue est sujet à en manquer quelquefois. Il ne pense qu'à l'étroit objet de sa spéculation présente, quand il fallait remonter aux principes généraux.

Tous ces appareils destinés par M. Crookes à prouver que l'effet était bien réel et non produit par une suggestion opérée sur ses sens, et pour constater en outre l'augmentation précise du poids des objets, c'est de la science gaspillée ; car ils ne mesurent en réalité que la force actuellement employée par les esprits pour peser sur les objets.

Vous avez lu cette légende dans les *Moines d'Occident* de Montalembert ou bien vous l'avez puisée aux sources d'où il l'a prise : elle est bonne à rappeler ici.

Saint-Benoit faisait transporter des matériaux pour la construction de son église. On vit un être hideux pesant du poids apparent de son corps sur une pierre que les moines s'efforçaient en vain de soulever : c'était un esprit de l'abime qui appliquait sa force immatérielle sur la matière : la vision horrible n'était que le symbole de sa nature intime et de son acte présent. Un signe de croix du Saint fit disparaitre et la figure et la réalité de cette force démoniaque.

Le docteur Crookes, se bornant, comme on l'a dit, à l'observation matérielle des choses, écrivit sur ces faits un mémoire qui fut approuvé par ses confrères présents à ses expériences : c'étaient entre autres MM. William Huggins et Ed. Cox, qui lui adressèrent à ce sujet des lettres fort explicites dans lesquelles ils reconnaissaient pleinement l'exactitude de ses observations (1).

Ce dernier travailla longtemps à expliquer ces anomalies par une force qu'il appela *psychique*, c'est-à-dire force de la psyché (grecque ou hindoue) par opposition à la force matérielle et visible. M. Thury, professeur émérite à l'Académie de Genève l'appelle *ecténique*, du grec *ecténia*, tension.

Le professeur Bernheim, de Nancy, nie l'existence d'une telle force, au moins dans l'hypnotisme ; il ne croit pas que la force agissant sur un sujet émane du corps humain. Mais le docteur Baréty, qui croit avoir démontré cette force par ses expériences ingénieuses, l'appelle *neurique rayonnante*. Elle agit, selon lui, à travers différentes substances, même à travers un mur, mais elle ne traverse pas l'eau, *dans laquelle elle s'accumule*. Cette force différerait donc de la *force psychique*, qui, elle, se transmet à travers l'eau.

Que faudrait-il penser de ces forces multiples à la fois dissemblables et confuses, vagues au dernier point ? Il faudrait d'abord en éclaircir la notion. Ensuite on raisonnerait.

Nous dirons, nous, et franchement, ce qu'il nous en semble.

---

(1) Voir à la fin du volume.

CHAPITRE III

QUELLE EST LA VÉRITABLE FORCE AUGMENTATIVE DU POIDS DES OBJETS SANS ADDITION MATÉRIELLE

Des mots, des mots, des mots ! comme dit l'Hamlet du grand poète anglais. Ni *psychique* ni *ecténique*, ni *neurique rayonnante* ! Et si la foi chrétienne peut seule nous apprendre à quels êtres précisément cette force appartient, la raison démontre sans peine à qui elle n'appartient pas.

Et voici notre raisonnement.

Les lois de la physique, anciennes ou nouvelles, ont été conclues de la réapparition constante des mêmes phénomènes sous l'action des mêmes causes, depuis que le monde existe. On infère d'une pareille constance de la nature qu'elle continuera d'être constante et que ce qui a toujours été sera toujours. C'est une simple induction, mais infaillible quand elle n'est pas précipitée. La matière de la physique est ainsi, non ce qui arrive quelquefois, mais ce qui arrive toujours.

Est-il admissible qu'aucune force libre, en dehors de Dieu, puisse rien y changer ?

Une force humaine, directe ou indirecte, plus ou moins grande dans son essence ou dans son application, en pesant sur un poids, l'augmente plus ou moins, comme le ferait l'addition d'objets quelconques. Ce que l'un peut, l'autre le peut dans une mesure différente, en vertu de la même loi.

Mais que tel homme possède radicalement une

force dont les autres n'ont pas le germe, cela est inouï dans la science physiologique.

Car de dire que ce germe existe chez tous les humains, n'étant même pas prouvé qu'il existe chez quelques-uns, ce serait pis qu'une *énumération imparfaite* ou une induction précipitée, ce serait une conclusion gratuite.

Les principes de la physiologie comme ceux de la physique sont sans exception : la physiologie est la physique du corps humain. Ce ne sont pas de simples *règles*, ce sont des *lois* auxquelles on n'échappe pas. En sera-t-il autrement plus tard ? Ce n'est pas vraisemblable.

— Eh bien, répond le docteur Gibier, nous ferons une science nouvelle.

— A la bonne heure !

En attendant nous soutenons ceci :

La force dite *ecténique* ou *psychique* ou *neurique rayonnante* n'étant manifestée que par des adeptes très rares, sans que rien puisse prouver quelle soit l'exercice d'une de leurs facultés personnelles, physiques ou intellectuelles ;

La connaissance d'aucun autre genre de faculté n'étant acquise à la science qui repousse, au contraire, en vertu des principes de la raison, tout ce qui ne présente pas une idée claire ; et ce serait bien le cas d'une prétendue force qui ne serait ni physique ni intellectuelle ;

Notre force intellectuelle n'ayant, d'ailleurs, de prise sur les corps que par notre corps, qui est son moyen premier, et par l'invention et l'emploi de machines toutes matérielles, qui lui servent de moyen second ;

Etant d'ailleurs prouvé que cette force mystérieuse existe réellement ;

Que, dès là qu'elle existe, elle n'est pas une qualité sans susbtance et appartient nécessairement à un être réel ;

Qu'elle ne peut pas être purement et simplement une de ces forces brusques, sourdes et aveugles attachées par le Créateur à la nature physique (1), puisqu'elle se prête et condescend à un simple désir humain ;

Qu'elle est physique, comme toute force qui atteint directement la matière, quel que soit son mode d'action, fût-il le fait d'une pure intelligence :

Et qu'en vertu de lois physiques, toujours en possession et en vigueur, elle ne peut augmenter le poids de la matière qu'en s'appliquant immédiatement ou médiatement sur cette matière, comme pourrait faire l'homme ou la machine ou la quantité additionnelle ;

Ne voyant ni substances pesantes, ni machines, ni mains qui agissent, et voyant pourtant l'action ;

Je conclus que cette force n'est pas dans l'homme et qu'elle a pour auteur un être fort et libre et invisible, autant dire spirituel.

Il reste après cela qu'elle puisse être mise au service de l'homme et à sa disposition par ceux qui la possèdent ; c'est à dire qu'elle puisse librement s'exercer sur sa demande, soit sous aucun secours étranger, soit avec l'assistance d'un médium dont le contact sur l'objet n'est, après tout, qu'un signe de la présence active de l'esprit, tout au plus le canal de transmission de sa force.

Si M. Crookes n'a jamais vu d'objets alourdis

---

(1) *Nature physique* est une tautologie reçue, *fuó* et *nascor* signifiant la même chose.

d'une manière anormale sans l'application d'une main de médium, il a vu jouer un accordéon dans cette condition. Or, on peut bien affirmer qu'au point de vue de la loi physique, il y a complète équivalence. Mouvoir et apesantir sans toucher sont physiquement la même chose, je veux dire la même impossibilité. Quant à un contact sans pression, sans impulsion, sans mouvement et sans effort, cela peut *signifier*, mais non pas *constituer* une opération.

Aussi, tant qu'on ne nous montrera pas comment la force *ecténique* de Thury, considérée comme force humaine, apesantit un objet sans y appuyer matériellement, d'une façon immédiate, c'est-à-dire par le corps humain, ou médiate, c'est-à-dire par la machine ou la quantité additionnelle, nous ne verrons dans une telle opération que la force démoniaque et dans le médium qu'un sorcier.

Qu'on nous parle, tant qu'on voudra, de forces vagues, lesquelles sont ou ne sont pas affaiblies, paralysées par la lumière; traversent tous les obstacles, y compris l'eau ou bien excepté l'eau, où elles s'accumulent; ressemblant plus ou moins à cette force aveugle de la nature, qui est à la fois, selon la science, la lumière et l'électricité; j'y verrai volontiers des causes instrumentales, encore et peut-être à tout jamais inconnues, mises en œuvre par des causes libres qui se servent, comme nous et plus puissamment que nous, des forces de la nature pour leurs desseins particuliers et qui, ne pouvant se jouer de la physique, se jouent d'autant mieux des physiciens, en égarant leur attention sur le côté naturel d'un fait extra-naturel : ce qui est, comme pourrait nous l'expliquer le docteur Bérillon, un procédé connu d'escamotage.

CHAPITRE IV

MATÉRIALISATION D'ESPRIT. — QU'EST-CE QUE CE PHÉNOMÈNE ? HISTOIRE DE KATIE KING, PRÉTENDUE MORTE RESSUSCITÉE — SES APPARITIONS RÉPÉTÉES PENDANT TROIS ANS. — SES RAPPORTS DE LABORATOIRE ET DE SALON AVEC M. CROOKES, SA FAMILLE ET SES COLLÈGUES. — L'ESPRIT PHOTOGRAPHIÉ. — CRITIQUE HISTORIQUE.

Matérialisation d'esprit : le mot est bien trouvé : car il exprime une opération chimique et un déguisement.

Opération chimique de premier ordre : car il ne s'agit plus d'esprits volatils à condenser, mais d'êtres spirituels à revêtir de la matière, ou plutôt à en travestir.

Opération, d'ailleurs connue des anciens théologiens : car les démons, comme les hommes, ne font guère, en fait de comédie, que rajeunir du vieux, et le rajeunir imparfaitement, avec tout leur génie.

On dit donc *matérialisation*. Les Spirites mêmes n'osent parler de *résurrection* : ce serait trop invraisemblable. La *résurrection de la chair* est réservée à notre symbole.

Cependant on ose bien nous prendre le grand mot d'*incarnation*. Mais on n'ose l'appliquer qu'à l'intronisation des démons dans l'organisme humain, dans la *chair* véritable.

Le plus curieux phénomène que pût étudier M. Crookes, c'est celui de la *matérialisation*.

Il en a donné le récit dans quelques lettres écrites au *Monthly Journal of Science*, de Londres(1) : « On verra, dit avec raison M. P. Gibier, que les séances de matérialisation dont l'auteur s'est fait le narrateur ne diffèrent pas essentiellement de celles que nous avons citées à titre de spécimens de la littérature spirite. »

M. P. Gibier ne citant pas la première apparition de Katie et les numéros contenant les articles de M. Crookes étant épuisés, nous sommes réduits à regretter cette lacune et à entrer à la manière épique *in medias res*.

Pendant trois années entières, M. Crookes a été en relations avec une prétendue morte se donnant le nom de Katie King. Elle apparut un beau soir au milieu des savants réunis, et ce, par la *médiumnité*,

---

(1) April 30 th 1892, — from William Crookes, 7, Kensington Park Gardens, Windsor, to M. J. du Dot, Campbon, (Loire-Inférieure). — Dear Sir, — Refering to your letter of the 17 th inst. I write to say that J did not make Katie King's acquaintance till she had been a*earing* for some years. My articles on the subject were published in the *Monthly journal of Science*; but the numbers containing them are now out of print. They can however be seen in public libraries. I regret to say I have no separate copies of my papers, or I would willingly send you a set. — I remain — truly yours.

Traduction : « Cher Monsieur, je réponds à votre lettre du 17 courant que je n'ai pas eu de relations avec Katie King depuis qu'elle est devenue sourde aux évocations pour quelques années. Mes articles sur ce sujet ont été publiés dans le *Journal mensuel de Science*, mais les numéros qui les contiennent sont maintenant épuisés. On pourrait néanmoins les trouver dans les bibliothèques publiques. Je regrette de n'avoir aucune copie séparée de ces mémoires ; autrement je vous en enverrais volontiers une collection. » A*earing* semble composé du grec à πο et de l'anglais *to hear*, entendre ; ce mot étrange doit appartenir au vocabulaire spirite : she had been a*earing*, elle a refusé d'entendre, *abaudiit*, *non obediit*.

Voir pièces justificatives.

nous dirions *par le moyen* de Mlle Cook, une jeune fille, un enfant de quinze ans, à laquelle appartenait ainsi le pouvoir de créer un être vivant, ou plus exactement, de le ressusciter, et qui n'avait besoin pour cela que de s'endormir.

Aussitôt l'être évoqué apparaissait, se mouvait, parlait, on le voyait, on l'entendait, on le touchait, pas tout à fait à volonté, car il avait des caprices de femme.

Disons dès maintenant que tous les moyens avaient été pris pour rendre impossible l'introduction d'un nouveau personnage dans le local où se réunissaient quelques savants avec M. Crookes et quelquefois sa famille.

Le 3 février 1874, M. Crookes écrivait au *Monthly Journal* une lettre dont M. Paul Gibier cite seulement la fin :

« La séance se tenait dans la maison de M. Luxmore, et le *cabinet* était un arrière-salon, séparé de la chambre de devant dans laquelle se tenait l'assistance.

« La formalité ordinaire d'inspecter la chambre et d'examiner les fermetures ayant été effectuées, Mlle Cook pénétra dans le cabinet.

« Au bout de peu de temps, la forme de Katie apparut à côté du rideau, mais elle se retira bientôt, en disant que son médium n'était pas bien et ne pouvait pas être mis dans un sommeil suffisamment profond pour qu'il fût sans danger pour elle de s'en éloigner.

« J'étais placé à quelques pieds du rideau derrière lequel Mlle Cook était assise, le touchant presque, et je pouvais fréquemment entendre ses plaintes et ses sanglots, comme si elle souffrait Ce malaise continua par intervalles, presque pendant toute la durée de la séance et une fois, comme la forme de Katie était devant moi dans la chambre, j'entendis distinctement le son d'un sanglot plaintif, identique à ceux que Mlle Cook avait fait entendre par intervalles pendant tout le temps de la séance et qui venait de derrière le rideau où elle devait être assise.

« J'avoue que la figure était frappante d'apparence de vie et de réalité et, autant que je pouvais voir à la lumière un peu indécise, ses traits ressemblaient à ceux de Mlle Cook; mais cependant, la preuve positive donnée par un de mes sens, que le soupir venait de Mlle Cook, dans le cabinet, tandis que la figure était au dehors, cette preuve, dis-je, est trop forte pour être renversée par une simple supposition du contraire, même bien soutenue.

« Vos lecteurs, Messieurs, me connaissent et voudront bien croire, j'espère, que je n'adopterai pas précipitamment une opinion ni que je ne leur demanderai pas d'être d'accord avec moi, d'après une preuve insuffisante. C'est peut-être trop espérer que de penser que le petit incident que j'ai mentionné aura pour eux le même poids qu'il a eu pour moi. Mais je leur demanderai ceci : que ceux qui inclinent à juger durement Mlle Cook suspendent leur jugement jusqu'à ce que j'apporte une preuve certaine qui, je le crois, sera suffisante pour résoudre la question.

« En ce moment, Mlle Cook se consacre exclusivement à une série de séances privées auxquelles n'assistent qu'un ou deux de mes amis et moi. Ces séances se prolongeront probablement pendant quelques mois, et j'ai la promesse que toute preuve que je désirerai me sera donnée. Ces séances n'ont pas eu lieu depuis quelques semaines, mais il y en a assez pour me convaincre pleinement de la sincérité et de l'honnêteté parfaites de Mlle Cook et pour me donner tout lieu de croire que les promesses que Katie m'a faites si librement seront tenues.

« Maintenant, tout ce que je demande, c'est que vos lecteurs ne présument pas à la hâte que tout ce qui, à première vue, paraît douteux, implique nécessairement déception, et qu'ils veuillent bien suspendre leur jugement jusqu'à ce que je leur parle de nouveau de ces phénomènes.

WILLIAM CROOKES

20, Mornington-Road, London, 3 février 1874.

« Dans une lettre que j'ai écrite à ce journal au commencement de février dernier, je parlais des phénomènes de formes d'esprits qui s'étaient manifestées par la médiumnité de Mlle Cook, et je disais : (Ici le docteur copie la fin de la lettre qu'on vient de lire.)

« Dans cette lettre, continue-t-il, je décrivais un incident qui, selon moi, était propre à me convaicre que Katie et Mlle Cook étaient deux êtres matériels distincts..... Je suis heureux de dire que j'ai enfin obtenu la preuve absolue dont je parlais...

« Pour le moment, je ne parlerai pas de la plupart des preuves que Katie m'a données dans les nombreuses occasions où Mlle Cook m'a favorisé de séances chez moi et je n'en décrirai qu'une ou deux qui ont eu lieu récemment. Depuis quelque temps j'expérimentais avec une lampe à phosphore consistant en une bouteille de six à huit onces, qui contenait un peu d'huile phosphorée et qui était solidement bouchée. J'avais des raisons pour espérer qu'à la lumière de cette lampe quelques-uns des mystérieux phénomènes du cabinet pourraient se rendre visibles, et Katie espérait, elle aussi, obtenir le même résultat.

« Le 12 mars, pendant une séance chez moi et après que Katie eût marché au milieu de nous, qu'elle nous eût parlé pendant quelque temps, elle se retira derrière le rideau qui séparait mon laboratoire où l'assistance était assise de ma bibliothèque qui temporairement faisait l'office de cabinet. Au bout d'un moment elle revint au rideau et m'appela à elle en disant : Entrez dans la chambre et soulevez la tête de mon médium, elle a glissé à terre. « Katie était alors debout devant moi, vêtue de sa robe blanche habituelle et coiffée d'un turban. Immédiatement, je me dirigeai vers la bibliothèque pour relever Mlle Cook, et Katie fit quelques pas de côté pour me laisser passer. En effet, Mlle Cook avait glissé en partie de dessus le canapé, et sa tête penchait dans une situation très pénible. Je la remis sur le canapé, et en faisant cela, j'eus, malgré l'obscurité, la vive satisfaction de constater que Mlle Cook n'était pas revêtue du costume de Katie, mais qu'elle portait un vêtement ordinaire de velours noir et se trouvait dans une profonde léthargie. Il ne s'était pas écoulé plus de trois secondes entre le moment où je vis Katie en robe blanche devant moi et celui où je relevai Mlle Cook.

« En retournant à mon poste d'observation, Katie apparut de nouveau et dit qu'elle pensait qu'elle pourrait se montrer à moi en même temps que son médium. Le gaz fut baissé et elle me demanda ma lampe à phosphore. Après s'être montrée à sa lueur pendant quelques secondes, elle me la remit dans les mains en disant : « Maintenant, entrez, et venez voir mon médium. » Je la suivis de près dans ma bibliothèque et, à la lueur de ma lampe, je vis Mlle Cook reposant sur le sopha exactement comme je l'y avais laissée. Je regardai autour de moi pour voir Katie, mais elle avait disparu, je l'appelai, mais je ne reçus pas de réponse.

« Je repris ma place, et Katie réapparut bientôt et me dit que tout le temps elle avait été debout auprès de Mlle Cook. Elle demanda alors si elle ne pourrait pas elle-même essayer une expérience, et prenant de mes mains la lampe à phospore, elle passa derrière le rideau, me priant de pas regarder dans le cabinet pour le moment. Au bout de quelques minutes, elle me rendit la lampe en me disant qu'elle n'avait pas pu réussir, qu'elle avait épuisé tout le fluide du médium, mais qu'elle essayerait de nouveau une autre fois. Mon fils aîné, un garçon de quatorze ans, qui était assis en face de moi, dans une position telle qu'il pouvait voir derrière le rideau, me dit « qu'il avait vu distinctement la « lampe à phosphore paraissant flotter dans l'es-« pace, au-dessus de Mlle Cook et l'éclairant pendant « qu'elle était sans mouvement sur le sopha, mais « il n'avait pu voir personne tenir la lampe. »

Je passe maintenant à la séance tenue hier soir à Hackney. Jamais Katie n'est apparue avec une aussi grande perfection ; pendant près de deux heures, elle s'est promenée dans la chambre en causant familièrement avec ceux qui étaient présents. Plusieurs fois elle prit mon bras en marchant, et l'impression ressentie par mon esprit que c'était une femme vivante qui se trouvait à mon côté et non pas un visiteur de l'autre monde, cette impression, dis-je, fut si forte que la tentation de répéter une récente et curieuse expérience devint presque irrésistible.

« Pensant donc que si je n'avais pas un esprit près de moi, il y avait tout au moins une dame, je lui demandai la permission de la prendre dans mes bras, afin de me permettre de vérifier les intéressantes observations qu'un expérimentateur hardi avait récemment fait connaître d'une manière assez prolixe. Cette permission me fut gracieusement donnée, et, en conséquence, j'en usai, convenablement, comme tout homme bien élevé l'eût fait en ces circonstances. M. Volckman sera charmé de savoir que je puis corroborer son assertion, que le *fantôme*, (qui du reste, ne fit aucune résistance), était un être aussi matériel que Mlle Cook elle-même. Mais la suite montrera comment un expérimentateur a tort, quelque soignées que ses observations puissent être, de se hasarder à formuler une importante conclusion quand les preuves ne sont pas en quantité suffisante.

« Katie dit alors que cette fois elle se croyait capable de se montrer en même temps que Mlle Cook. Je baissai le gaz et ensuite, avec ma lampe à phosphore, je pénétrai dans la chambre qui servait de cabinet. Mais préalablement, j'avais prié un de mes amis, qui est habile sténographe, de noter toute observation que je pourrais faire pendant que je serais dans ce cabinet, car je connais l'importance qui s'attache aux premières impressions, et je ne voulais pas me confier à ma mémoire plus qu'il n'était nécessaire. Ces notes sont en ce moment devant moi.

« J'entrai dans la chambre avec précaution ; il y faisait noir, et ce fut à tâtons que je cherchai

Mlle Cook. Je la trouvai accroupie sur le plancher.

« M'agenouillant, je laissai l'air entrer dans ma lampe et, à sa lueur, je vis cette jeune dame vêtue de velours noir, comme elle était au début de la séance et ayant toute l'apparence d'être complètement insensible. Elle ne bougea pas lorsque je pris sa main et tint la lampe tout à fait près de son visage ; mais elle continua à respirer péniblement. *Elevant la lampe, je regardai autour de moi et je vis Katie qui se tenait debout tout près de Mlle Cook et derrière elle.* Elle était vêtue d'une draperie blanche et flottante, comme nous l'avions déjà vue pendant la séance. Tenant une des mains de Mlle Cook dans la mienne et m'agenouillant encore, j'élevai et j'abaissai la lampe, tant pour éclairer la figure entière de Katie que pour pleinement me convaincre que je voyais bien réellement la vraie Katie que j'avais pressée dans mes bras quelques minutes auparavant, et non pas le fantôme d'un cerveau malade. Elle ne parla pas, mais elle remua la tête en signe de reconnaissance. Par trois fois différentes, j'examinai soigneusement Mlle Cook accroupie devant moi pour m'assurer que la main que je tenais était bien celle d'une femme vivante et, à trois reprises différentes, je tournai ma lampe vers Katie pour l'examiner avec une attention soutenue, jusqu'à ce que je n'eusse plus le moindre doute qu'elle était bien là devant moi. A la fin, Mlle Cook fit un léger mouvement, et aussitôt Katie me fit signe de m'en aller. *Je me retirai dans une autre partie du cabinet et cessai alors de voir Katie, mais je ne quittai pas la chambre, jusqu'à ce que Mlle Cook se fut éveillée et que ceux des assistants eussent pénétré avec de la lumière.*

« Avant de terminer cet article, je désire faire connaître quelques-unes des différences que j'ai observées entre Mlle Cook et Katie. La taille de Katie est variable; chez moi, je l'ai vue plus grande de six pouces que Mlle Cook. Hier soir, ayant les pieds nus et ne se tenant pas sur la pointe des pieds, elle avait quatre pouces de plus que Mlle Cook. Hier soir, Katie avait le cou découvert, la peau était parfaitement douce au toucher et à la vue, tandis que Mlle Cook a au cou une cicatrice, qui, dans des circonstances semblables, se voit distinctement et est dure au toucher. Les oreilles de Katie ne sont pas percées, tandis que Mlle Cook porte ordinairement des boucles d'oreilles. Le teint de Katie est très blanc, tandis que celui de Mlle Cook est très brun. Les doigts de Katie sont beaucoup plus longs que ceux de Mlle Cook et son visage est aussi plus grand. Dans les façons et manières de s'exprimer, il y a aussi bien des différences marquées.

« La santé de Mlle Cook n'est pas assez bonne pour lui permettre de donner d'ici à quelques semaines d'autres séances expérimentales comme celles-ci et nous l'avons en conséquence fortement engagée à prendre un repos complet avant de recommencer la campagne d'expériences dont, à cause d'elle, j'ai donné un aperçu, et dans un temps prochain, j'espère que j'en pourrai faire connaître les résultats.

DERNIÈRE APPARITION DE KATIE KING
Sa photographie à l'aide de la lumière électrique

« Ayant pris une part active à la dernière séance de Mlle Cook et ayant très bien réussi à prendre de nombreuses photographies de Katie King à l'aide de la lumière électrique, j'ai pensé que la publication de quelques détails serait intéressante pour les spiritualistes.

« Durant la semaine qui a précédé le départ de Katie, elle a donné des séances chez moi presque tous les soirs, afin de me permettre de la photographier à la lumière artificielle. Cinq appareils complets de photographie furent donc préparés à cet effet. Ils consistaient en cinq chambres noires, une de la grandeur de la plaque entière, une de demi-plaque, une de quart, et de deux chambres stéréoscopiques binoculaires qui devaient toutes être dirigées sur Katie en même temps, chaque fois qu'elle poserait, pour obtenir son portrait. Cinq bains sensibilisateurs et fixateurs furent employés et nombre de glaces furent nettoyées à l'avance, prêtes à servir, afin qu'il n'y eût ni hésitation, ni retard pendant les opérations photographiques que j'exécutai moi-même, assisté d'un aide.

« Ma bibliothèque servit de cabinet noir ; elle avait une porte à deux battants qui s'ouvrait sur le laboratoire, un de ces battants fut enlevé de ses gonds et un rideau fut suspendu à sa place pour permettre à Katie d'entrer et de sortir facilement. Ceux de nos amis qui étaient présents étaient assis dans le laboratoire, en face du rideau, et les chambres noires étaient placées un peu derrière eux, prêtes à photographier Katie quand elle sortirait et à prendre en même temps l'intérieur du cabinet chaque fois que le rideau serait soulevé dans ce but. Chaque soir il y avait trois ou quatre expositions de glaces dans les cinq chambres noires, ce qui donnait au moins quinze épreuves par séance. Quelques-unes se gâtèrent au développement, d'autres en réglant la lumière. Malgré tout cela, j'ai quarante-quatre négatifs, quelques-uns médiocres; quelques-uns ni bons ni mauvais, et d'autres excellents.

« Katie donna pour instruction à tous les assistants de rester assis et d'observer cette condition ; seul, je ne fus pas compris dans cette mesure ; car, depuis quelque temps, elle m'avait donné la permission de faire ce que je voudrais, de la toucher, d'entrer dans le cabinet et d'en sortir, presque chaque fois qu'il me plairait. Je l'ai souvent suivie dans le cabinet et l'ai vue quelquefois, elle et son médium en même temps ; mais le plus généralement, je ne trouvais que le médium en léthargie et reposant sur le parquet : Katie et son costume blanc avaient instantanément disparu.

« Durant ces six derniers mois, Mlle Cook a fait chez moi de nombreuses visites, et y est demeurée quelquefois une semaine entière. Elle n'apportait avec elle qu'un petit sac de nuit ne fermant pas à clef ; pendant le jour elle était constamment en compagnie de Mme Crookes, de moi-même ou de quelque autre membre de ma famille, et ne dormant pas seule, il y a eu manque absolu d'occasion de rien préparer, même d'un caractère moins achevé, qui fût apte à jouer le rôle de Katie King. J'ai préparé et disposé moi-même ma bibliothèque ainsi que le cabinet noir, et d'habitude, après que Mlle Cook avait dîné et causé avec nous, elle se dirigeait droit au cabinet et, à sa demande, je fermais à clef la seconde porte, gardant la clef sur moi pendant toute la séance ; alors on baissait le gaz et on laissait Mlle Cook dans l'obscurité.

« En entrant dans ce cabinet, Mlle Cook s'étendait sur le plancher, la tête sur un coussin, et bientôt elle était en léthargie.

« Pendant les séances photographiques, Katie

enveloppait la tête de son médium avec un châle pour empêcher que la lumière ne tombât sur son visage. *Fréquemment, j'ai soulevé un côté du rideau lorsque Katie était debout tout auprès, et alors il n'était pas rare que les sept ou huit personnes qui étaient dans le laboratoire pussent voir en même temps Mlle Cook et Katie, sous le plein éclat de la lumière électrique.* Nous ne pouvions pas, alors, voir le visage du médium à cause du châle, mais nous apercevions ses mains et ses pieds ; nous la voyions se remuer péniblement sous l'influence de cette lumière intense, et par moments nous entendions ses plaintes. J'ai une épreuve de Katie et de son médium photographiés ensemble, mais Katie est placée debout devant la tête de Mlle Cook.

« Pendant que je prenais une part active à ces séances, la confiance qu'avait en moi Katie s'accroissait graduellement, au point qu'elle ne voulait plus donner de séance à moins que je ne me chargeasse des dispositions à prendre, disant qu'elle voulait toujours m'avoir près d'elle et près du cabinet. Dès que cette confiance fut établie et quand elle eut la satisfaction d'être sûre que je tiendrais les promesses que je pouvais lui faire, les phénomènes augmentèrent beaucoup en puissance, et des preuves me furent données qu'il m'eût été impossible d'obtenir si je m'étais approché du sujet d'une manière différente.

« Elle m'interrogeait souvent au sujet des personnes présentes aux séances et sur la manière dont elle seraient placées ; car dans les derniers temps, elle était devenue très nerveuse à la suite de certaines suggestions malavisées, qui conseillaient d'employer la force pour aider à des modes de recherches plus scientifiques.

« Une des photographies les plus intéressantes est celle où je suis debout à côté de Katie ; elle a son pied nu sur un point particulier du plancher. J'habillai ensuite Mlle Cook comme Katie ; elle et moi, nous nous plaçâmes dans la même position et nous fûmes photographiés par les mêmes objectifs placés absolument comme dans l'autre expérience et éclairés par la même lumière.

« *Lorsque ces deux dessins sont placés l'un sur l'autre, les deux photographies de moi coïncident parfaitement quant à la taille*, etc. mais Katie est plus grande d'une demi-tête que Mlle Cook, et auprès d'elle, elle semble une grosse femme. Dans beaucoup d'épreuves, la largeur de son visage et la grosseur de son corps diffèrent essentiellement de son médium et les photographies font voir plusieurs autres points de dissemblance.

« Mais la photographie est aussi impuissante à dépeindre la beauté parfaite du visage de Katie que les mots le sont eux-mêmes à décrire le charme de ses manières. La photographie peut, il est vrai, donner un dessin de sa pose ; mais comment pourrait-elle reproduire la pureté brillante de son teint, ou *l'expression sans cesse changeante de ses traits si mobiles*, tantôt voilés de tristesse lorsqu'elle racontait quelque amer événement de sa vie passée, tantôt souriant avec toute l'innocence d'une jeune fille, lorsqu'elle avait réuni mes enfants autour d'elle et qu'elle les amusait en leur racontant des épisodes de ses aventures dans l'Inde ?

« J'ai si bien vu Katie récemment lorsqu'elle était éclairée par la lumière électrique qu'il m'est possible d'ajouter quelques traits aux différences que dans un précédent article j'ai établies entre elle et son médium. *J'ai la certitude absolue que*

Mlle Cook et Katie sont deux individualités distinctes, du moins en ce qui concerne leurs corps. Plusieurs petites marques qui se trouvent sur le visage de Mlle Cook font défaut sur celui de Katie.

« La chevelure de Mlle Cook est d'un brun si foncé qu'elle paraît presque noire ; une boucle de celle de Katie, qui est là sous mes yeux et qu'elle m'avait permis de couper au milieu de ses tresses luxuriantes après l'avoir suivie de mes propres doigts jusque sur le haut de sa tête et m'être assuré qu'elle y avait bien poussé, est d'un riche châtain doré.

« Un soir je comptai les pulsations de Katie : son pouls battait régulièrement 75, tandis que celui de Mlle Cook, peu d'instants après, atteignait 90 son chiffre habituel. En appuyant mon oreille sur la poitrine de Katie, je pouvais entendre son cœur battre à l'intérieur, et ses pulsations étaient encore plus régulières que celles du cœur de Mlle Cook, lorsqu'après la séance elle me permettait la même expérience. Eprouvés de la même manière, les poumons de Katie se montrèrent plus sains que ceux de son médium, car au moment où je fis mon expérience, Mlle Cook suivait un traitement médical pour un gros rhume.

« Vos lecteurs trouveront sans doute intéressant qu'à vos récits et à ceux de M. Ross-Church au sujet de la dernière apparition de Katie viennent s'ajouter les miens, du moins ceux que je puis publier. Lorsque le moment de nous dire adieu fut arrivé pour Katie, je lui demandai la faveur d'être le dernier à la voir. En conséquence, quand elle eût appelé à elle chaque personne de la société et qu'elle leur eût dit quelques mots en particulier, elle donna ses instructions générales pour notre direction future et la protection à donner à Mlle Cook. De ces instructions, qui furent sténographiées, je cite la suivante : « M. Crookes a très bien agi constamment, et c'est avec la plus grande confiance que je laisse Florence entre ses mains, parfaitement sûre que je suis qu'il ne trompera pas la foi que j'ai en lui. Dans toutes les circonstances imprévues, il pourra faire mieux que moi-même, car il a plus de force ».

« Ayant terminé ces instructions, Katie m'engagea à entrer dans le cabinet avec elle et me permit d'y demeurer jusqu'à la fin.

« Après avoir fermé le rideau, elle causa avec moi pendant quelque temps, puis elle traversa la chambre pour aller à Mlle Cook, qui gisait inanimée sur le plancher. Se penchant sur elle, Katie la toucha et lui dit : « Eveillez-vous, Florence, éveillez-vous ! il faut que je vous quitte maintenant ! »

« Mlle Cook s'éveilla tout en larmes, elle supplia Katie de rester quelque temps encore : « Ma chère, je ne le puis pas, ma mission est accomplie. Que Dieu vous bénisse ! » répondit Katie, et elle continua à parler à Mlle Cook. Elles causèrent ensemble jusqu'à ce qu'enfin les larmes de Mlle Cook l'empêchèrent de parler. Suivant les instructions de Katie, je m'élançai pour soutenir Mlle Cook qui allait tomber sur le plancher et qui sanglottait convulsivement. Je regardai autour de moi, mais Katie et sa robe blanche avaient disparu. Dès que Mlle Cook fut assez calmée, on apporta une lumière, et je la conduisis hors de son cabinet ».

« Les séances presques journalières dont Mlle Cook m'a favorisé dernièrement ont beaucoup éprouvé ses forces, et je désire faire connaître le plus possible les obligations que je lui dois pour son empressement à m'assister dans mes expériences. Quelque épreuve que j'aie proposée, elle a accepté de s'y soumettre avec la plus grande bonne volonté ; sa parole est franche et va droit au but, et je n'y ai jamais rien vu qui pût en rien ressembler à la plus légère apparence du désir de tromper. Vraiment, je ne crois pas qu'elle pût mener une fraude à bonne fin, si elle venait à l'essayer ; et si elle le tentait, elle serait très promptement découverte, car une telle manière de faire est tout à fait étrangère à sa nature. Et quant à imaginer qu'une innocente écolière de quinze ans ait été capable de concevoir et de mener pendant trois ans avec un plein succès une aussi gigantesque imposture que celle-ci, et que pendant ce temps elle se soit soumise à toutes les conditions qu'on a exigées d'elle ; qu'elle ait supporté les recherches les plus minutieuses, qu'elle ait voulu être inspectée à n'importe quel moment, soit avant soit après les séances, qu'elle ait obtenu encore plus de succès dans ma propre maison que chez ses parents, sachant qu'elle y venait expressément pour se soumettre à de rigoureux essais scientifiques, quant à imaginer, dis-je, que la Katie King des trois dernières années est le résultat d'une imposture, cela fait plus de violence à la raison et au bon sens que de croire qu'elle est ce qu'elle affirme elle-même. »

Voilà tout ce que nous connaissons des lettres du docteur Crookes. Sur le conseil d'un maître éminent qui leur trouvait des longueurs, nous les avions résumées, pour ménager l'attention des lecteurs, ou plutôt d'un certain nombre d'entre eux. Cette méthode nous a bientôt paru dangereuse et peu sûre pour la manifestation de la vérité. La majorité, nous l'espérons, nous saura gré d'avoir voulu laisser à tous le moyen de contrôler nos propres réflexions.

De ces lettres il ressort deux choses : une évidence et une question.

L'évidence est que le docteur Crookes a été trompé : par qui ? C'est là la question.

De deux choses l'une, en effet : ou un démon lui a fait accroire qu'il était une femme ; ou une femme de ce monde-ci lui a persuadé qu'elle venait de l'autre : esprit et femme à la fois, c'est trop.

« Un juge d'instruction, nous a-t-on dit, ne s'y tromperait pas. »

— Non, sûrement, si la chose est naturelle. Un juge d'instruction a les préjugés de son état : il commencera par supposer ce point qui en l'espèce devrait être le premier objet de ses recherches. Et ce faux principe admis, ne découvrît-il aucun artifice, il devra conclure aux poursuites, puisqu'il est prouvé pour lui par valable témoignage que Mlle Cook a trompé le docteur Crookes et consorts. Comment ? Par quels moyens frauduleux ? C'est ce qui n'a pu s'éclaircir dans le cabinet, mais se démêlera sans doute à l'audience. En fin de compte, elle eût été brûlée peut-être au Moyen-Age comme sorcière authentique, elle sera emprisonnée aujourd'hui comme sorcière de fausse marque.

Au XVIIe siècle, à en croire Malebranche qui insiste longuement sur ce point, c'était la solution contraire qui prévalait pardevant les juges, mais toujours *à priori* : tout était nécessairement extra-naturel. *Leur Siège était fait aussi*, mais autrement.

La conviction du juge sur le point fondamental étant formée avant l'enquête, tant mieux si la vérité s'accorde avec cette conviction.

Mais ceci n'est qu'une digression qui m'a semblé utile; on veut dire seulement, je le sais, qu'un juge d'instruction découvrirait toutes les ruses. Peut-être; mais M. Crookes était également outillé pour les démêler.

« Le docteur Crookes, nous dit-on, ne voit jamais M¹¹ᵉ Cook et Katie ensemble. Il y a bien une différence entre les deux, une de ces différences que tout acteur comique sait apporter dans sa personne, et très rapidement. »

— Passe pour la rapidité du changement de costume, pour les boucles d'oreilles et même la cicatrice du cou enlevées à la minute; passe pour les couleurs tranchées des cheveux et du teint ; passe pour la différence énorme du pouls et même du cœur : c'est peut-être une manœuvre d'écolier ou de soldat paresseux, accoutumé à se faire à volonté *le pouls du médecin*; mais la différence des poumons sains aux poumons malades ne peut guère tromper *a physician*.

Mon critique sévère continue : « Enfin il obtient quoi ? Dans une obscurité presque complète, on lui fait voir à côté de la jeune fille un fantôme blanc qu'il n'a pas la permission de toucher et qui disparait sous les jupons de miss Cook. »

— Les visites minutieuses avant et après la séance rendent impossible une contrebande aussi forte.

Puis s'il voit d'abord Katie King avec son médium d'une manière aussi imparfaite, le progrès de la bonne volonté ou de la puissance de Katie est remarquable d'un bout à l'autre de ce récit : si bien qu'enfin tout le monde peut voir *les deux femmes* sous le plein éclat de la lumière électrique.

Reste le mystère de la figure cachée, j'entends l'impossibilité pour les assistants et pour la photographie de saisir à la fois les deux figures, bien qu'ils saisissent les deux corps. Il y a certainement là un prestige, une fraude quelconque ; mais rien ne montre que ce soit un prestige humain ni une fraude humaine.

Certes, la puissance infernale pouvait faire beaucoup mieux ; mais il est, croyons-nous, dans le caractère louche et sournois des démons de jeter eux-mêmes sur la fausse auréole de puissance dont ils s'entourent l'ombre du doute et de l'incertitude, et il est vraisemblablement dans leur politique de nous faire trébucher tant par l'aveugle croyance que par l'aveugle incrédulité. Il faut donc que dans leurs prestiges il y en ait pour tout le monde.

Qui donc pourrait s'attendre à trouver la clarté, l'unité, la suite et la dignité dans les œuvres infernales ? Une basse ingéniosité pleine de désordre et parfois pleine d'horreur, voilà tout ce qu'on peut leur demander.

Reportez-vous aux apparitions démoniaques racontées par tous les siècles : elles sentent le brouillard de l'enfer, elles exhalent la fumée de ces brillantes intelligences obscurcies par l'orgueil.

« Tout cela s'est fait, il y a deux ans, nous dit-on, à Vienne, devant la famille impériale. Le médium avait exigé des paroles d'honneur qu'on n'entrerait pas dans le cabinet. Deux jeunes gens qui n'avaient pas pris d'engagement y entrèrent quand même et prirent le sorcier la main dans le sac. Le docteur Crookes, s'il eût été moins discret et moins docile, aurait obtenu le même résultat... »

— Nous croyons qu'il est plus facile de tromper un public distingué surtout par la naissance et la situation sociale qu'une réunion de savants dont toute l'attention est concentrée sur le point de vue scientifique de l'opération.

Les restrictions bizarres apportées à leur intervention offrent certainement quelque chose de louche ; mais je tiens le diable pour un aussi louche personnage que le plus madré des escamoteurs.

» Il n'y a, dit-on, trois personnes que dans la dernière séance : deux *farceuses* et le pauvre docteur. »

— Mais comment la seconde *farceuse* a-t-elle pu être introduite, étant donné les visites tant domiciliaires que personnelles, et comment a-t-elle pu ensuite être escamotée ?

Ah ! je le sais bien : on va jusqu'à dire de ce côté du détroit, que, se voyant dupe et voué au ridicule, le savant Anglais aurait préféré devenir lui-même imposteur et imaginer ce dénouement après lequel il devait soupirer. Le silence qu'il a gardé depuis cette époque et dont il ne sort que par monosyllables fugitifs, son abandon des études psychiques et son brusque retour à ses études premières ont fourni à la critique des armes contre lui.

Cette observation qui part nécessairement d'un esprit juste et pénétrant, je ne puis arriver à la croire juste elle-même. A mes yeux, le docteur Crookes n'a contre lui que des apparences et son laconisme excessif peut être tout d'abord motivé par la presse de ses savantes occupations. Nous pensons qu'il a encore une autre cause. Etourdi par les sarcasmes incessants de ses confrères *naturalistes*, il a mieux aimé se taire que de continuer à parler à des sourds : il sait trop bien que quand tout le monde a tort, tout le monde a raison. Voilà, jusqu'à plus ample informé, notre sentiment : il ne dépend pas de nous d'en penser plus long.

On a dit quelquefois : *naïf comme un savant*, jamais : *fourbe comme un savant*. Mais le plus malaisé serait d'unir à tant de naïveté tant de fourberie.

Pour nous, il nous répugne d'admettre de telles imputations et nous croyons, jusqu'à preuves contraires, à la parfaite honnêteté de M. Crookes.

On aurait pu alléguer encore contre le caractère démoniaque de Katie la fadeur et la nullité de ses conversations, de celles du moins qu'on nous cite. Mais nous verrons plus loin d'autres communications, matériellement incontestables, et qui ne sont ni moins insignifiantes, ni moins dénuées de toute portée intellectuelle et morale, n'ayant, comme celles-ci, d'autre but qu'une vaine ostentation de la puissance de l'agent, et c'est là précisément un trait de son caractère orgueilleux comme une marque de son impuissance pour toute espèce de bien.

On peut reprocher à Katie de trop songer aux intérêts, à la santé, à l'avenir de Mlle Cook, mais cela ne prouve rien : j'entends qu'une preuve morale ne saurait suffire à établir l'identité matérielle des deux *femmes*.

Nous sommes donc impérieusement porté à croire qu'un homme de la valeur de M. Crookes, estimé dans son pays pour sa probité, n'a pu, pareil à ces antiquaires naïfs à qui l'on fait accepter les pots cassés de leur ménage pour de la poterie romaine, prendre pendant trois ans Mlle Cook pour Katie King et qu'il est encore moins capable de compléter l'histoire des apparitions du fantôme en nous racontant ce qu'il n'a pas vu.

Tout en écrivant ces pages très sincèrement affirmatives, je sentais au fond de moi je ne sais quel doute obscur, comme un tourbillon sous une mer calme, et j'adressais à M. Crookes une lettre pressante, demandant la lumière comme un égaré (1). Cette fois, il s'est tu.

Ce silence, je l'avoue, parle plus haut que toutes les objections, et voilà la hache qui menace de couper par la racine ma conviction première.

On ne peut plus que répéter : M. Crookes a été trompé, ou par des humains ou par un esprit.

Si c'est par des humains, rien ne saurait remplacer les aveux des mystificateurs, et nos explications risqueraient d'être aussi lumineuses que celles de M. Bérillon sur les porteurs invisibles d'objets visibles.

Le fait est qu'en se taisant M. Crookes accrédite assez cette fâcheuse version.

Mais qu'ainsi ne soit et, dans le doute où il nous laisse, admettant par simple hypothèse qu'il a été joué par un esprit dans cette série triennale de séances extranaturelles, il nous resterait à dire encore ce que la physique, la physiologie, la psychologie et la théologie réunies en comité de révision concluraient du fait raconté par lui-même.

Si un jour il m'était prouvé par les confessions détaillées des coupables que le docteur n'a eu affaire qu'à des humains, il y aurait lieu, sans doute, à des réflexions nouvelles. Dès là qu'il s'agit d'esprits farceurs, qu'ils soient de purs esprits ou des esprits unis à des corps, la psychologie peut toujours y trouver matière à ses analyses. J'entreprendrais donc bravement cette dissection qui serait une vivisection morale, et cela, sans trop rougir d'avoir été dupe avec les dupes d'aussi *haulte futaye*.

---

(1) Voir la lettre aux *pièces justificatives*.

Mais ce qui importe ici, ce n'est pas mon opinion présente, passée ou future, c'est celle du savant français que je suis pas à pas sur tous les terrains, même mouvants, où il conduit ses lecteurs, et qui croit fermement, lui, avec son illustre maitre, à l'impossibilité de toute supercherie en cette affaire et à l'existence réelle de Katie King pendant les soirées du docteur Crookes.

Prenons la chose et l'acceptons de lui, soit comme thèse prouvée, soit comme hypothèse encore problématique : l'explication sera la même.

Toutefois, j'ai besoin de le répéter en terminant : il faudra toute la violence de l'irrésistible vérité pour me faire admettre un jour ce nouveau trait du *monde renversé :* un prince de la Science devenu le *sujet* d'une écolière et un grand docteur hypnotisé *à froid* par une femme endormie.

CHAPITRE V

ANALYSE PSYCHOLOGIQUE ET PHYSIOLOGIQUE DE KATIE KING, ACCEPTÉE OU SUPPOSÉE COMME UN ESPRIT MATÉRIALISÉ VENU DE L'AUTRE MONDE. — SAGACITÉ PHYSIOLOGIQUE ET INADVERTANCE PHILOSOPHIQUE DU DOCTEUR. — IRRÉMÉDIABLE VANITÉ DE SES CONSTATATIONS LES PLUS EXACTES. — ERREUR ET TÉMÉRITÉ DE SA CONCLUSION PRINCIPALE. — LES SAVANTS PIPÉS PAR DE PLUS SAVANTS.

Les savants demandent qu'on leur fasse des miracles exprès pour eux ; le bon Dieu les leur a toujours refusés, le diable les leur accorde, mais il exige qu'ils s'en rapportent à lui sur tous les points obscurs, et ils donnent aux démons la foi qu'ils ont refusée à Dieu.

Nous ne voulons relever avec quelque rigueur aucune des inadvertances philosophiques de M. Crookes, pas même celle-ci : « J'ai la certitude absolue que Mlle Cook et Katie sont deux individualités distinctes, du moins en ce qui concerne leurs corps. » Comme si l'âme de Mlle Cook pouvait animer deux corps différents ! Et comme si un corps qui, par impossible, ne vivrait que par l'âme d'un autre pouvait être une individualité !

Laissant de côté la critique historique d'ensemble et de détails, nous reprendrons les faits tels qu'on nous les donne, ne raisonnant que pour établir aux points de vue physique, métaphysique et théologique, et ce qui est possible et ce qui est impossible. Quant à ce qui est réellement, Dieu le sait, et d'autres encore.

Voici tout d'abord le sommeil profond du médium comme condition de l'œuvre ténébreuse. Il ne fait rien, ce semble, que s'annihiler pour céder la place à une puissance supérieure. C'est absolument le cas du fakir hindou. Nous verrons plus loin s'il peut faire autre chose.

Une circonstance est frappante dans tous ces récits : les esprits dits matérialisés ne savent pas au juste ce qu'ils pourront faire, ils promettent d'essayer, il leur faut telle ou telle condition pour obtenir tel résultat, tout comme à des entrepreneurs de spectacles.

Cela n'est pas étonnant de la part d'êtres dont le pouvoir n'est surnaturel que par rapport à notre nature à nous, bornés tant en eux-mêmes que par leur dépendance perpétuelle de la volonté divine.

Ils ne peuvent donc toujours savoir s'ils réussissent dans leurs prestiges ; quant aux miracles proprement dits, ils ne sauraient y atteindre : c'est la réserve de Dieu.

L'hésitation justifiée d'ailleurs, du fantôme de Katie dans ses promesses se retrouvera plus tard chez les esprits écrivains qui, tantôt déclareront l'ardoise difficile à influencer, tantôt essaieront de faire courir le crayon seul et sans appui sur l'ardoise ou de l'arcbouter d'une latte et ne réussiront qu'à l'agiter, à lui faire faire quelques pas en titubant pour retomber de son long.

Mais pourquoi ce rideau ? pourquoi cette question d'éclairage ? Évidemment pour les besoins de la comédie diabolique. Les prestidigitateurs humains nous montrent quelquefois leurs artifices, le prestidigitateur infernal ne livre jamais les siens.

Mais quelle est donc la nature de ce corps singulier de Katie, tantôt visible et tantôt invisible, mais qui semble réunir toutes les conditions d'une vie réelle ? Si l'on demande par là quelles sont les matières diverses qui entrent dans sa composition, je l'ignore ; mais je suis certain, sans être bien savant, qu'une femme vivante ne peut pas plus naître des gaz de l'air que de l'écume des flots.

Une femme d'esprit, témoin des expériences de M. Crookes a laissé échapper cette vive parole dont il se prévaut pour établir sa conclusion : « Je ne sais si Katie King est une force psychique, mais je sais bien que cette force psychique est une femme vivante. »

Voilà bien la femme ! Ce n'est pas Katie King qui m'arrache cette exclamation, c'est l'autre.

J'en demande pardon au beau sexe qui est aussi

8

le sexe bon par excellence ; mais nous ne sommes ici ni dans un salon, ni auprès d'un berceau, ni chez les admirables sœurs de Saint-Vincent-de-Paul, ni près d'un lit d'hôpital, ni sur un champ de bataille avec elles.

La femme a un esprit plus souple, mais moins fort que l'intelligence mâle ; il ne tient pas au travail. Il a des élans merveilleux et des vues soudaines, mais rien de naturellement suivi.

Il n'est qu'une chose pour lui donner du poids ; l'amour de Dieu : *amor meus pondus meum* (1). Voyez sainte Thérèse : quel théologien ! quel docteur ! quel mâle esprit !

Mais nous ne parlons que de la femme telle que la nature et notre société l'ont faite.

Légère comme l'oiseau, elle a comme lui des ailes qui aident ses yeux, car elles l'emportent jusqu'aux choses élevées et les lui font mieux voir.

Elle a souvent des intuitions qui précèdent ou qui dépassent les nôtres ; sa vue est ou plus prompte ou plus perçante, parce que où nous voyons avec l'esprit, elle voit avec le cœur. Si trop souvent il la trompe, parfois du moins il la trompe brillamment. On dirait qu'il est la seule force à son usage.

Mais quand elle ne voit plus rien, c'est alors qu'elle commence à raisonner.

C'est ce qui explique ce jugement tant admiré du docteur Crookes : « Je ne sais si Katie King est une force psychique, mais je sais bien que cette force psychique est une femme vivante. » Il identifie deux propositions également fausses, et de plus, contradictoires.

Mais comment se fait-il qu'aucune des personnes

---

(1) Saint Augustin : « Mon poids, c'est mon amour. »

présentes n'ait eu l'idée d'interroger Katie, avec tous les égards qui lui sont dus, sur la date et le lieu de sa naissance, (il n'est pas question de sa renaissance,) puis de consulter ou de faire consulter l'état civil du lieu indiqué par elle-même? L'existence de l'acte n'eût rien prouvé, sans doute, mais son absence eût pu prouver beaucoup. Ceci, remarquez-le bien, n'est point un retour à la critique historique, mais un moyen de constater la nature de Katie par sa *naissance* (1). La *nature* d'un être est précisément l'état où le constitue sa *naissance*.

Cette idéale beauté, fille du sommeil de miss Cook est, assurément, plus qu'un fantôme ordinaire, mais elle n'a ni une vie personnelle, ni un organisme proprement dit: tous ses ressorts appartiennent à un mécanisme hors de pair, ne ressemblant en rien à ces grossières poupées de Nuremberg photographiées à prix fixes ou variés par nos spirites de France, et dont M. Giles de la Tourette, avec son esprit facile, amuse ses faciles lecteurs.

Quant aux paroles articulées, ce semble, par la statue merveilleuse, nous ne saurions dire par quel art profond l'ingénieux fabricant les découpe, en quelque sorte, dans les airs, comme ses automates eux-mêmes : soit qu'il fasse mouvoir mécaniquement cette statue qui les profère, soit qu'il frappe directement l'air de sa propre vertu, comme nous de notre langue, pour y dessiner les sons articulés avec l'image vaine qui semble les prononcer.

Dans les deux cas, prestige et non prodige, composition et non création.

---

(1) *Nascor, natura.*

Le succès de la photographie prouve sans réplique, à première vue, l'existence objective et matérielle de l'apparition. Et cependant la photographie seule ne serait pas encore concluante. Car le même art, qui aurait pu substituer l'apparence à la réalité en altérant chez les spectateurs, par une influence morbide, l'organe visuel ou l'imagination passive, ne pouvait-il pas substituer à la photographie déroutée et sans objet tel savant procédé de gravure que l'homme ignore encore ou qu'il n'inventera jamais, et imprimer sur la plaque, avec ou sans le secours de la chambre obscure, de la lumière et des substances chimiques, des figures de fantaisie, semblables à ces fantômes subjectifs des hallucinations qu'il aurait précédemment fait naître ? Dans les apparitions au docteur seul, on peut soupçonner soit une hallucination des yeux, soit un simple trompe-l'œil artistique à son adresse, puisque son jeune fils voit cheminer la lampe sans voir l'être invisible qui la porte.

La charmante esquisse que nous offre le docte anglais de la beauté changeante de Katie, si humaine en apparence, et dont la nature sympathique semble émouvoir le cœur excellent de ce savant plein de bonhommie, cette beauté nous paraît pourtant oublier une chose. Car l'esprit angélique lui-même a peut-être ses inadvertances, et l'*attention*, qui est selon Bossuet *la plus grande force de l'homme*, n'est-elle pas aussi la plus grande force de l'ange ?

Voici, selon nous, cet endroit faible de l'invention.

Est-il supposable que dans une autre vie, assurément supérieure à notre existence passagère, l'âme qui a pris connaissance du néant de celle-ci et de la valeur de l'autre garde tant d'intérêt à ses aventures passées que son visage d'emprunt en paraisse naturellement affecté ? Nos peines ici-bas sont, dit-on, comme ces fruits amers qui deviennent doux en vieillissant. (1). Si c'est vrai dans cette vie, ce doit être encore plus vrai dans l'autre pour les peines d'à présent.

Dante avait vu le cœur humain, ce semble, plus profondément que l'esprit formateur de Katie, lui qui mettait le plus poignant supplice de l'autre vie dans le sentiment des plaisirs perdus : « Pas de plus grande douleur que de se rappeler le temps heureux dans la misère présente. »

Nessun maggior dolor
Che ricordarsi del tempo felice
Nella miseria.

Mais pourquoi parler ici d'inadvertance et l'imputer à l'ange ? C'est sur l'inadvertance et l'ignorance humaines, que compte le très habile auteur de cette comédie larmoyante. L'homme peu préoccupé de notre vie future soit céleste, soit infernale, qu'il ne connaît pas, mais ému par les tristes aventures de l'être qu'il croit son semblable, a besoin de trouver chez lui les traces profondes de la douleur passée, la tristesse étant comme la convalescence de la douleur ; il a besoin de voir en des yeux humains les larmes des choses humaines et d'en être touché :

Sunt lacrymæ rerum et mentem mortalia tangunt. (2)

Mais quel que pût être le charme mélancolique joint à la candeur virginale de Katie, il ne nous

---

(1) Louis Veuillot.
(2) Virgile. La traduction précède.

eût point encore inspiré la confiance de lui laisser entretenir nos enfants, même sous nos yeux : ce spectacle troublant demande des yeux moins naïfs, des oreilles moins sensibles et des têtes plus mûres. Jésus seul pouvait dire : « Laissez venir à moi les petits enfants. » Toute imitation, même lointaine, nous semble suspecte quand elle n'est pas visiblement inspirée par lui. Nous craignons toujours cet être singulier que Tertullien nomme le *Singe de Dieu*, et jamais l'idée ne nous viendrait de confier à un être surnaturel inconnu la moindre part dans l'éducation de ceux que la nature et la grâce ont fait doublement nôtres comme doublement à Dieu. Ce n'est plus le pasteur, ce n'est plus même le mercenaire de l'Évangile, c'est bien pis, c'est le loup, celui de l'Évangile et de la fable en même temps, déguisé cette fois, non point en brebis ni même en berger, mais en tendre bergère.

Dans un passage omis par M. P. Gibier mais cité par M. Anatole France, dans le *Bulletin littéraire*, M. Crookes affirme que, devant cette beauté nouvelle, il eût été naturel de se mettre à genoux pour l'adorer.

Voilà bien le cachet de l'orgueil satanique ! Sous toute forme ou sous tout prétexte, puissance ou beauté, n'importe, il veut être adoré. L'adoration suit naturellement la beauté *suprême* et la *suprême* puissance, et il advient que la puissance ou la beauté seulement *supérieure* dérobe notre adoration. La tentation d'adorer saisit les prophètes de l'Ancien et du Nouveau Testament et les anges de ténèbres peuvent apparaître à nos sens abusés, nous dit l'Apôtre, en anges de lumière. A plus forte raison, ce me semble, en anges de beauté terrestre.

Les manèges de coquetterie féminine dont le bon savant est et devait être dupe, précisément parce qu'il est homme d'esprit et d'observation, parce qu'il connait la femme et que la femme est très bien imitée, ne sont au fond que des susceptibilités de prestidigitateur. L'intelligence si suréminente, mais si pervertie, des démons craint le bon sens humain. Ils sentent le besoin de lui dérober leurs procédés.

Une remarque fortuite, une légère circonstance, un rien peut éveiller chez l'observateur, ils le savent, une réflexion d'où naît une série de conséquences capables de confondre l'art angélique lui-même s'il a failli seulement en un point qui soit de notre compétence. Et comment n'aurait-il en rien failli dans la reproduction de l'inimitable, dans l'apparente création du vivant ?

Il arrive ainsi au fort de craindre le faible : c'est absolument dans la nature.

Les serpents de l'abîme sont jaloux de leurs secrets, comme les dragons fabuleux des cavernes antiques l'étaient de leurs trésors.

En outre, l'orgueil de l'esprit se révolte qu'on veuille forcer son secret et le dompter lui-même par la violence, et il cache cet orgueil sous le voile de la délicatesse et de la fierté du sexe faib'.

Voilà le motif de toutes les questions de Katie : Qui serait à la séance et comment tel ou tel serait placé ?

Et que dire de ses flatteries à l'adresse de M. Crookes ; qu'il a plus de force qu'elle, etc ? Ah ! si c'était un autre qui le disait, comme l'orgueil de Katie sauterait aux nues ! (1) Mais lui, a-t-il pu

---

(1) *Superbia eorum ascendit semper.* Bible.

prendre cette flagornerie pour argent comptant.

La confiance naïve et tendre et toujours croissante de cette pauvre morte pour son docteur et dont il semble vraiment touché, même un peu fier, n'est qu'une cruelle plaisanterie démoniaque et l'on peut dire à double titre de ce démon féminisé qu'il ressemble en plus mal à ces femmes dont le cœur est aussi faux, aussi artificiel, aussi emprunté que le visage.

Il a pu compter les pulsations du cœur et les battements du pouls de Katie et il ne s'est pas douté que c'était le simple tictac d'une horloge du diable!

Cette beauté pour laquelle il eût fallu retourner le mot de Shakespeare : *Frailty, thy name is woman* et dire : *Woman, thy name is Frailty* ! (2) il note ses paroles comme des oracles ! Cette maisonnette perfectionnée dont les sinistres *impresarios* des enfers tiennent les ficelles dans leurs mains la *pratique* (3) dans leur bouche, il la prend véritablement au sérieux !

Pour que le spiritisme monte ainsi dans son esprit, comme l'eau dans la pompe altérée, il faut que l'incrédulité religieuse y ait d'abord fait le vide. Ce n'est pas la nature inanimée, c'est bien la nature humaine qui a horreur du vide : « Les hommes ont tant besoin de croire, dit Pascal, que, manque d'objets véritables, il faut qu'ils s'attachent aux faux. »

Que dirons-nous de l'antagonisme des savants au sujet des procédés à employer pour arriver à classer définitivement Katie King ?

---

(1) Shakespeare, Hamlet : « Fragilité, ton nom est femme ! »
(2) « Femme, ton nom est fragilité ! »
(3) Instrument de cuir destiné à modifier la voix du montreur de polichinelles.

Le docteur Crookes avait raison, mais ses confrères n'avaient pas tort.

Il craignait de contrarier, d'effaroucher, d'impatienter, de lasser enfin Katie et de perdre en cette cliente d'un autre monde le sujet précieux ses longues études. Il avait donc raison (1).

Bien certainement, comme tous les gens d'une mauvaise conscience, qui reculent de deux pas dès qu'on en fait un sur eux : sachant que son art a un écueil où il échoue toujours, vu qu'il lui manque de disposer du fond même de la vie pour en reproduire impeccablement toutes les formes, si l'on eût poussé les choses à l'extrême, l'incomparable montreur de puppazi eût fui remportant son personnage, et la science désappointée eût perdu son objet.

Mais les autres savants n'avaient pas tort de vouloir enfin vider la question ouverte depuis trois ans, et cela, par un examen sérieux. Le pis qui pût arriver, c'était la disparition de la chose en litige. Mais ce pis eût été, selon nous, le mieux : car, au lieu des réalités de détail qu'ils cherchaient à constater, les docteurs eussent trouvé d'ensemble la vérité la plus instructive qui pût sortir de ces observations physiologiques prolongées pendant trois ans, en constatant par une preuve certaine que ce qu'ils avaient pris pour quelque chose comme un amphithéâtre n'était qu'un théâtre.

Mais si le démon a dû se borner à l'imitation très habile, quoique nécessairement imparfaite, de la

---

(1) Et pourtant le bon La Fontaine ne dirait-il pas :
  Il était enfant en ceci :
  Les enfants n'ont l'âme occupée
  Que du continuel souci
  Qu'on ne fâche pas leur poupée.

vie humaine, de la vie physiologique, il y en a une qu'il n'a pas eu besoin d'imiter : la sienne.

Il est non seulement *impresario*, il est encore acteur dans la pièce, et le principal, presque le seul acteur. C'est lui qui, tenant dans l'ombre sa laideur morale, jette le reflet de sa beauté intellectuelle sur la beauté plastique de cette statue parlante et locomobile. Car il *possède* et en ce sens il habite ce mécanisme comme un organisme humain, et plus complètement encore, puisque, dans la possession démoniaque, l'âme sensitive, c'est-à-dire l'âme unique envisagée comme siège de la vie des sens, est seule remplacée dans ses fonctions, tandis que la haute partie de l'âme, la raison éclairant la volonté, peut résister et résiste souvent à l'usurpateur.

Il y a donc dans Katie, à défaut de la vie humaine et physiologique, la vie intellectuelle de l'esprit qui l'habite, et c'est elle qui pour le savant, aveugle de naissance ou de maladie aux lumières de la révélation, devient la cause d'une erreur, non seulement possible, non seulement probable, mais presque inévitable.

Nous n'avons point encore parlé du rôle du médium, j'entends du rôle actif, s'il en a un, et il est pourtant naturel de se demander : Pourquoi toujours un médium ? L'esprit ne peut-il opérer sans médium ? Que fait-il, ce médium qui ne sait que dormir profondément ou gémir et soupirer, tandis que l'esprit agit et souvent veille sur lui ? Que fait-il ? Je l'ignore. Je le vois partout : en Asie, en Amérique, en Europe, présider aux rapports du monde des vivants avec celui des morts, selon les spirites, avec celui des démons, selon nous, comme on voit le prêtre dans tous les cultes. Et dans l'Afrique grossière, le prêtre n'est qu'un *féticheur*, un sorcier, alliant la ruse à la magie, la cruauté stupide de la barbarie humaine à l'enthousiasme exterminateur inspiré par l'enfer.

L'Être divin ne saurait-il se passer des prêtres, qui sont des médiateurs, ni les êtres infernaux des médiums ? Pour ce qui est de la religion, la forme en est donnée par Dieu même, et nous ajouterons comme réponse générale à la question, qu'il y a dans cette façon de communiquer avec l'humanité, soit une haute convenance harmonique, s'il s'agit du vrai Dieu, soit une orgueilleuse imitation du grand Maître, s'il s'agit des faux dieux, qui sont les démons. Nous ne chercherons pas d'autres causes.

Dans le cas particulier qui nous occupe, comme dans tous les cas analogues, il y a des circonstances, comme le voile qui enveloppe la tête de miss Cook, sous prétexte de la garantir de la lumière, qui feraient songer à je ne sais quel dédoublement mystérieux des forces matérielles du médium au profit de la matérialisation de l'esprit. Le voile serait destiné principalement à cacher cette opération. La dépense de fluide, l'épuisement de ce pauvre intermédiaire, vraiment sacrifié, nous semble inexplicable. Qu'y a-t-il de physiquement modifié dans son être et en même temps qu'y a-t-il de modificateur? M. Crookes semble n'avoir pas porté son étude sur ce point où il eût été si compétent. Qui sait ? peut-être une soustraction de puissance nerveuse, de ce qu'on appelait autrefois les esprits animaux, quelque chose qui fait songer à la transfusion du sang, une perte enfin du vrai vivant au profit du faux ; une œuvre de la chirurgie des démons, comme le lait des vaches et la sève des moissons soutirés et transfusés à volonté seraient des œuvres de leur *pastour* et de leur *labour*.

Atque satas alio vidi traducere messes (1).

Un peu plus, le docteur nous avouerait qu'il a soupçonné parfois miss Cook de prêter à Katie comme une partie d'elle-même et plus particulièrement de son visage. Mais où la lumière n'est pas faite, il vaut mieux se taire que de parler obscurément et de s'exposer à glisser dans le fantastique d'Hoffmann et de Chamisso.

Qui sait ? tous ces mystères apparents ne sont peut-être que pour donner le change sur la véritable opération, fort simple pour les purs esprits. Donner le change, en effet, c'est partout l'art des fourbes en tout genre, en tout pays et chez toute espèce d'êtres intelligents : c'est même chez nous, et peut être ailleurs, le fond de la diplomatie et de la politique.

Nous ignorons donc si la jeune collaboratrice du docteur avait, comme le héros du conte allemand, perdu son ombre en faveur de Katie ; mais nous savons que le médium est un véritable sorcier qui achète sa puissance misérable au double prix de la souffrance et du danger. Est-il toujours conscient de son rôle? l'est-il du moins entièrement ? Que penser de Mlle Cook en particulier ? Mystère de l'esprit humain, de la conscience humaine et de l'habileté diabolique.

Cependant cette tendresse romanesque et maladive de Florence pour Katie, d'où naissent tant de

---

(2) J'ai vu plus d'une fois par ses charmes secrets
Les moissons de nos champs passer dans ses guérets.
VIRGILE.

larmes et de sanglots, sur quoi donc est-elle fondée si ce n'est pas l'expression du sentiment morbide de cette étrange maternité corrélative à cette étrange filiation ?

— Mais pourquoi tant chercher, dira-t-on ; c'est un miracle que nos docteurs font tous les jours ; tous les jours, ils font passer la sensibilité physique d'une personne dans une autre, ou même dans un objet inanimé. C'est là sans doute le célèbre *envoutement* du Moyen-Age, faisant retentir sur la personne visée les coups portés à son simulacre ou à un simple signe de convention. Et cela s'opère sans sortilège, et c'est un effet physique, où parfois l'aimant, l'électricité intervient, mais où, d'habitude, les passes magnétiques, les forces de l'aimant humain suffisent. Au *qui peut plus peut moins* de la vieille philosophie et du vieux bon sens la science a substitué le *qui peut moins peut plus* et de l'*extériorisation* des forces du docteur Luys à la *matérialisation* d'esprits du docteur Crookes la voie est naturelle : à pareils effets pareils agents suffisent et l'*extériorisation* des forces nerveuses de miss Cook a suffi pour matérialiser Katie.

— Et moi, tout au rebours, je conclurais, si je l'osais, de la production extra naturelle de Katie au transfert extra naturel de la sensibilité nerveuse d'une personne à une simple photographie.

Mais je ne l'ose pas. Cette dernière opération me paraît, tout d'abord, bien singulière ; mais ce n'est, après tout, qu'une suggestion, c'est-à-dire une illusion produite dans l'imagination du patient par le savant et honnête charlatanisme de l'agent à son égard. Il n'en est pas de même d'une vie nouvelle, indépendante et personnelle créée tout d'une pièce : ici l'absurdité saute aux yeux et je suis obligé de conclure à une vie préexistante qui n'est pas celle de miss Cook, puisqu'on la voit, en maint endroit du récit, comme au colloque touchant de la séparation, coexister très distinctement avec elle.

C'est tout ce que nous dirons de miss Cook : on ne nous accusera pas de la *juger durement*.

Et pour finir par Katie King, la conclusion du docteur, qu'elle est tout probablement ce qu'elle dit être, une morte qui vient raconter à une société son histoire touchante et qui n'est ressuscitée que pour cela, cette conclusion ne sera point la notre.

Un être qui se présente ainsi tout à coup sous la forme d'une beauté miraculeuse et se donner en spectacle trois années de suite, sans autre but apparent que de se montrer et de prouver à des savants réunis en comité d'expériences qu'il est vraiment un esprit matérialisé dans une femme *revivante*, sans aucun secret plus utile à communiquer à ses nouveaux amis, sans autre *mission*, ce semble, que de les étonner par l'extraordinaire, produit, d'ailleurs, dans des conditions qu'elle-même impose, cet être là n'est point un être humain, mais une statue forgée dans l'atelier de Satan et portant bien sa marque de fabrique. Si un tel être a une mission, c'est une mission du diable.

Mais cette mission est plus politique et plus sérieuse au fond qu'il n'y paraît : car son but véritable est de gagner au culte des esprits de nouveaux et savants prosélytes qui en amènent d'autres à leur tour.

Ce terme de *mission*, d'ailleurs, est bien celui qu'emploie saint Thomas quand il parle du ministère des mauvais anges et de leur subordination à Lucifer, devenu le roi des démons, et par là même le plus malheureux dans ce royaume de la misère et du désespoir.

Je le demande en terminant : l'histoire de Katie King ne fait-elle pas songer à ces prodiges de l'Antéchrist, capables de tromper les plus clairvoyants ?

Cependant, si l'on y regarde bien, il n'y a point à s'y méprendre : les visions racontées dans la vie des saints ont toujours un objet élevé et une suite heureuse ; les visions diaboliques se passent en paroles et en actions pour le moins fort oiseuses, et le mieux qui en puisse arriver, c'est qu'elles n'aboutissent à rien.

CHAPITRE VI

LES EXPÉRIENCES DE M. ZŒLLNER AVEC SLADE

M. Zœllner, professeur à l'Université de Leipsig, membre correspondant de l'Institut de France, a vu à l'œuvre le médium Slade qui, devant plusieurs savants hors ligne, a produit les phénomènes suivants :

1° Mouvement par la seule *force*, c'est-à-dire par la seule volonté de Slade de l'aiguille aimantée renfermée dans la boite d'une boussole ;

2° Coups frappés dans la table, couteau projeté sans contact à la hauteur d'un pied ;

3° Mouvement d'objets lourds : le lit de M. Zœllner

transporté à deux pieds du mur, Slade étant assis, le dos tourné au lit, les jambes croisées et bien en vue ;

4° Un écran brisé avec fracas sans contact avec le médium et les morceaux projetés à cinq pieds de lui ;

5° Ecriture produite instantanément entre deux ardoises appartenant à Zœllner et tenues bien en vue ;

6° Aimantation d'une aiguille d'acier ;

7° Réaction acide donnée à des substances neutres ;

8° Empreintes de mains et de pieds nus sur du noir de fumée et de la farine, ne correspondant point à l'empreinte des mains et des pieds du médium, qui, du reste, demeurèrent en vue pendant toute la durée de l'expérience. Au surplus, les pieds de Slade étaient restés chaussés.

9° Nœuds produits dans des bandes de cuir scellées aux deux bouts et tenues sous les mains de Slade et de Zœllner etc.

« Ou bien cet illustre savant, arrivé à la fin d'une glorieuse carrière scientifique, fut un imposteur, car il n'a pu être trompé avec les précautions qu'il a prises, ou bien il a dit vrai. Pour notre part, nous croyons fermement qu'il a dit vrai. »

Ce n'est pas nous qui parlons, c'est M. Paul Gibier qui fait sur Zœllner, ce raisonnement solide qu'il avait d'abord appliqué à Crookes.

Nous n'avons pas d'observations nouvelles à présenter sur ces faits, sinon qu'ils sont ou des actes de désordre et de destruction, ce qui est vraiment une marque d'origine, ou bien encore, des empreintes, œuvre d'un modeleur, des combinaisons de corps divers, œuvre d'un chimiste, le tout, sans moule palpable et sans substance nouvelle qu'on puisse saisir. Cela n'a plus rien d'étonnant.

Pour nous, c'est la puissance d'un démon et non celle de Slade qui opère tous ces prestiges. Car celle-là peut toucher invisiblement, Slade ne peut toucher que visiblement ; donc Slade ne touche pas, donc c'est l'être invisible qui touche. Car il est impossible de nier que quelqu'un touche réellement.

Ces opérations sont toutes simples pour le pur esprit ; une seule nous arrête : les nœuds. C'est un logogryphe en action qu'on nous donne à deviner : nous n'y comprenons rien. Cela nous a un faux air de ce bâton qui n'avait qu'un bout, imaginé par les philosophes. Ici le lien n'a pas même un bout disponible, puisque les deux extrémités sont scellées. Un nœud ne pouvant se produire raisonnablement dans ces conditions, le nœud ainsi produit serait donc un fait physique absurde. Mais la physique n'est pas sujette à être absurde comme la métaphysique et il n'y a pas de fait simplement impossible qui se produise en effet. Il faudrait trouver sans doute ici l'élément physique inconnu par nous qui joint ces deux termes inconciliables à nos yeux : faire un nœud à un lien, n'en pas toucher au moins un des bouts ; c'est là qu'est le mot de l'énigme.

La substitution d'un nouveau lien tout arrangé à l'ancien serait un tour de passe-passe inimaginable dans la circonstance.

Mais le fait est certain : je m'en tiens là et, sans chercher à débrouiller le nœud gordien, n'ayant pas l'épée d'Alexandre pour le trancher, je passe.

Ce ne sont, après tout, que des amusettes ingénieusement frivoles auxquelles ne se prêteraient ni les bons anges ni les âmes de nos défunts. Il n'y a que les démons pour nous faire un jeu du faux surnaturel. Ce sont parfois de puissantes et monstreuses espiègleries, parfois de simples tour acceptables en bonne compagnie. S'ils nous ont fait perdre un peu de temps à chercher les solutions de problèmes insolubles pour nous, c'est toujours cela de gagné pour leur malice.

Voilà donc pour les faits. Quant aux théories que M. Zœllner a développées ou plutôt enveloppées dans de gros et nombreux volumes, elles voyagent au-dessus de nos têtes, comme les nuages et, comme eux, elles sont insaisissables. Pour ce qui est de la méthode, c'est bien différent : les nuages en ont une, mais non pas M. Zœllner : les savants d'Outre-Rhin rédigent leurs ouvrages comme ceux des bords du Gange écrivent leurs *upanishads*.

CONCLUSION DE LA PREMIÈRE SECTION

Résumons-nous en terminant cette section.

Que les médiums aient affaire à une cause libre, c'est ce qui est certain.

Peuvent-ils ne pas s'en apercevoir ? Évidemment non. Car s'il y a des faits où ne ressort pas avec tant de relief ce caractère, il y en a beaucoup plus où il saute aux yeux.

Qu'ils puissent ignorer quelle est précisément cette cause libre, c'est ce qui est, à la rigueur, admissible.

Les sorciers du moyen-âge savaient très bien qu'ils avaient affaire aux démons ; mais ce que nous appelons l'antiquité croyait avoir affaire à des dieux, et les spirites de tous les temps et de tous les pays s'imaginent être en relations avec les âmes des défunts.

Jusqu'à quel point cette erreur est involontaire, est invincible et par conséquent excusable, nous n'en savons rien, Dieu seul le sait.

Pour expliquer les faits spirites et, en particulier, la matérialisation, il y a quatre théories :

1° La combinaison des fluides des personnes présentes pour produire un personnage nouveau temporaire : *théorie de l'être collectif*;

2° La théorie des génies, lutins, *élémentaux, gnômes, théorie gnômique*.

Ces deux théories indigestement mêlées sont professées aux Indes où l'on attribue quelquefois la *lévitation* aux fluides des *pitris* (pères) combinés avec celui du fakir et où les anciennes divinités vaincues des *védas*, allégories personnifiées des forces de la nature, mais dégradées par le brahmanisme envahisseur, obéissent maintenant aux Brahmanes, en vertu de la supériorité naturelle de ceux-ci sur tous les dieux possibles et imaginables, qu'eux, nés de la bouche de Brahma, regardent dédaigneusement comme leurs créatures;

3° La théorie des âmes des morts, *théorie spirite*, et 4° la nôtre, celle des mauvais esprits, *théorie démoniaque*.

M. Paul Gibier déclare qu'il n'en adopte aucune et qu'il cherche.

La première est tellement fantastique, tellement invraisemblable, tranchons le mot, tellement absurde, qu'elle ne supporte pas l'examen.

La troisième, qui n'est fondée ni sur la science ni sur une révélation divine, mais sur le dire des apparaissants, ne peut être réfutée que par des raisons morales très plausibles et que nous avons au moins indiquées au chapitre V en examinant le caractère moral de la *mission* de Katie ; mais ces raisons ne sont peut-être pas de nature à frapper les esprits légers, c'est-à-dire le grand nombre. Elle n'est efficacement combattue que par la Révélation, qui n'admet l'apparition des morts que comme une chose rare et qu'il n'est pas permis de provoquer, tandis que les spirites la provoquent et en font une chose ordinaire.

Notre théorie à nous est fondée sur cette même Révélation dont les bases historiques et philosophiques sont inébranlables et elle est unie à ces bases par le ciment de la logique.

La seconde théorie n'est que l'altération de cette doctrine traditionnelle et vraie au sujet des démons, changés en dieux par les mortels, comme les forces aveugles autant qu'invisibles de la nature, non moins faussées par l'erreur et par le mensonge humains que les forces libres et clairvoyantes des démons : jeu maladroit, en somme, de l'imagination puissante et lourde à la fois de la race hindoue, si semblable à la race allemande, malgré la couleur : *nimium ne crede colori*.

Ce qui est certain et ce qu'il faut retenir de cette étude, c'est qu'on ne peut pas être chrétien et spirite à la fois. Le spiritisme a renouvelé la doctrine et les pratiques des Gnostiques du premier siècle, qui, tenant la magie pour la véritable et la seule science, *gnose*, ne demandaient qu'aux êtres évoqués, *éons*, ce qu'il fallait croire, ce qu'il fallait savoir et ce qu'il fallait faire. Cette doctrine

---

(1) Virgile.

est celle du serpent dans le paradis terrestre : la science qu'elle nous offre est une science fausse, frelatée et même empoisonnée, d'autant, plus sûrement mortelle qu'elle a pour complice la soif intempérante de notre fiévreuse curiosité.

DEUXIÈME SECTION

LES EXPÉRIENCES DU DOCTEUR P. GIBIER AU MOYEN DE SLADE

CHAPITRE I

DIFFERENTS PHÉNOMÈNES PRESTIGIEUX OBTENUS PAR SLADE EN PRÉSENCE DU DOCTEUR P. GIBIER. — LA LÉVITATION.

Slade, né en 1836, Américain, fils d'un Anglais et d'une Française, peu lettré ; ne parlant qu'anglais, opéra mainte fois devant notre auteur dont nous ne décrirons pas les précautions minutieuses pour prévenir toute fraude possible de la part de son médium, jusqu'à lui tenir les pieds et les mains pendant les expériences dont il était l'instrument.

Nous admettons comme base de nos réflexions tous les faits cités par le docteur P. Gibier ; personnellement, nous y croyons, et tous ceux qui liront son livre ou le nôtre seront profondément convaincus, non seulement de la bonne foi de l'auteur, mais encore de sa parfaite sagacité.

Dans sa première catégorie de faits: *phénomènes divers*, la première classe comprend :

Coups violents, comme des coups de marteau, frappés invisiblement sur les tables, sur les fauteuils de Slade et du docteur, etc., etc., soit spontanément soit sur l'invitation de ces messieurs. A leur demande aussi, bruit d'un crayon écrivant sur la table.

« Le 27 mai 1886, dans notre salle à manger, où Slade entrait pour la première fois, les phénomènes de percussion furent des plus curieux. On eût dit qu'autour du médium assis et isolé en pleine lumière de deux lampes à lumière intensive se trouvait un groupe de poules *picotant* sur le plancher. Des coups furent sentis par les personnes de notre famille et par nous-même sous la semelle de nos souliers ; l'effet ressenti n'était pas des plus agréables... »

Viennent ensuite les faits de la 2ᵉ classe : mouvements de corps avec contact du médium.

« Le plus curieux effet dans ce sens obtenu par Slade devant nous et à plusieurs reprises a été la *lévitation* complète de la table qui sert à ses expériences (sans mécanisme, bien entendu). Par la simple apposition des mains, la table se soulevait, se retournait, et elle allait toucher le plafond de ses quatre pieds au-dessus de nos têtes ; cela en moins de temps qu'il n'en faut pour le dire. Sans faire parade de force ni d'adresse, nous pouvons dire que, supérieur au médium sous ces deux rapports, il nous a été impossible d'imiter le même phénomène. »

Je le crois bien.

Il n'y a point à chercher ici la loi physique de la *lévitation* qui serait opposée à celle de la *gravitation*. Ces faits sont dus à la faculté des esprits suréquivalente à notre toucher. Un bras fort ne peut faire ce que fait la force matériellement illimitée d'un pur esprit : la matière ne lui résiste pas. Il enlève comme avec la main, mais par sa seule vertu, les fardeaux les plus lourds, sans qu'ils perdent rien de leur poids. Seulement ce poids est nul pour l'ange en ce qu'il ne le sent pas, il le connaît seulement.

Rappelons-nous que le mouvement de l'ange n'a rien de matériel : c'est l'application successive de sa vertu à quelques points de l'espace ; il mesure le lieu par sa seule vertu et non par sa quantité, comme la matière. Mais comme sa vertu, c'est lui-même, on peut dire ici que la force angélique emporte l'objet matériel qu'elle localise par son action mystérieuse à tel ou tel point de l'espace.

Il n'y a donc pas de *lévitation*. C'est là un mot créé pour expliquer une chose qui n'est pas. Car ni un corps vivant ni un corps inanimé, à moins d'être plus léger que l'air et de tendre par ce motif à s'y superposer, ne s'est jamais élevé de lui-même dans l'espace, prenant tout à coup en horreur le centre jadis aimé de la terre.

Que dis-je ? l'aérostat même n'a jamais éprouvé cette horreur : il ne recule que pour laisser le pas aux corps plus graves, y compris l'air atmosphérique, et il est encore fidèle à la loi.

Personne ne peut s'y soustraire : elle existait du temps de Simon le Magicien qui, ayant voulu voler trop haut sur l'aile des démons, fut tout à coup lâché par eux et apprit à ses dépens qu'elle a des sanctions très graves.

Nous embrassons ici contre des savants la cause toujours sacrée de la science.

Les lois de la physique n'ont ni l'évidence primesautière des axiomes de la géométrie ni l'évidence acquise de ses théorèmes. Ce sont les faits sans cesse répétés qui les vérifient.

Qu'un corps plongé dans un fluide perde de son poids un poids égal à celui du volume de ce fluide qu'il déplace, voilà en physique la loi de la véritable *lévitation*, la lévitation de l'aérostat.

L'enveloppe du futur ballon, soie, caoutchouc ou papier, gît à terre flétrie ou pend inerte au-dessus de terre jusqu'au moment où des substances plus légères que l'air l'ont suffisamment gonflée et étendue pour qu'elle ait déplacé un volume de ce fluide beaucoup plus pesant que son propre poids. Et quand la différence est devenue assez forte entre le poids du ballon et celui de l'air atmosphérique, on peut lui confier la nacelle chargée d'hommes, de provisions et d'instruments d'expériences, pour aller faire dans les champs aériens quelque excursion scientifique.

Que sont les hommes, les provisions et les instruments dans cette nacelle ? Un poids additionnel inférieur à la différence qu'il faut maintenir, et ce poids n'empêche pas encore l'aérostat de franchir les couches les plus denses de l'air.

L'homme ni les objets ne sont allégés d'un gramme : ils pèsent dans la nacelle comme dans un bateau, comme sur le plancher d'une chambre.

Il n'y a donc là rien qui ressemble à la prétendue lévitation, rien qui puisse valoir contre la loi de la pesanteur ; mais tout au contraire, il y a sa stricte exécution par toute la nature, tant animée qu'inanimée.

Que fait de la loi physique la table de Slade ? A-t-elle brisé ou renversé dans son élan la table même de cette loi ?

Je m'étonne que M. Crookes ou quelqu'un de ses

disciples n'ait pas eu l'idée d'appliquer à ces tables rebelles et orgueilleuses quelque nouveau procédé de pesage.

Que font de cette loi les fakirs des Indes et les médiums des deux mondes (j'entends des mondes terrestres), qui vont, à l'encontre de sa formule, frapper le plafond des salles? Ont-ils vraiment perdu de leur poids? Ne faudrait-il pas les peser aussi ?

Il est vrai que les fakirs, en qualité de Brahmanes, ne se laissent pas toucher par les profanes, surtout dans l'exercice de leurs facultés mystiques. Mais les Anglais qui ne se gênent pas avec les Hindous ne pourraient-ils fournir un savant hardi qui se chargeât de l'expérience ? Il percerait, par exemple, un plafond au-dessus du fakir et, le saisissant par ses longs cheveux, au moment favorable où l'élémental qui l'enlève lui serre la tête contre le platras, il pourrait constater si ce personnage a perdu quelque chose du poids normal d'un fakir, un peu inférieur, vu ses jeûnes surnaturels, à celui d'un homme.

Pour moi, j'engage fortement les savants, et spécialement les savants anglais, à finir ainsi par où ils auraient dû commencer et je parie d'avance avec eux ce qu'ils voudront (c'est parler pour être compris) que le résultat de la pesée sera fatal à la lévitation, pourvu qu'on ait la patience de la prolonger jusqu'à ce que le fakir demande grâce : car alors, c'est qu'il se sentira lâché par son esprit.

Et ce fait constaté, nous osons espérer qu'ils aimeront mieux croire à la violence faite au corps humain par une cause extérieure, vivante et immatérielle qu'à une contradiction violente entre deux lois naturelles, l'une prouvée par la constance des faits, l'autre par leur inconstance.

Ainsi jusqu'à nouvel ordre de la nature régnante, il n'y a qu'un moyen naturel pour l'homme de s'élever dans l'air : c'est de devenir plus léger que l'air. Mais comme il faudrait pour cela se gonfler d'hydrogène dans les proportions d'un aérostat, celui qui voudrait tenter la chose risquerait bien de finir comme la grenouille.

Le moyen qu'emploient les médiums et les fakirs est beaucoup plus simple ; d'accord, mais je persiste à soutenir qu'il n'est pas naturel. Ils ne s'enlèvent pas, ils se font enlever.

CHAPITRE II

MOUVEMENT DES CORPS SANS LE CONTACT DU MÉDIUM

Dans sa troisième classe le docteur Gibier cite les faits suivants :

Le 27 avril 1886, une chaise, faisant un demi-tour, va se jeter toute seule dans une table, à 1^{m}50 bien mesuré.

Le 11 mai, à 3 heures 1/2 de l'après-midi, un bahut, sans qu'on le touche, fait le même exercice.

Le 12 mai, une chaise s'élève seule à 1^{m}50.

Un crayon passe de dessous la table sur le milieu du dessus d'icelle, en présence de Mme de B..., le 24 juillet 1886.

Plusieurs fois, une ardoise fait un voyage par dessous la table, quittant la main de Slade placée sur la table, et vient se poser elle-même dans la main du docteur : celui-ci sent la résistance de la force invisible qui tient l'ardoise.

Le 24 juillet, la même chose arrive à Mme de B...

Plusieurs fois encore, l'ardoise, avant de se livrer à ce manège, a frappé la table de son extrémité, comme si une invisible main l'avait tenue, et cela, sans doute, pour attirer l'attention sur son exercice.

M. le docteur Gibier, qui ne veut pas choisir entre les quatres théories, ne peut méconnaître, du moins, dans ces faits, une force intelligente et quelque peu espiègle, très puissante physiquement, d'ailleurs, bien qu'elle soit incorporelle. Autrement il faudrait admettre que tables, chaises et autres meubles se donnent des bals de leur propre initiative et que la nature n'est plus qu'une mauvaise copie des contes d'Hoffmann.

Une aiguille aimantée a remué sans qu'on la touchât au moment où Slade en exprimait le désir en ces termes : « Voulez-vous, je vous prie, faire tourner cette aiguille ? »

C'est une nécessité de parler poliment aux esprits, et bien qu'ils ne se piquent pas toujours de réciprocité, leur délicatesse sur ce point s'est quelque fois affirmée par de vertes leçons : si bien qu'il fallait leur demander grâce.

4me classe : objets brisés par simple contact du médium : « Nous avons vu à six reprises différentes, dit le docteur, l'ardoise présentée sur la table où Slade l'appliquait pour obtenir de l'écriture, brisée en plusieurs morceaux, comme si une machine l'avait broyée. Ce phénomène était précédé d'un sentiment de douleur dans le bras correspondant à la main qui tenait l'ardoise ; il s'est produit sous notre propre table, avec une ardoise solidement encadrée de bois dur. Nous avons en ce moment sous les yeux quatre de ces ardoises, broyées ainsi que leurs cadres. Nous avons essayé plusieurs fois de briser des ardoises semblables en les tordant ou en les frappant sous la table, mais nous n'avons même pas réussi à les fendre ou à les fêler. »

L'auteur parle ensuite (5ᵐᵉ classe) d'objets transportés d'un endroit à un autre sans qu'on en ait vu le mouvement et il arrive à la 6ᵐᵉ classe : phénomènes d'extase. Celle-ci vaut bien qu'on s'y arrête plus longtemps.

Et cependant déjà, quels contes renversants ! quelle danse du sabbat ! quel remue-ménage matériel et moral ! quelle litière de toutes les lois ! quelles impossibilités ! Et tout cela est réel !

Oui, mais cela n'a rien de commun avec la nature inanimée. Autrement il faudrait dire que la vieille physique est devenue folle.

Tout cela est pourtant naturel en un sens : naturel, non comme la pluie ou le tonnerre, mais comme les actes humains.

L'agent ne se montre pas, il est vrai, mais il se dénonce par ses actes mêmes comme une force libre et son témoignage muet, involontaire, vient innocenter la nature de toutes ces folies.

CHAPITRE III

LES EXTASES DE SLADE POSSÉDÉ PAR LES AMES DE CERTAINS MORTS. — OBJECTION PLUS PLAISANTE QUE SOLIDE DU DOCTEUR PAUL RÉGNARD SUR LES NOMS DES ESPRITS.

M. P. Gibier ne peut s'empêcher de reconnaître en ce phénomène de l'extase un élément étranger, n'osant dire un esprit, qui substitue son action à celle du sujet visible.

Laissons parler notre auteur :

« La première fois que nous avons vu Slade dans cet état d'extase tout spécial (et qui n'a rien de religieux, hâtons-nous de le dire), l'accès débuta ainsi : d'abord une légère rougeur colora la face et une sorte de rictus fit contracter les muscles du visage ; les yeux se convulsèrent en haut et, après quelques mouvements nystagmiques des globes oculaires, les paupières se fermèrent énergiquement, un grincement de dents se fit entendre, et une secousse convulsive de tout le corps annonça le début de la *possession*. Après cette courte phase, pénible à voir, le visage du sujet s'anima d'un sourire, et la voix complètement transformée ainsi que l'attitude, le personnage nouveau, Slade transformé, nous salua gracieusement ainsi que chacun des assistants. Dans cet état de *transe*, comme disent les Anglais, ou d'*incarnation*, suivant le langage des spirites français, Slade est remplacé, (d'après ce que disent ceux qui le connaissent, et d'après ce qu'il dit lui-même), remplacé *animiquement* par l'esprit d'un Indien nommé Owasso ; dans ce cas, il est assez gai. D'autre fois, Owasso céderait la place à l'esprit d'un grand chef peau rouge de sa tribu ; mais celui-ci ne sait pas un mot d'anglais ; et alors on voit Slade se dresser, marcher à grands pas et déclamer dans une langue sonore qui, paraît-il toujours, est celles des Indiens Caraïbes.

« Un esprit auquel Owasso cède encore volontiers la place, c'est celui d'un docteur écossais qui, par la bouche de Slade, donne sur un ton grave des conseils thérapeutiques à ceux qu'il honore de sa visite. Tout ce qui précède, nous l'avons vu et entendu, mais on remarquera que nous n'apprécions pas.

« Nous avons entendu Slade raconter qu'il lui arrive parfois, lorsqu'il est dans cette situation de parler français ou toute autre langue aussi inconnue de lui. Mais nous n'avons pas contrôlé ce phénomène. »

L'auteur n'a pas besoin de *se hâter de le dire*, personne ne prendra une telle extase pour l'extase religieuse. Tous ces signes, en effet, sont ceux de la possession. Mais le plus incontestable est le changement réel de personnage. Il y a même à ce sujet une expression remarquable : Slade dit qu'*il lui arrive quelquefois de parler français :* cela veut dire clairement qu'il n'en est pas le maître et qu'il ne pourrait ni prévoir ni provoquer à volonté cette circonstance : donc ce n'est pas lui qui parle français, mais un autre qui se sert de la langue de Slade pour parler français.

Nous avons vu, presque dès le début de cet ouvrage, comment l'âme, forme substantielle du corps, le moule à son image, et comment une force étrangère usurpatrice, s'emparant dans une certaine mesure des pouvoirs actifs de l'âme, refait et repétrit, pour ainsi parler, le corps, en lui imprimant le cachet de sa propre nature, et change ainsi du tout au tout l'expression de la physionomie.

Ce n'est pas l'hystérie qui en ferait autant.

Quant à la personnalité d'Owasso ou du chef peau-rouge ou du docteur écossais, nous soupçonnons fort les démons de la supposer pour leurs besoins : il est tout naturel qu'ils ne se nomment pas par leurs propres noms, c'est-à-dire par des mots exprimant leur caractère personnel ou la nature de leur mission malfaisante.

Et cela nous amène à expliquer, puisqu'il le faut, ce que M. Paul Regnard, dans son livre illustré sur l'*Hypnotisme et la Sorcellerie*, trouve si ridicule : comment les esprits ont des noms français en France, espagnols en Espagne, italiens en Italie.

C'est qu'il ne saurait exister pour les purs esprits d'idiome matériel, mais seulement un langage spirituel comme leur nature. Ce langage consiste à montrer l'idée telle qu'elle est, sans image, à ouvrir sa pensée, comme un livre, à la page qu'on veut, en cachant le reste. Ainsi leurs noms sont pour eux des idées sans images, puisqu'ils ne s'adressent pas la parole, mais la pensée.

Est-ce aux docteurs qu'il faut apprendre ces choses, à eux qui causent mentalement avec leurs malades, comme les anges entre eux ?

En d'autres termes, les esprits ont des noms tout spirituels et se nomment spirituellement par ces noms pour eux-mêmes et leurs semblables, tandis qu'ils les traduisent pour nous dans nos langues respectives, très librement, d'ailleurs, et parfois mensongèrement, par nos noms matériels.

Parfois encore ils s'amusent à nous les donner comme des problèmes, dans des langues inconnues, pour nous intriguer ou nous jouer.

Et puis, qu'on ne s'étonne pas si parfois le nom d'un même esprit varie avec les circonstances, en vertu de ses diverses missions. Le plus souvent, il n'indique pas autre chose que son action présente ou quelque circonstance de cette action : « Je m'appelle *Légion*, car nous sommes plusieurs, » dit un groupe de démons possesseurs, dans l'Evangile. C'est que les voleurs et les assassins de la bande infernale, ont aussi, comme les bandits humains, nom de naissance et nom de guerre.

Leurs noms, comme leurs corps d'emprunt, ne sont que des symboles. Or le symbole n'égale jamais la chose qu'il signifie. La plante est le symbole de la vie sensitive, l'animal est le symbole de la vie intelligente et morale, précisément parce que la plante n'a que la vie végétative et l'animal que la vie sensitive.

Ainsi les anges déchus aussi bien que les anges glorieux se donnent des noms comme nos aïeux prenaient des armoiries : celui-ci un lion, cet autre un léopard, cet autre un trèfle ou une fleur de lys. C'eût été assurément prêter à rire que de chercher à faire accroire aux plus ignorants du peuple que ces gens là se donnaient pour des animaux ou des plantes et que leurs écussons étaient leurs portraitures. Quand on se moque si spirituellement du nom des démons possesseurs, que fait-on donc autre chose ?

CHAPITRE IV

THÉORIE DE L'EXTASE. — EXTASE VRAIE OU EXTASE DES SAINTS. — FAUSSE EXTASE OU EXTASE DES POÈTES. — EXTASE FAUSSE OU EXTASE DES SORCIERS.

M. Paul Gibier raconte une opération douloureuse qu'il fit à Slade, après que celui-ci, en appelant l'âme d'Owasso, fut tombé dans une extase qui le rendit complètement insensible.

Trait fréquent de la sorcellerie au Moyen-Age et que le docteur Regnard attribue encore à l'hystérie. Maladie commode que cette hystérie, dont le patient peut faire, à son gré et à son heure, un remède à tous ses maux !

M. P. Gibier, lui, est bien loin de tout enclore dans la synthèse hystérique. Il repousse la thèse de l'école matérialiste de Charcot, mais il n'a pas de thèse à lui opposer.

Le lecteur voudra, comme nous, aller un peu plus au fond des choses, et il se demande déjà peut-être : qu'est-ce donc que l'extase ?

L'*extase* est une station de l'âme hors du corps ;

C'est-à-dire un abandon de ses fonctions ordinaires pour ne vaquer qu'à la contemplation ;

Abandon complet en apparence, incomplet en réalité : autrement la vie cesserait. En termes philosophiques, abandon virtuel et non matériel. Cessation de la conscience de la vie sensitive, continuation, pourtant, des fonctions vitales.

Il faudrait dire pour être complet : une station de l'âme hors du corps et hors d'elle-même ; car le seul milieu de l'âme extatique, c'est l'essence divine.

Les Hindoustanis, puisqu'on en parle si volontiers, expriment par la racine sanscrite *yog* (1) qui marque jonction et qui se retrouve avec tous les développements de son sens primitif dans presque toutes les langues de l'Europe, tant anciennes que modernes (2) le nom de l'extase, mais de l'extase passée à l'état d'habitude, par conséquent de

---

(1) L'extase est *yoga*, l'extatique *yoghi*.
(2) Par exemple le nom du joug agriculteur. Ces ressemblances marquent fraternité, non filiation de nos langues mères par rapport au sanscrit.

seconde nature. C'est matériellement le contraire du grec *ecstasis*, état de séparation : celui-ci envisage l'âme par rapport à sa séparation virtuelle du corps, tant vantée par Platon, l'autre par rapport à son union avec le Néant (*Nirvâna*) qui remplace Dieu dans la théologie mystique de l'indoustan.

L'extase des Saints (3) est en Dieu dans sa vérité, dans son amour.

Dieu s'impose à l'âme ravie par une grâce toute spéciale, comme la suprême vérité qui est l'objet de l'intelligence et le suprême amour qui résulte de la connaissance de cette vérité. C'est la beauté qui ravit, et la beauté est la vérité dans sa splendeur. La vérité est l'être manifesté et Dieu est l'être par excellence : donc il est la vérité, donc il est la beauté : tel il se montre à l'âme extatique. Elle se trouve tout à coup éclairée et embrasée comme l'ange, parce qu'elle a vu comme lui le souverain bien intuitivement. De là cette science instantanée et cet amour incomparable qui font tout oublier, tout jusqu'à soi-même.

L'âme ainsi transfigurée par la présence divine ne peut expliquer son état. La mémoire qui le lui rappelle ensuite ne saurait lui fournir un langage pour exprimer ce qu'elle a vu, ce qu'elle a senti ; la parole humaine ne peut que traîner après le Verbe divin.

Ceux qui ont lu quelques passages des extatiques célèbres et qui entendent les prétendues merveilles débitées par les médiums prétendus extatiques

---

(3) Je m'en tiens à ce phénomène pur et simple de l'extase, faisant abstraction des circonstances dont elle a été souvent accompagnée, comme de l'illumination du corps et du ravissement. Ces sujets sont magistralement traités ailleurs, par le P. de Bonniot, nommément, dans *le Miracle et ses contrefaçons*.

haussent les épaules à ces révélations mêlées de vrai et de faux, toujours dénuées de ce charme délicieusement écrasant, de ce sublime évident qui éclate : car le sublime est l'effet d'un transport de l'âme au-dessus de sa sphère ordinaire (le beau est absolu, le sublime est relatif à nous,) et ici elle est transportée au-dessus de sa sphère même naturelle. Ce n'est pas sa pensée qui manque à la raison ni au bon sens ni à la logique, c'est la parole qui manque à sa pensée. Mais là où notre intelligence peut suivre ce vol de l'extase, bien plus élevé que celui du génie, et là où fort probablement l'objet précis était moins au-dessus de la parole humaine, quels aperçus et quel langage ! L'admiration devient anéantissement : c'est l'océan divin qui nous a aussi submergés.

Descendons par degrés à notre présent objet.

Nous avons dit ailleurs : *La poésie est une fausse extase.* Elle est, en effet, une station de l'âme intellectuelle dans l'imagination, dans son domaine fantastique, dans son royaume mixte, où l'intellect avec ses objets devient sensible, où les sens avec leurs objets deviennent intellectuels. De là ce beau transport de l'âme mêlé quelquefois d'illusion. C'est un vision naturelle, brillante, confuse, incertaine, avec un amour sincère et confiant du vrai et du beau qu'on embrasse ou qu'on croit embrasser. C'est la vérité une décomposée par notre esprit multiple, *Dieu entrevu par l'imagination.*

L'extase des sorciers n'est pas seulement *une fausse extase* comme celle des poëtes, c'est *une extase fausse*, une extase mensongère, une imitation de la vraie. Mais quelle imitation ! Une singerie.

Car les démons sont *pleins d'imitation,* (1) comme tous les méchants, et plus que tous les autres méchants.

C'est que les méchants veulent toujours paraître bons, et c'est tout naturel à une nature pervertie, et les plus méchants voudront nécessairement paraître les meilleurs. Il est donc naturel que le diable imite Dieu, cette si bonne chose que meilleure ne peut-être (2). Mais il ne le peut qu'à sa manière et dans les conditions de sa nature pervertie.

L'extase démoniaque, c'est le père du mensonge opérant sur les facultés sensitives et imaginatives d'un homme, avec la complicité du sujet, qui s'y prête ordinairement sans illusion ni bonne foi, sans enthousiasme ni amour, un état voulu où l'on sent toujours l'orgueil malsain du suppôt, sans parler de tout le reste, et un je ne sais quoi qui vient de plus loin, qui n'a jamais rien de sublime ni d'écrasant, rien de consolant ni de rassurant non plus.

Cette extase mensongère que les démons procurent est maladive, elle agite le corps, elle marque les traits du visage, soit d'une convulsion mal déguisée, soit d'une immobilité stupide.

Elle laisse ordinairement après elle une fatigue extrême, parce qu'elle est l'effet d'une violence à la nature humaine ; violence plus réelle que les efforts apparents des convulsionnaires qui, tordus par les démons dans tous les membres de leur corps, se retrouvaient après sans fatigue, comme si l'on ne leur eût rien pris de leurs esprits animaux, rien demandé de leurs forces actives : vio-

---

(1) Alfred de Musset parlant de Lovelace.
(2) Jehan, sire de Joinville.

lence, enfin, tout à fait analogue à celle que la science et l'art du médecin exercent directement sur le corps et indirectement sur l'âme du patient qu'il anesthésie.

L'homme et l'ange emploient peut-être les mêmes moyens avec une science, et par suite avec un art inégal : moyens mécaniques agissant physiologiquement ou agents physiques et chimiques, plus ou moins puissants, plus ou moins subtils, fournis par des éléments plus ou moins visibles.

Appelez cet état du patient *hystérie*, si vous voulez ; mais convenez que cette hystérie est artificielle, provoquée et passagère, c'est là tout ce qu'on vous demande.

Mais accordez-nous qu'en outre de ce sommeil magnétique, il y a ici comme auteur des actes et des paroles qui s'y produisent l'action directe d'une puissance étrangère occulte, toujours présente dans l'organisme du dormeur qui ne saurait trouver ni dans sa force naturelle ni dans les moyens naturels employés pour l'endormir le secret de parler des langues qui lui sont inconnues ou de professer savamment des sciences qu'il ignore. Et c'est précisément là ce que nos spirites français appellent l'*incarnation* (1) et nous la *possession*.

Ecoutez, analysez surtout les paroles de ces extatiques spirites et vous direz : Oui, si le diable est un mauvais singe, il est encore peut-être un plus mauvais perroquet.

L'extase des saints, tout au rebours de celle-ci, les rend calmes, radieux et finit sans leur laisser ni trouble ni fatigue, parce qu'elle est l'opération

---

(1) L'expression de *diable incarné* est vieille dans notre langage gaulois.

suave de Dieu sur l'âme qui oublie tout doucement le corps dont elle est momentanément déliée. Les exceptions sont rares et tiennent à la faiblesse physique, à cette cause naturelle que Dieu peut suspendre, atténuer ou abandonner à elle-même.

Pour distinguer ces deux extases toutes contraires, il suffit de les connaître historiquement. L'extase divine s'est souvent produite chez les saints, à la vue de nombreux spectateurs et d'irrécusables témoins. Mais ceux qui sont à même chaque jour de voir se répéter à point nommé l'extase démoniaque ne veulent pas croire à l'autre, parce qu'ils ne l'ont pas vue de leurs yeux. J'ajoute qu'ils ne la verront probablement jamais : car un miracle ne se fait pas comme un prestige.

Les extases et les visions des sorciers, les extases et les visions des saints diffèrent autant dans leurs suites qu'en elles-mêmes. Les premières sont tout au moins stériles, elles ne sont fécondes qu'en crime, en désespoir, en folie, en suicide. Les autres sont le point de départ de conversions éclatantes, la source de fleuves inépuisables de charité ou le berceau lumineux d'une de ces grandes familles religieuses qui remplissent le monde et qui en sont la vie, comme l'âme est la vie du corps.

Telles sont ces trois extases : divine, humaine, démoniaque, selon le milieu où la pensée, où l'amour agit et surtout patit (ce dernier mot pouvant marquer et la souffrance et la joie également passives): Dieu et sa vérité, qui est amour, l'homme et ses sens qui sont faiblesse et néant, le démon et ses mensonges qui sont le comble du mal et de la malice.

Et l'horreur physique des signes de possession,

dont l'hystérie est parfois une ombre légère, d'ailleurs infidèle, et la splendeur tout humaine qui rayonne au front du génie, et l'auréole de lumière qui couronne parfois les saints dès cette vie et que l'art n'a fait vraiment qu'*historier* sur leur tête, et le ravissement corporel où leur âme, parfois durant des jours consécutifs, sembla rompre en faveur du corps déjà glorifié les liens de la pesanteur, sont de faibles symboles de ces trois choses si incompatibles et de leur essence profonde : extase démoniaque, extase humaine, extase divine.

CHAPITRE V

LE MIRACLE ET LE PRESTIGE. — LES LOIS DE LA NATURE, LE PRESTIGE EN ABUSE, LE MIRACLE Y DÉROGE ET EN DISPENSE. — LAZARE ET KATIE KING. — LA LÉVITATION DES MÉDIUMS ET LE RAVISSEMENT DES SAINTS.

Miracle et prestige : ces deux mots ne sont peut-être pas encore assez compris de tout le monde.

Le miracle est une dérogation aux lois de la nature. Celui qui les a faites peut seul y déroger : *faciens mirabilia solus*.

Le prestige est un paradoxe en action contre les lois de la nature, un abus ingénieux de ces lois. C'est la mise en œuvre de causes naturelles pour produire un effet d'apparence surnaturelle.

Le vrai miracle ne craint ni la lumière ni le regard.

Celui qui est *la Résurrection*, parce qu'il est avant tout *la Vie*, ressuscite Lazare en plein jour. Ceux qui avaient durant des journées constaté sa mort par tous leurs sens le voient ressusciter, c'est lui-même.

Le mort se lève, il marche, il vit encore de longues années, et la Providence, après l'avoir longtemps montré à ses frères les Juifs, l'envoie à travers les mers mourir en Gaule à cent ans.

Si le miracle ne craint ni la lumière ni le regard, le prestige redoute l'un et l'autre.

Le prestige, en effet, est un composé d'illusion et de réalité. Il lui faut donc ménager la lumière pour la rendre favorable à la réalité, sans pourtant trahir l'illusion.

Voilà sans doute la raison des mises en scènes qui président aux prestiges, tant humains que démoniaques.

La lumière ni le regard ne sauraient influencer directement des êtres spirituels, mais peuvent bien gêner leur artifice. Le Fort armé voit les articulations de son armure et les trous de sa cuirasse : il craint que la fine pointe du regard humain ne pénètre par là.

Il faut que la statue automatique donnée pour un être vivant ait ses latitudes ; qu'elle se fasse voir ou toucher dans des conditions choisies par l'infernal artiste. Sans quoi, l'homme qui connaît si bien l'homme pourrait trouver cette composition soi-disante animée et parlante en défaut par quelque endroit.

Le prestige, d'ailleurs, n'est qu'un jeu de l'homme ou de l'ange avec la nature, où celle-ci ne se plie à son caprice qu'en demeurant fidèle à ses propres lois. L'ange pas plus que l'homme ne saurait forcer les lois physiques ni les faire seulement plier.

La prétendue *lévitation* n'ôte rien à la *gravitation*. Simon le Magicien et M. Home élevés en l'air par une force invisible et prenante ne sont pas plus exemptés de leur poids naturel que le fardeau d'une livre enlevé aisément par mes doigts ou le fardeau de dix mille livres qu'emporte la puissante machine formée et mue par des mains humaines.

Cette ascension de l'homme peut être appelée surnaturelle par rapport à lui, si l'on n'a égard, toutefois, qu'à la simple apparence; elle est naturelle par rapport au pouvoir de l'ange qui enlève l'homme comme avec la main, sans moyen matériel.

Et cette opération lui est moralement facilitée quand l'homme, par un pacte implicite ou explicite, s'est livré au mauvais esprit, pour un peu d'argent ou pour une gloire ridicule. Ce pacte est devenu l'origine d'un *habitus* ou habitude terriblement dangereuse qui passe à l'action dès que les deux contractants ou quelquefois un seul, le plus fort, vient seulement à le vouloir. L'esprit s'est emparé de l'homme, il s'est fait l'âme de son corps et de son âme, il le tient en ses prises, il fait jouer ses ressorts : faut-il s'étonner s'il le transporte où il veut ? *Si Dieu ne retenait sa fureur* (1), il n'y aurait plus de limite à son action, sur le suppôt qui s'est livré à lui.

Tel est le pouvoir des anges : il fait partie de la dotation de leur naissance. Or Dieu, *dont les dons sont sans repentance*, n'a rien repris aux anges

---

(1) Bossuet, Sermon sur les Démons.

rebelles des trésors de leur riche nature : « Tout est entier en eux, » dit Bossuet (2) après Saint Denys et Saint Thomas.

Et comme le miracle est une dérogation aux lois naturelles, si Dieu suspend quelquefois le pouvoir naturel des démons, c'est là qu'est le miracle.

Mais que penser des saints qui ont été vus des instants, des heures et même des jours entiers élevés matériellement au-dessus de la terre qu'ils dominaient toujours par leur âme ?

L'extase, miracle de l'âme, entraine parfois comme une sublime conséquence le ravissement, ce miracle du corps.

Le saint ne l'a jamais demandé, il n'en a jamais fait spectacle, il l'a caché quand il a pu le prévoir, il ne l'a jamais raconté que par obéissance. C'est par la vertu de la grâce qu'il s'oublie en Dieu, qu'il perd son âme avec ses sens eux-mêmes en cette immensité de lumière et d'amour, et voilà que le corps la suit et s'élève avec elle.

Le poids naturel de l'homme vers le centre des corps se trouve neutralisé par un poids plus puissant qui l'emporte vers le centre divin des esprits : le poids surnaturel.

Il répugne de supposer une autre force que celle-là, fût-ce la force angélique : l'extase, c'est la force de Dieu même.

C'est une volonté formelle de Dieu qui veut manifester cette gloire des saints, rayonnement de la sienne, en soulevant un moment le voile qui la couvre en ce lieu d'épreuve et de misère.

Ici la nature cède à la grâce : c'est une dispense expresse des lois de la pesanteur accordée au corps

---

(2) Idem, ibidem.

en faveur de l'âme, c'est une glorification momentanée qui lui est avancée ici-bas, comme arrhes de la gloire future.

Et voilà le miracle vrai, tel que Dieu sait les faire.

En lisant dans les écrivains les plus dignes de foi les ravissements si fréquents dans la vie de certains bienheureux : d'un saint Jean de Dieu, d'une sainte Thérèse, d'un saint Ignace, d'un saint François-Xavier, on convient aisément qu'il n'y a aucune parité, même à première vue, entre la courte et *spectaculeuse* (1) lévitation des sorciers et le ravissement prolongé, involontaire et surtout humblement caché des saints.

Pour s'entêter à vouloir assimiler des choses aussi contraires moralement, sans parler de la différence physique, il faut avoir perdu les yeux de l'intelligence.

Voici dans ce qu'il nous reste à dire au naturalisme :

Nous affirmons, nous, que le ravissement peut se produire par l'ordre du Dieu créateur, qui fait signe à la nature et à ses lois de se retirer un moment.

Vous voulez, vous, que la lévitation ait lieu en vertu d'une loi naturelle contradictoire d'une autre loi physique reconnue pour universelle.

Certes, s'il y a une de ces propositions qui ait besoin d'être appuyée, c'est la vôtre. Mais quel tuteur pourrait soutenir un arbre sans racines ?

Ainsi le bon sens et l'esprit d'observation font aisément la différence entre le miracle et le prestige, non sans s'aider toutefois de l'histoire authen-

---

(1) Mot forgé par l'empereur Joseph II qui aimait *les choses spectaculeuses*.

tique des saints et surtout des lumières de l'Evangile dont la théologie tire les conséquences vraiment scientifiques. Faute du facteur que fournit cette science, le problème de la lévitation n'est pas même posé.

Venez, savants, venez, Crookes présents et à venir, inventez de nouveaux appareils peseurs, si sensibles, si minutieux, si infaillibles soient-ils, pour constater la diminution ou l'évanouissement du poids spécifique des corps enlevés en l'air et oubliant, soit à leur volonté, soit à la suggestion d'un médium, leur propre lieu comme leur propre loi. Moi, je vous en avertis charitablement : il y a quelqu'un qui tire en haut, il y a quelqu'un qui triche !

CHAPITRE VI

MATÉRIALISATION : MAINS PERCEPTIBLES A LA VUE ET AU TOUCHER TOUR A TOUR. — LA MAIN DU FESTIN DE BALTHASAR.

De l'extase, M. P. Gibier passe à la matérialisation, c'est sa 7e classe.

» Le 12 mai 1884, à onze heures du matin, nous avions une séance chez Slade. Pendant qu'il avait ses deux mains sur la table en même temps que nous, nous avons distinctement vu, ainsi que M. N. qui assistait à la séance, une main dont les doigts et la partie antérieure étaient visibles s'avancer à deux reprises contre notre poitrine. Nous n'éprouvions en ce moment pas plus d'émotion que dans les expériences de pathologie expérimentale auxquelles nous sommes habitué depuis longtemps ; par conséquent nous ne croyons pas avoir été victime d'une hallucination, Pas plus que M. N... nous ne nous attendions à voir cette main, ou plutôt cette partie de main.

« Slade nous invita alors à placer notre main sous la table pour obtenir un contact, mais nous ne sentîmes rien. Il prit alors une ardoise par une de ses extrémités et nous invita à la tenir par l'autre bout. Nous maintenions l'ardoise sous la table depuis un instant et mollement, pour notre part, de sorte qu'elle serait tombée à terre si Slade ne l'eût tenue solidement. Tout à coup nous nous sommes senti saisir le poignet par une main froide qui promena ses doigts pendant un instant sur la partie antérieure de notre avant-bras droit. Nous laissâmes aller l'ardoise qui ne tomba pas et nous saisîmes à notre tour la main de Slade : nous pûmes constater qu'elle était d'une température normale et non pas froide comme celle que nous venions de sentir : en même temps nous regardions sous la table et nous ne vîmes rien qui pût nous expliquer la sensation que nous avions reçue.»

Ce qui m'effraie le plus, c'est cette absence de tout effroi. Je ne me sens point fait pour frayer avec celui qui disait à sainte Brigitte : « O femme, je suis la froideur même. » Heureusement il y a des grâces d'état.

Sous cette froide main menaçante qui semble prendre par le toucher je ne sais quel avant goût d'un festin de cannibales, comment ne pas soupçonner la griffe de Satan ?

La sensation de la vue et celle du toucher furent-elles causées par un seul et même objet ? Peu importe. Ces productions fantastiques n'ont d'importance qu'au point de vue de l'agent producteur.

Mais quelle science future expliquera ces choses? M. Paul Gibier l'attend, penché sur l'avenir.

Cependant le fleuve intarissable des faits accumulés continuera de passer devant lui sans apporter dans son cours le moindre élément d'une loi physique en vertu de laquelle des mains glacées et menaçantes se produisent spontanément dans les airs.

Dans tous les cas notre auteur me semble mal venu à révoquer en doute la main mystérieuse qui trace les mots fatals sur la muraille du palais de Balthasar, par cette simple raison qu'il n'y était pas. Mais d'autres y étaient, et à quel titre veut-il qu'on le croie lui-même s'il ne croit pas Daniel à titre de simple témoin historique ?

Daniel n'avait pas vu la main, n'étant pas de l'orgie ; mais il avait vu l'écriture. Et que de témoins oculaires avaient pu conter le commencement de l'histoire à Daniel ! Et l'écriture subsistante prouvait leur dire, au moins comme les photographies de Katie prouvent sa courte existence. Pourquoi donc ne croiriez-vous pas à la main ?

Quoi qu'en dise impertinemment Voltaire, le témoignage, quand il est valide, ne meurt pas de vieillesse ; il n'est point usé par les jours et les ans ni dissous par les siècles; il est vrai, donc il est immortel : l'histoire a des ailes infatigables.

Cette scène imposante, qui a si bien inspiré les vers de Byron et d'Henri Heine, deux sceptiques déterminés, deux railleurs sans respect, est aussi frappante de vérité que de terreur.

Le roi, ivre d'orgueil encore plus que de vin, était-il préparé par la nature de ses sentiments à voir cette main tracer sa sentence,? Pas plus que M. Gibier tout à l'heure. La nature humaine, pas plus que la nature physique, ne passe pas ainsi sans transition et *par saut* d'un extrême à l'autre : les grands poètes comme les historiens l'ont su : voyez le monologue de Satan dans Milton ; quelles transitions savantes ! A ces contrastes qui tout à coup éclatent en nous, il y a toujours une cause objective, extérieure. Balthasar ne pense qu'à sa puissance incomparable, et, comme dit Heine,

Le vin fait éclater son humeur insolente.

Mais on conviendra que cette apparition soudaine était bien capable de lui faire passer l'ivresse. Ce contraste des faits éclate dans les paroles si simples de Daniel, marquées au coin de ce que j'appelerais volontiers l'*évidence historique*.

« Le roi Balthasar fit un grand festin à mille de ses grands, et chacun buvait selon son âge. Il ordonna, déjà ému par le vin, d'apporter les vases d'or et d'argent que Nabuchodonosor, son père, avait transportés du temple qui fut à Jérusalem, afin qu'y bussent et le roi et ses grands et ses épouses et ses concubines. Alors on apporta les vases d'or et d'argent qu'il avait emportés du temple qui fut à Jérusalem, et y burent et le roi et ses épouses et ses concubines. Ils buvaient le vin et louaient leurs dieux d'or et d'argent et d'airain et de fer et de bois et de pierre, et à la même heure, apparurent des doigts comme d'une main d'homme, écrivant vis à vis du

---

(1) Daniel ne dit pas : « *lui* apparut, » ce que le chaldéen, très prodigue de pronoms suffixes, n'eût pas manqué de dire et ce que la Vulgate eût traduit avec sa fidélité littérale. On lit encore plus loin : « La reine, vu ce qui était arrivé *au roi et à ses grands*, entra dans la salle du festin.

candélabre sur la surface de la muraille du palais du roi ; et le roi regardait les jointures de la main qui écrivait. Alors le visage du roi changea et ses pensées le troublèrent, et la charpente de ses reins se dissolvait et ses genoux s'entrechoquaient. Et le roi s'écria d'une voix terrible qu'on introduisît les mages, les chaldéens et les devins. Et prenant la parole, le roi dit aux sages de Babylone : « Celui qui lira cette incription et me la fera connaître sera vêtu de pourpre et aura un collier d'or au cou et il sera le troisième dans mon royaume. » Alors tous les sages du roi entrèrent et ils ne purent ni lire l'écriture ni en indiquer au roi l'interprétation, de quoi Balthasar fut profondément troublé, et ses grands étaient troublés aussi, etc., etc.

Comment le doute peut-il tenir devant un témoignage de ce poids et en même temps de cette force intrinsèque ? Docteur, docteur, ceux qui ont vu la main biblique avaient aussi des yeux.

Il y a cependant une différence.

En songeant à la scène biblique, à ses circonstances et à ses suites, il paraît impossible de prononcer le mot d'hallucination.

Dans le cas de M. Paul Gibier, tout au contraire, l'hallucination est très possible, on n'ose dire probable, mais vu les dispositions du sujet, elle ne saurait être naturelle.

CHAPITRE VII

ÉCRITURE SPONTANÉE (2ᵉ CATÉGORIE DU DOCTEUR). — TÉMOIGNAGE D'UN ROBERT-HOUDIN. — VOLTAIRE ET LES SORCIERS. — ESSAI IMPUISSANT. — SOUVENIR DE M. CROOKES : UN CRAYON BOITEUX ET IMPOTENT.

Un des prestidigitateurs les plus habiles du théâtre Robert-Houdin, reconnaissant que son art ne saurait produire ce phénomène de l'écriture spontanée, exprime en ces termes caractéristiques sa conviction mêlée d'étonnement :

« J'affirme, messieurs les savants, moi, prestidigitateur, que la séance de M. Slade est *vraie*, vraiment spiritualiste et incompréhensible en dehors de toute manifestation occulte. Et de nouveau j'affirme ».

Signé : J... du théâtre Robert-Houdin.
Avril 1886

Manifestation occulte, c'est-à-dire *manifestation cachée* semble une contradiction, dans les termes : mais le bon prestidigitateur n'en voit pas si long ; il entend ce qu'il veut dire et de plus il le fait entendre. D'ailleurs, l'adjectif *vrai*, si expressif et si juste, rachète bien cette petite ignorance. Nous croyons, comme lui, que ces manifestations ont pour cause les puissances *occultes*, celles qui présidaient à la magie du Moyen-Age, tant discréditée, à cette science *occulte* qui faisait dire à Voltaire :

« Les sorciers ont été brulés par des juges qui n'étaient pas sorciers ».

Si le vieil Arouet eût été sorcier lui-même, le diable lui eût fait deviner par conjecture à quel point, dans un prochain avenir, son érudition et ses arguments seraient surannés, et combien cette bâtisse informe du *Dictionnaire philosophique* sentirait dans cinquante ans le moisi, plus démodée que le château même où il se faisait monseigneuriser par ses valets.

Achevons notre cours d'expériences.

Un petit crayon blanc écrit sur des ardoises tenues par Slade, ou même entre deux ardoises, sans le secours de personne. Mais M. Gibier n'a jamais pu voir le crayon en mouvement.

« Nous voyions l'ardoise onduler légèrement comme sous la pression de l'écrivain invisible. Mais dès que nous regardions dans l'espace séparant l'ardoise de la partie inférieure de la table, la petite touche tombait sur l'ardoise et le bruit d'écriture cessait ; l'ardoise s'appliquait bientôt contre la table, et alors nous entendions de nouveau le grincement de la touche ou crayon d'ardoise traçant l'écriture.

« Cette particularité nous inspirait une certaine méfiance, et nous demandâmes pourquoi il en était ainsi. Slade prit une de nos ardoises; plaça une petite touche dessus et la glissa sous la table. (Est-il nécessaire de dire encore que nous avons examiné cette table avant, et après l'expérience ?) La réponse était celle-ci : « Les vibrations de vos regards et de la lumière nous nuisent, » La phrase était en anglais.

« Quelque chose d'analogue a été tenté par M. Crookes, qui tenta d'obtenir de l'écriture directe sous ses yeux, avec l'assistance de Home :

« Cette manifestation, dit M. Crookes, eut lieu à la lumière, dans ma propre chambre, et seulement en présence de M. Home et de quelques amis intimes..... J'exprimai le désir d'être témoin en ce moment de la production d'un message écrit, ainsi que, quelque temps auparavant, je l'avais entendu raconter par un de mes amis.

« Immédiatement il nous fut donné la communication alphabétique suivante : « Nous essaierons. »

« Quelques feuilles de papier et un crayon avaient été placés au milieu de la table ; alors le crayon s'éleva sur sa pointe, s'avança vers le papier avec des sauts mal assurés et tomba. Puis il se releva et retomba encore. Une troisième fois il essaya, mais sans obtenir de meilleur résultat. Après ces trois tentatives infructueuses, une petite latte, qui se trouvait à côté sur la table, glissa vers le crayon et s'éleva à quelques pouces au-dessus de la table, le crayon s'éleva de nouveau et s'étayant contre la latte, ils firent ensemble un effort pour écrire sur le papier. Après avoir essayé trois fois, la latte abandonna le crayon et revint à sa place, le crayon retomba sur le papier, et un message alphabétique nous dit : « Nous avons essayé de satisfaire votre demande, mais c'est au-dessus de notre pouvoir. »

Est-ce bien sincère? Nous le croyons. L'orgueil, ce péché des esprits, ce père de la vanité, les porte à cacher les bornes de leur puissance. Mais est-il admissible qu'ils réussissent ou échouent par l'influence de certaines conditions physiques?

Il s'agit sans doute ici d'un fait d'impuissance actuelle, non d'impuissance radicale, et naturellement la matière ne réagit pas sur les esprits quand ils agissent sur elle et par elle. En d'autres termes, il n'y a pas de résistance des corps capable de balancer leur puissance. Ce n'est pas comme notre âme qui est virtuellement douée de qualités corporelles, étant un seul sujet d'action avec le corps. Seulement, ils doivent se soumettre aux lois physiques : mais quelle loi physique régissant le mouvement des corps qu'ils emploient s'opposerait ici à leur action ? Je soupçonne un vrai miracle dans cette impuissance.

Ce résultat que n'ont pu obtenir ni le docteur Gibier ni le docteur Crookes et dont ils ont tant de fois obtenu l'équivalent dans le crayon placé entre deux ardoises, les Américains y atteignent journellement, comme en témoignent les auteurs du livre *Spiritualism*, le grand juge Edmunds, le docteur G. Dexter et Nat. Tamadge, ancien gouverneur du Wisconsin.

L'impuissance des deux crayons, anglais et français, ne nous semble donc pas naturelle.

Mais quelle idée a le crayon de M. Gibier, ou plutôt l'esprit qui le tient, de se tapir ainsi contre le dessous de la table ? L'*invisible écrivain* a-t-il besoin de se cacher, lui et son ardoise ?

Il faut bien qu'il y ait toujours quelque chose d'obscur et de louche dans l'opération des démons : sans quoi ils ne seraient pas les démons : versatiles en apparence, immuables au fond, hier menaçants, craintifs aujourd'hui.

La lumière, le regard humain gênent les démons, non par une influence physique, mais par la crainte qu'ils ont de laisser deviner leurs procédés.

Puis, si cette écriture, directe en apparence, n'est ici que mécanique, alors ne peut-on supposer qu'il lui faut certaines conditions de lumière, comme à la photographie? Est-ce la part de la nature sous l'extra-naturel ? N'est-ce que la parodie de la nature jouée par le roi des comédiens, l'*hypocritès* par excellence ?

Cette question si obscure de la lumière a beaucoup occupé M. Crookes. « Il constata le fait important que voici : lorsque la *force* était faible, la lumière exerçait une action contraire sur quelques-uns des phénomènes. Mais avec Home, dont la force était considérable, on pouvait opérer en pleine lumière. Le docteur a pu essayer, dit M. Gibier, l'action de différentes lumières sur cette force (on ne voit pas s'il s'agit de celle de Home ou de celle d'un autre) : lumière du soleil, — lumière diffuse, — clair de lune, — gaz, — lampe, — bougie, — lumière électrique, — lumière jaune homogène, etc., etc., les rayons les moins favorables aux manifestations « semblent être ceux de l'extrémité du spectre ».

J'en suis à me demander si le crayon n'a pas voulu se moquer de cette théorie. Car enfin, il y a de tout dans les faits attribués aux forces psychiques : du physique et du métaphysique, et M. Crookes et ses confrères mêlent tout cela sous le nom de physiologie psychologique, sans égard pour l'âme et l'esprit qu'ils soumettent aux lois des corps. Que la lumière gêne le jeu d'un crayon ou raréfie l'atmosphère imaginaire de force nerveuse ou psychique d'un médium, passe encore ; mais comment arrêtera-t-elle au passage la transmission tout immatérielle de la pensée intérieure ?

Quoi qu'il en soit, tout le récit a comme une évidence intrinsèque, et nous n'aurions pas d'autres raisons de croire, hors l'impossibilité d'imaginer de telles descriptions, que cela nous suffirait. Outre que nous avons devant nous des hommes très intelligents et en même temps peu fantaisistes, à en juger par l'ensemble de leurs écrits : Ici la plume du savant académicien de Londres (*Royal Society*) moins littéraire d'habitude que scientifique, s'allège si bien à suivre les agissements de son écrivain mystérieux et impuissant qu'on la dirait tout à coup échangée en pinceau.

Nous terminerons volontiers ce chapitre par une réflexion profonde de M. Paul Gibier :

« Jusqu'ici, dit-il, dans les expériences de M. Crookes, rien en apparence, pour un observateur superficiel, n'est par trop extraordinaire ; mais le savant *habitué aux recherches merveilleusement exactes,* se dit que si, sans action d'une force connue, une plume se meut spontanément, il n'y a pas de raison pour qu'un homme ne s'élève également, et dans les mêmes conditions au-dessus du sol. »

Il ne reste plus, alors, qu'à tirer l'échelle.

CHAPITRE VIII

ÉPISODE A PROPOS DU PRÉCÉDENT. — LE NATURALISME DE VOLTAIRE AUSSI CONTRAIRE A LA RAISON QU'A LA FOI. — SON SYMBOLE NÉGATIF SUR DIEU, LA NATURE ET L'HOMME. — PUISSANCE PERSÉVÉRANTE ET CARACTÈRE DE CETTE FAUSSE PHILOSOPHIE RÉSUMÉE DANS LE DICTIONNAIRE PHILOSOPHIQUE, RÉSUMÉ LUI-MÊME EN QUATRE PAGES. — VOLTAIRE ET JOSEPH DE MAISTRE.

Voltaire, qui ne croyait pas aux sorciers, n'eût pas cru davantage au magnétisme ou au spiritisme

Il rejetait de prime abord ce qu'il ne comprenait pas du premier coup. Il professait que deux et deux font quatre ; mais il prenait pour des charlatans effrontés ceux qui disaient en son temps qu'on pourrait un jour, même sans être sorcier, parvenir à déchiffrer des caractères encore inconnus, comme étaient les hiéroglyphes et les caractères cunéiformes : il nie, en effet, qu'on puisse, sans le secours de quelque trahison, deviner un chiffre diplomatique. Il serait aujourd'hui bien loin de compte !

C'est que, mathématicien bon ordinaire, il était nul en fait d'intuition et, chose plus étonnante, était-ce infirmité naturelle, était-ce maladie acquise, dans le domaine des choses métaphysiques, toute logique l'abandonnait. Il n'admettait point, d'ailleurs, que la linguistique ou l'histoire n'eût pas dit son dernier mot au siècle des philosophes ou que lui, Voltaire, leur chef incontesté, ne l'eût pas très bien entendu.

Le dernier mot des choses les plus sérieuses est dans le surnaturel connu par la Révélation, par l'histoire ou par l'expérience. Mais beaucoup ne tiennent pas à connaître le dernier mot ; il y a plus : beaucoup tiennent à l'ignorer. Pourquoi ? Il n'est pas même besoin de le dire : l'œil malade a peur de la lumière, au point, affirme Bossuet, qu'elle en devient pour lui *ténébreuse*. Il la fuit comme l'œil sain fuit les ténèbres et s'il la rencontre malgré lui-même, elle l'aveugle et l'irrite. De là cette haine du surnaturel, toujours si commune, qui transportait Voltaire de fureur ; et cette fureur, plus délirante que celle d'Oreste à qui le comparait naïvement son docteur Tronchin, Voltaire l'exprimait comme Oreste, par l'ironie.

Toute la prétendue métaphysique de Voltaire,

c'est la peur furieuse des vérités dominatrices. Aussi pourrait-on bien aisément démontrer qu'elle n'est pas seulement aux antipodes et du faux surnaturel et du véritable, mais que dans les déserts stériles du scepticisme où il promène sa fantaisie comme dans un jardin de délices, Voltaire est toujours aussi loin de la raison de l'Evangile. (1)

Le *Dictionnaire philosophique* nous le montre tout entier. Nous y sentons partout la prestesse et le brillant de son esprit, mais aussi son manque absolu de profondeur d'étendue et d'élévation, causé par la bassesse et la fausseté de son caractère, c'est-à-dire de son cœur, puisque le caractère est l'habitude générale du sentiment.

Il y a de tout dans ce *Dictionnaire philosophique*, excepté de la philosophie.

Dieu ne peut pas être créateur ; car ce qui existe existe nécessairement et ne peut, par conséquent, avoir commencé d'être. Il n'est pas tout-puissant, car il n'eût pas permis, dans sa bonté, l'existence du mal : ne vaut-il pas mieux le supposer impuissant que méchant ? D'ailleurs l'existence de plusieurs dieux égaux sans un dieu supérieur n'implique pas contradiction, et par conséquent cette hypothèse est encore admissible.

Cependant Voltaire invoque la toute puissance de Dieu à laquelle il ne croit pas pour imposer à

---

(1) Il est tellement préoccupé de l'Ecriture sainte en tout et partout que cette seule préoccupation peut expliquer pourquoi il dit en plusieurs endroits du *Dictionnaire philosophique* que le serpent est un animal très gentil, très inoffensif, comme le lapin, (il revient, je crois, deux fois à la comparaison,) qui n'a de venin qu'à certaines époques rares, et que s'il mord quelquefois, comme le lapin, c'est, comme lui, pour se défendre. Allez donc faire admettre à ce naturaliste étonnant que *c'est le serpent qui a commencé!*

ses lecteurs la *matière pensante* du *sage* Locke, à laquelle il tient du fond de ses entrailles.

Dieu est juste, en somme, ou censé tel, bien que partout l'histoire semble prouver le contraire ; mais il ne peut punir ou récompenser ce qu'il ne voit pas ; car il ne voit pas tout : il a une providence générale qui néglige ou ignore les détails, dont la connaissance est, paraît-il, incompatible avec celle de l'ensemble : *de minimis non curat prætor*.

Puis il ne voit pas l'avenir : car on ne peut voir ce qui n'est pas. Cette idée est profonde et fournit *de plano* la solution radicale de toutes les difficultés possibles sur la prescience et la prédestination. Montaigne avait répondu d'avance à Voltaire avec toute la vivacité de son bon sens que « tout luy estant present, il veoit plustost qu'il ne preveoit. »

D'ailleurs ni sa justice, ni sa science, ni sa providence n'ont rien à voir aux perturbations de la nature qui ont pour cause la loi physique aveugle dont il est le spectateur immobile. Dieu est, ainsi que l'homme, subordonné à l'immuable destin.

Ni l'un ni l'autre n'ont même la liberté intérieure. Ils sont libres d'agir toutes les fois qu'ils en ont la puissance (liberté est synonyme de puissance), ils ne sont pas libres de vouloir ; ils veulent nécessairement ce qu'ils veulent ; ils n'ont pas, en un mot, la liberté d'élection : le vouloir de l'homme est emporté par le motif, celui de Dieu par le destin.

Voltaire est logique après cela en niant la toute puissance divine, ou plutôt il ne l'est pas assez, il devrait nier la puissance divine simplement et il a raison de supprimer la prière, mais il a tort de permettre encore l'action de grâce du pharisien, qui n'a pas sa raison d'être, puisque l'être impuissant qu'il appelle Dieu n'a rien pu nous donner. Il est surtout illogique en parlant du bien et du mal moral chez les humains (1).

L'âme est peut-être immortelle, comme l'ont cru tous les peuples, *excepté les Juifs*, et il y a tout avantage à ce qu'on le croie. Mais cette âme immortelle n'existe probablement pas : car elle ne semble pas distincte du corps et, selon toute vraisemblance, elle n'est qu'une faculté de l'homme et non pas un être. Ainsi, fort probablement, elle ne peut vivre d'une vie indépendante ni par conséquent, survivre au corps. Et comme la résurrection du corps est radicalement impossible, elle ne peut non plus ressusciter à titre de faculté corporelle.

L'homme est fou de se prétendre fait à l'image de Dieu, et la preuve, c'est qu'il a des besoins humiliants que Dieu ne peut avoir. Quand Voltaire a nommé ces choses, à l'exemple de Rabelais, par leurs plus vilains noms, il semble avoir épuisé son génie métaphysique.

Mais non, il se surpasse lorsqu'il entre pour s'y vautrer dans le sanctuaire de la théologie : Là ce n'est pas de boue qu'il couvre le Dieu des chrétiens. Après avoir souillé les marches du temple et la nef et l'autel, il va jusqu'au tabernacle, et pour y déverser toute sa haine et toute son immonde fureur, il n'emprunte plus rien qu'à lui-même.

---

(1) Il y a en faveur de la liberté un fait qui domine tout argument : c'est qu'en tout temps et en tout lieu l'on agit et l'on parle comme y croyant : Voltaire la nie *ex professo*, mais partout il la suppose. Sans elle nul de ses jugements n'aurait un sens plausible. Celui qui niait le mouvement le prouvait lui aussi en marchant.

Qui voudrait s'arrêter à raisonner sur ces singulières doctrines? Oui, Dieu est incompréhensible, mais quel enfant intelligent n'en a une idée plus juste que Voltaire? Oui, l'union de l'âme et du corps est intime et la simultanéité de leurs opérations ferait croire à une seule et même substance. Mais Dieu merci, les occasions où l'âme se croit obligée de sacrifier le corps à quelque devoir sont encore assez communes pour que l'intelligence et le cœur puissent conclure à la fois : donc ils sont deux.

Il plaisante quand il dit que l'attention s'exerce parfois avec beaucoup de suite dans le sommeil et en donne pour exemple des bons mots et des quatrains qu'il aurait faits en dormant. On peut faire en dormant des bons mots et des quatrains comme ceux qu'il cite et surtout des réflexions comme celle qu'il y ajoute par forme de conclusion : que l'homme est une pure machine. L'école de Descartes l'avait dit des bêtes et c'était déjà bien raisonnable.

Il a contre les récompenses et les châtiments de l'autre vie des sophismes tellement naïfs qu'on n'en revient pas. Par exemple, on ne peut être puni ou récompensé sans le savoir, et comment se saurait-on puni ou récompensé de faits qu'on a oubliés ? Il est notoire, en effet, que, par des accidents de la vie, des maladies du cerveau ou l'usure de l'âge, il y a des personnes qui perdent la mémoire · or la mémoire est tout ce qui constitue notre identité morale.

J'ai vu de pauvres femmes s'embarrasser de semblables arguties, sans songer que l'identité de l'âme ni celle du corps n'est anéantie par un nuage du cerveau, que les crimes commis consciemment ne cessent pas d'avoir été commis consciemment et que l'Éternel est bien capable de nous rafraîchir la mémoire.

Et la voilà cette hauteur de génie métaphysique, le voilà, ce *temple serein du sage* d'où il regarde en pitié Platon et saint Thomas ! ce trône où il s'asseoit pour régner sur les sots de tous les temps et surtout du sien, édictant à tout propos cette formule hautaine : *Je ne comprends pas!* comme étant assuré que nul ne comprend, n'a compris ni ne comprendra ce qu'il ne comprend pas ou dédaigne de comprendre. Et de ce cercle étroit de sa capacité personnelle où il enferme toute intelligence présente, passée ou future, Voltaire ne permettra pas même à Dieu de s'échapper.

Et voilà tout l'antique épicurisme avec tout le moderne déterminisme, mais non pas le positivisme qui n'est pas encore assez sérieux pour Voltaire même !

Et voilà les profondeurs philosophiques de la *Raison par alphabet!* amas de bavardage souvent spirituel, mais spirituellement absurde et presque toujours incohérent ; d'érudition souvent menteuse ou malpropre, tellement arriérée aujourd'hui qu'elle en est nulle ; et surtout de persiflage impertinent, puéril et mutin, d'ailleurs monotone, sentant son écolier vieilli, encore en révolte à quatre-vingts ans contre ses premiers maîtres ! (1)

C'est que l'insolence de l'orgueil est verbeuse comme celle du vin et son étourdissement ressemble à l'étourderie de l'enfance.

La seule unité du livre, c'est la constante aver-

---

(1) **Car de cet âge heureux qu'un pédant embarrasse**
J'ai gardé la colère et j'ai perdu la grâce.
        VICTOR HUGO, *Les rayons et les ombres.*

sion, non seulement de tout ce qui dépasse notre nature, mais aussi de tout ce qui l'élève,

C'est l'unité d'un vaste incendie : oui, c'est la double flamme de la superbe et des sens qui se nourrit de tout, se promène à travers tout, brûlant ce qu'elle rencontre, le salissant au moins de sa fumée et embrasant au loin d'un jour sinistre et faux ce qu'elle ne peut encore ravager.

Qui donc a osé mettre en parallèle, comme deux génies opposés, mais égaux, Voltaire et Joseph de Maistre ? Joseph de Maistre, le grand initié, ou plutôt le hiérophante incomparable des plus hauts mystères de la tradition et de la raison, Voltaire, l'évocateur folâtre et inconscient des puissances infernales, le héraut, le crieur public de la Révolution et de la folie ? Joseph de Maistre, la lumière, l'âme et le génie de tant de talents contemporains ! et Voltaire qui, avec son esprit pétillant, vif et clair, comme un feu de sarments ou d'épines, n'en est pas moins, hélas ! ce qu'il a voulu être, l'oracle et le roi des sots !

Non, Voltaire ne peut soutenir la comparaison, si l'élévation de la pensée, la générosité jointe à la tendresse du cœur sont les trois qualités qui font la beauté de l'homme et de l'écrivain. Ces trois marques des vrais génies manquent absolument à Voltaire, elles éclatent chez J. de Maistre. Le premier a la finessse, l'autre la profondeur : c'est que l'esprit sans le cœur est plutôt fin que profond, il se perd dans les détails ; un cœur généreux donne de la largeur à l'esprit.

Le patriarche du philosophisme est pittoresque parfois, mais comme un peintre de genre ; l'auteur des *Considérations* est pittoresque aussi, et plus souvent, mais comme un peintre d'histoire. De l'esprit, ils en ont tous les deux, mais l'esprit de Ferney est une monnaie gaspillée, celui de Saint-Pétersbourg est un trésor bien rangé : le premier tient plus de place et l'autre a plus de poids.

Quand Voltaire a-t-il jamais l'éclat, le feu de Joseph de Maistre ? Celui-ci a, quand il veut bien se le permettre, le persiflage et l'ironie légère du satirique des *Romans*. Or, les *Romans*, avec leur gaieté fausse et superficielle, les *poésies légères* avec leur facilité folâtre, leurs ailes éblouissantes de papillons ou de cantharides, sont encore le triomphe de l'esprit de Voltaire et son seul génie. Car ce vieillard frivole, jusqu'à l'âge de quatre-vingt-quatre ans où il meurt, est encore un enfant par le radotage espiègle de son esprit, et un enfant qui tombe en enfance; de Maistre, toujours homme par l'esprit et mûrissant jusqu'au bout, nous apparaît, dans les lettres fraîches et candides de sa belle vieillesse, un enfant par le cœur.

CHAPITRE IX

DIX EXPÉRIENCES D'ÉCRITURE SPONTANÉE. — LA PREMIÈRE. — QUE FERA LA SCIENCE FUTURE DE TELLES EXPÉRIENCES ? — LES VÉRITABLES CAUSES DE CES FAITS. — NOTION DES CAUSES INTELLIGENTES ET LIBRES.

« Le 20 avril 1886, à onze heures du matin, je me rends chez Slade avec un de mes amis, M. A... J'apporte plusieurs ardoises marquées de ma signature au crayon bleu. J'inspecte la pièce où l'expérience va se faire. J'examine la table, les manches de Slade, le dessous de son habit et ses souliers que je lui fais quitter.

« Sur la demande de Slade, je sors de la serviette qui ne m'a pas quitté deux de mes ardoises entourées d'un cadre de bois, de chez Faber, et je les pose sur la table séparément. Slade prend une petite touche d'ardoise de 8 à 10 millimètres de longueur, il la coupe en deux avec ses dents et la place sur l'une de mes ardoises, du côté opposé à ma signature. Il recouvre la touche avec une deuxième ardoise, dont la signature est à l'intérieur, prend les deux ardoises ainsi réunies et les place verticalement sur mon avant-bras gauche. Je n'ai perdu de vue aucun de ses mouvements, pas plus que mes ardoises. Au moment où Slade penche les ardoises pour les poser verticalement, j'entends la touche glisser dans l'espace ménagé entre les deux surfaces par le bois des cadres. La chambre est bien éclairée.

« Nous avons tous trois les mains sur la table nue ; M. A... est à ma droite et Slade est à ma gauche. J'ai sous les yeux les mains de Slade et les jambes qu'il tient en dehors de la table. Je vois distinctement sur mon avant-bras gauche les deux faces des ardoises accolées et la main droite de Slade qui les tient.

« Au bout de 20 ou 30 secondes, je sens une forte pression des ardoises sur mon avant-bras.

« Slade dit sentir le *courant* passer dans son bras : cela paraît le faire souffrir un peu.

« Quelques coups sourds sont frappés dans mes ardoises et la main de Slade est restée immobile Tout à coup l'écriture se fait distinctement entendre. La main de Slade est immobile, pas un de ses doigts ne remue. J'*ausculte* mes ardoises, pas de doute possible, c'est bien dans leur intérieur que le grincement se passe ; j'entends, aussi bien qu'on peut entendre, le tracé de l'écriture et la ponctuation, et à quatre reprises, un trait. L'écriture a paru être tracée lentement d'abord, puis après le premier trait, le bruit du tracé a été plus rapide et après le deuxième trait il a repris sa première allure.

« Après un temps assez long, trois coups secs sont frappés dans les ardoises, Slade les retire, les pose de champ sur la table, et je les prends entre mes mains, sans presser ; cependant Slade paraît éprouver une certaine difficulté à les séparer. Les voilà dans mes mains. L'ardoise sur laquelle je retrouve ma signature n'a aucune trace d'écriture. L'autre qui repose sur ma main gauche en est couverte ; ma signature que j'ai vue pendant la durée de l'expérience, en en partie cachée sous les plis de mon habit, est bien de l'autre côté de l'ardoise couverte d'écriture.

« Quatre phrases séparées par trois traits sont écrites sur mon ardoise, un quatrième se voit avant la signature qui termine le tout. Deux de ces phrases, celle du commencement et celle de la fin, sont en anglais et signées W. Clark. Des deux autres, l'une est en allemand et la seconde en français. Cette dernière est ainsi conçue : « En effet, votre idée est très bonne. Votre bien dévoué serviteur, L. de M... » Au commencement de la séance, j'avais dit que si j'obtenais de bons résultats, je ferais sans doute un ouvrage sur le sujet. Est-ce à cette idée qu'on a voulu répondre ? »

« En résumé, dans cette expérience, mes ardoises ont été constamment surveillées par trois de mes sens : le toucher, la vue et l'ouïe. »

Mille grâces à M. P. Gibier de nous avoir conservé tous ces détails! Beaucoup n'ont guère d'autre effet que de nous montrer la scène avec une fidélité qui ne laisse aucun doute. Il ne nous semble pas que la science future en puisse tirer le moindre parti. Que le crayon prenne d'abord une allure lente, puis accélérée, puis qu'il la ralentisse en terminant, comme un train de chemin de fer, cela n'apprendra jamais, nous le craignons bien, ni à nous ni à nos arrière-neveux, le procédé physique ou mécanique employé pour le faire marcher, ni les lois naturelles qui rendent ce procédé praticable.

Il y a et il y aura toujours une écriture directe et une écriture mécanique avec des procédés plus ou moins variés, comme l'imprimerie et la lithographie, mais une écriture *spontanée*, dans le sens rigoureux du mot, jamais. Celle que nous appelons ainsi, c'est simplement une écriture dont on ne voit pas l'auteur.

Il n'y a pas un troisième genre d'écriture qui nous soit possible, parce qu'il n'y a pas une troisième manière d'exercer notre puissance. En effet, nous connaissons l'homme et nous savons tous ce qu'il peut faire: agir sur la matière par les membres de son corps ou par des moyens indirects à un ou plusieurs degrés. Mais quant à toucher immatériellement la matière, quant à la mouvoir au moyen d'une faculté purement spirituelle, cela n'est et ne sera jamais dans sa nature.

Donc si l'on cherche l'origine de l'écriture dite spontanée, il faut bien se persuader tout d'abord qu'elle est d'un être différent de l'homme.

Aussi le docteur Gibier qui est, comme nous l'avons dit dès le début, toujours de bonne foi avec les autres dans la mesure où il l'est envers lui-même, reconnaît, (il le faut bien,) pour cause de cette écriture *une force probablement indépendante*, (il veut dire *libre*,) *et certainement intelligente*.

Mais alors à quoi songe-t-il quand il en appelle à la science future? Pense-t-il qu'elle pourra modifier son opinion si raisonnable sur la cause intelligente ou plutôt tout intellectuelle du phénomène? Que veut-il dire quand il balbutie que telle ou telle chose n'est pas explicable dans l'état actuel de la science? Dès là qu'il est arrivé à une cause intelligente et libre, que veut-il de plus ? N'est-ce pas là une explication? Pense-t-il que la raison et l'observation puissent conduire plus loin ou faire changer de route ? Et quelle science arrivera jamais à changer une cause libre en cause nécessitée, effet d'une série d'autres causes non moins nécessitées?

Une cause libre n'a pas de filiation : elle est, à ce titre de cause libre, *proles sine matre creata*, un enfant sans mère.

La science découvre sans cesse et des faits et des causes : mais pourrait-elle abolir ou la réalité des faits anciens ou la vérité des causes connues ?

J'avoue qu'il dit : *probablement indépendantes*. Mais ce *probablement* n'atténue ni ne réserve rien en effet : outre que c'est encore une hésitation, un balbutiement du libre-penseur interloqué, tout ce qui est intelligent a la volonté libre, la liberté du choix (1). Car la nature n'a rien fait d'inutile, et de quoi servirait à l'être intelligent l'intelligence pour se conduire, s'il ne pouvait délibérer et décider sa conduite ?

---

(1) On n'appelle pas *intelligence* la connaissance rudimentaire ou plutôt la perception sensitive d'où naît le penchant toujours entraîné par son objet : c'est là l'*instinct*, c'est le lot de la vie tout animale.

Donc la cause intelligente est toujours une cause libre : elle n'engendre pas son effet, elle ne peut l'engendrer sans l'avoir auparavant voulu.

Le nom de l'intelligence le dit : *intelligere, inter legere*, choisir entre plusieurs choses. C'est le choix rationnel précédant le choix actif appelé simplement par la philosophie *élection* : *Intellectus intelligentia*, la faculté qui compose et choisit ; *intellectio*, la comparaison pour choisir : *electio*, le choix lui-même. Liberté, fille de l'intelligence !

O matre pulcra filia pulcrior ! (1)

Qu'a donc à faire ici la science future ? Il ne lui resterait qu'à dire à M. Paul Gibier ou à ses successeurs, j'entends aux héritiers de sa science et de sa sagacité, dans quelle catégorie il faut placer ces causes libres, mais non point nécessairement indépendantes : catégorie ou des gnômes ou des défunts ou des démons. Car nous ne parlons plus de l'*être collectif* qui est par trop absurde. Tout être intelligent et libre s'appelle *individu* et non par *légion* et l'enfant de *légion* ne s'appela jamais *individu*.

L'intelligence, pas plus que la liberté, ne saurait être impersonnelle, et une personne n'est pas autre chose qu'une substance individuelle libre et intelligente.

Mais ce serait encore trop demander à la science future elle-même. Comme Virgile conduit Dante jusqu'à l'entrée du Paradis où il l'abandonne à la céleste conductrice, de même la science et la raison nous mènent jusqu'à l'entrée des mystères et elles nous laissent là. Ils sont vraiment dans la direction de notre regard, mais au-delà de sa portée. Il

---

(1) Horace, *Odes*. « D'une mère si belle, fille plus belle encore. »

faut la Révélation secourable, il faut la Béatrix pour nous accompagner au Paradis et nous montrer là seulement, dans la lumière surnaturelle, la nature profonde des choses.

Et pour traduire Dante en prose, nous dirons simplement : la connaissance de ces causes libres et invisibles n'appartient point à la physique future pas plus qu'à la physique présente, mais à la théologie, ou mieux encore, à la simple foi.

CHAPITRE X

LES TROIS EXPÉRIENCES SUIVANTES D'ÉCRITURE SPONTANÉE. — ENCORE LE FLUIDE MAGNÉTIQUE. — PHYSIOLOGIE PSYCHOLOGIQUE, MAGIE DU MOYEN AGE ET FAKIRISME HINDOU SE RENCONTRENT — LATET ANGUIS IN HERBA.

Dans la deuxième expérience, 12 mai 1886, à onze heures du matin, le docteur retire sa main du cercle formé par la jonction des mains sur la table, le bruit d'écriture s'arrête. Il remarque l'usure d'un bout du crayon.

La troisième, même jour, à 8 heures 1/2 du soir, il recueille cette phrase vraiment perfide selon nous :

« Conservez ceci pour vous comme preuve de notre promesse, nous ferons davantage pour vous plus tard. W. Clark. »

Il voit la touche arrêtée juste sur la dernière lettre de la phrase.

Expérience IV, 24 mai 1886, dans l'après-midi :

toutes précautions étant prises relativement à l'identité de l'ardoise et aux conditions de loyauté, l'ardoise va et vient d'elle-même dans les mains du docteur, les pousse en avant, les repousse en arrière, puis, toujours par le même système d'écriture, la touche trace quatre phrases : une anglaise, une grecque, une allemande et une française.

Au cours de cette expérience, pendant que l'écriture s'entendait, je fis la remarque suivante. J'invitai M. A..., qui était à ma droite, à soulever sa main gauche, sous laquelle se trouvait ma droite ; tant que dura l'interruption du contact, je n'entendis plus rien, le crayon semblait rester immobile. Je priai A... de poser la main sur la manche de mon habit et l'ardoise demeura silencieuse. Je dis alors à A... d'appliquer sa main sur mon front et, au moment où ses doigts me touchèrent, j'entendis de nouveau le crayon se mouvoir. Répétée plusieurs fois, l'expérience donna des résultats identiques. »

Ce serait une preuve de la puissance du fluide humain, de sa nécessité même pour obtenir l'écriture spontanée, s'il fallait s'en tenir à ces expériences. Mais comme d'autres expériences ont démontré qu'on pouvait se passer de ces moyens et surtout qu'on avait affaire à des causes libres, par conséquent capables de varier leurs effets, eu égard aux circonstances et aux individus, ou sans égard pour les circonstances comme pour les individus, qui sait si ce n'est pas là une manœuvre de leur part pour donner le change aux expérimentateurs et les amener à imputer au fluide humain l'œuvre des puissances infernales ?

La répétition de la même expérience avec le même succès dans les mêmes circonstances, n'est-ce pas à première vue une preuve scientifique irrécusable que ces circonstances sont la véritable cause du phénomène ?

Cependant on peut s'étonner que les démons fassent l'injure à l'homme de lui croire la mémoire aussi légère : passe encore pour son esprit.

Ce serait à soupçonner que si le diable tient assez bien ses cartes pour en cacher le dessous, la lumière du simple bon sens, surtout du bon sens chrétien, se glissant entre elles et lui, peut nous les rendre perfois un peu transparentes. Mais le bandeau de la science est quelquefois plus épais que celui de la foi. Ce dernier n'est, après tout, qu'un voile, il n'aveugle pas, il protège les yeux.

Nous tenons qu'il ne s'agit, au fond, que d'un signe de participation à l'opération magique, demandé par l'esprit et accordé par l'homme. Et ce signe doit atteindre le corps humain, non les vêtements, qui ne sont pas l'homme. Ceci est dans la pratique la plus élémentaire de la magie. La participation collective à l'œuvre de sorcellerie, c'est la parodie infernale de la prière en commun et de la *communion des saints*, c'est la communion des adeptes de l'art occulte.

Les poètes, qui sont parfois *des philosophes plus concis*, je ne dis pas plus *précis*, car ils ramassent en un seul vers ou en un seul cri de l'âme ce que les logiciens distribuent en trois ou quatre propositions, les poètes peuvent nous servir ici de témoins et je trouve dans la *Ronde du Sabbat* de Victor Hugo une strophe qui vaut toute une théorie :

> Riant au saint lieu,
> D'une voix hardie
> Satan parodie
> Quelque psalmodie,
> Selon saint Mathieu.

> Et dans la chapelle
> Où son roi l'appelle
> Un démon épèle
> Le livre de Dieu !

Pour sa part, M. Paul Gibier n'a garde de donner dans le panneau qui lui est tendu, fort habilement, d'ailleurs : il n'admet ni ne rejette le précieux fluide, encore en faveur chez quelques attardés ; il s'en tient au fait, il s'en contente, et s'asseoit souriant au berceau de la Physiologie psychologique (je ne sais qui fut son parrain, mais ce sera une belle science quand elle sera grande !) il craint, enfin, « de nuire par une théorie prématurée au progrès du savoir. »

Nous approuvons ce scrupule.

Pourtant l'auteur l'a fait assez entendre, à ce qu'il nous parait, au début et jusque dans le titre de son livre : sa physiologie psychologique est vieille comme le fakirisme hindou dont les prestiges affaiblis ont beau passer du temple dans le laboratoire, ils n'ont jamais que les mêmes éléments. Or un germe ne donne que ce qu'il contient, même aux sorciers.

Qu'on la dénomme en sanscrit, en latin ou en grec, la pratique est la même. Qu'elle soit mise en œuvre par des savants ou par des ignorants, elle est la même. Qu'elle soit mêlée ou non de supercherie, elle est la même plus ou moins pure, comme le métal brut ou le métal passé par le creuset. Qu'elle soit menée prudemment ou étourdiment, elle est la même. Elle a les mêmes effets, les mêmes causes, partout et toujours et sous toutes ses formes, donc elle est toujours la même.

Fakirs, sorciers, spirites et savants, vous vous donnez la main, vous savez la même *force psychi-*

que. L'expérience vous l'a crié cent fois, vous ne l'écoutez pas, vous attendez qu'elle se déjuge. Et qui sommes-nous au prix d'un tel maître pour que vous nous écoutiez ? Mais nous parlons à d'autres et nous leur disons : curieux d'amusements, fuyez, curieux de science, prenez garde !

Qui legitis flores et humi nascentia fraga.
Frigidus, — fugite hinc, pueri ! latet anguis in herba !

CHAPITRE XI

INVIOLABILITÉ DES LOIS PHYSIQUES. — IMPUISSANCE DES CAUSES LIBRES CONTRE ELLES. — LE SABBAT. — L'ENVOUTEMENT. — LE PRESBYTÈRE DE CIDEVILLE. — LE FAUX ENVOUTEMENT MODERNE DE M. DE ROCHAS.

Dans tout le cours de ce travail, nous avons montré et nous montrerons encore les faits spirites soumis aux lois de la nature et passant sous leur niveau. Il n'est pas douteux que tous les faits de sorcellerie ne soient dans le même cas.

Il en est qui, au premier abord, paraissent en sortir. Tels sont les attentats mystérieux du berger de Cideville, constatés et punis par les tribunaux laïques de notre époque. Qui expliquera cet homme invisible et présent dans le mur du presbytère et blessé réellement par les coups de broche frappés

---

(1) Virgile :
Vous qui cueillez les fleurs et les fraises rampantes,
Un froid serpent, — fuyez, enfants ! — gît sous ces plantes.

contre ce mur, puisqu'il revient demander pardon de ses méfaits, avec sa blessure visible, indéniable ?

Tel encore le sabbat du Moyen-Age rapporté dans des procès de magie que non seulement Gœrres, dont la science, tout allemande, c'est-à-dire tout indigeste qu'elle se présente, ne fait doute pour personne, mais aussi le bibliophile Jacob, qui n'est point un clérical, ont dépouillé en grand nombre et qui contiennent sur cette orgie d'impiété et de luxure des détails imaginables.

Voici le jugement porté par le Bibliophile. Après avoir parlé des excès de la sorcellerie en Allemagne, il ajoute (1): « Les tribunaux français ont aussi prononcé des arrêts de mort pour le même cas, après de longs et minutieux interrogatoires dans lesquels les coupables, sans torture, mais de leur plein gré, donnaient le détail de leurs orgies sataniques connues sous le nom de sabbat. »

Certains détails des procès relevés par Gœrres nous font soupçonner que la matérialité du Sabbat des sorciers n'a pas toujours été prouvée et que les démons n'avaient peut-être pas la peine de les enlever dans les airs, avec ou sans leurs manches à balai, ce qui n'eût, d'ailleurs pas plus contrarié les lois de la pesanteur que le rat emporté par le milan.

Souvent les sorcières ont été vues, la nuit même où elles s'étaient vantées d'avoir assisté à cette fête satanique, pâles, livides, raides dans leurs lits glacés..., hystériques, sans doute, nous dit le docteur Regnard.

Si l'on comparait les imaginations bizarres des

---

(1) *Vie militaire et religieuse au Moyen-Age*

hystériques du docteur Regnard aux inventions des têtes envahies par l'ivresse sabbatique, on verrait aisément la différence de la maladie physique à la maladie démoniaque.

Le sabbat ne serait donc, dans ce cas-là, sans nier les cas plus étranges, car nous ne les avons pas encore étudiés, qu'un sommeil extra-naturel produit par les démons et par eux rempli d'hallucinations voluptueuses et criminelles au-delà de toute imagination, si féconde et si déréglée qu'elle puisse être. Et que pouvait être le résultat de pareils songes ? Le crime sous toutes ses formes, la volupté dans ses fantaisies les plus folles et les plus éhontées. Les démons avaient obtenu leur effet, et les humains, à défaut d'autres preuves, ne pouvaient guère douter, à ces suites funestes, que ces assassins, ces empoisonneurs, ces inventeurs de débauches à faire frémir, n'eussent, comme ils s'en confessaient eux-mêmes, *rôti le balai*, expression prosaïque du grand siècle, que notre V. Hugo traduit par ce vers classique :

    Volant sur le bouleau qui siffle dans les airs

Et c'était parfaitement vrai : il y avait eu un fait réel et démoniaque qui devait en toute justice être qualifié crime au premier chef, il n'est pas insensé de juger de l'arbre par les fruits.

Comme le Vieux de la Montagne, après les avoir énivrés d'haschisch, envoyait ses haschischims (1), ayant rêvé tout ce qu'on peut rêver, désormais

---

(1) Pluriel sémitique, comme c'est un pluriel latin, espagnol, portugais, français et même anglais, ce peuple britannique, bigarré d'origines, ayant une langue à son image : germanico-celtique au fond, française et latine par dessus.

prêts à tout faire, ainsi le vieux de l'abîme envoie les siens.

Le sabbat était donc la recrudescence avec délire d'une fièvre de possession démoniaque habituelle et volontaire, par conséquent criminelle, embrassée avec fureur par des sectes nombreuses qui infectèrent l'Europe et surtout la mystique Allemagne et qui, en faisant profession de se donner au diable et de le servir à tout prix à charge de réciprocité, comme le prouvent surabondamment les procès, privaient déjà la patrie d'autant de citoyens qu'ils en inscrivaient sur les rôles de l'infernale armée. Les procès nous font voir, non seulement des femmes assistant au sabbat, mais des mères y conduisant leurs enfants. Ce n'est pas ici le lieu de commenter ce détail.

Il serait trop triste, en vérité, ou plutôt trop absurde de penser que l'Europe tout entière, pendant plus de dix siècles, se serait conjurée pour persécuter des innocents, de pauvres hystériques, victimes de l'ignorance et de la cruauté de ceux qui personifiaient précisément et la science avec la vertu d'une part, et la justice de l'autre. Il faut juger plus équitablement les hommes et croire qu'aucun temps n'eut le privilège d'une méchanceté aussi gratuite unie à une bêtise aussi complète. Ce serait le cas de citer à nos libres-penseurs un auteur libre-diseur qu'ils aiment et de leur dire avec Rabelais : « Je voudroys bien sçavoir comme quoy on peut logiquement inférer que le monde par cy devant estoit fat, asteure serait devenu sage... »

Non, hors de l'Afrique sauvage et frappée d'une indéniable malédiction dont nous voyons encore la trace et dont l'humanité, la religion surtout, cherchent ensemble à conjurer les terribles effets, hors de cette terre classique des démons, il n'y a pas de lieu au monde où placer l'histoire du Moyen-Age, telle que la haine du catholicisme l'a dictée à plus d'un de nos contemporains.

Cette notion du sabbat sous une de ses formes qui ne dément point ses autres modes de célébration, nous montre bien dans la magie une chose réelle comme pratique et fausse comme science; vraie et trop vraie dans beaucoup de ses méfaits, mais fausse dans la plupart de ses prétentions; leurre de l'éternel menteur et de l'éternel avare qui donne peu, promet beaucoup, demande plus encore, et tandis qu'on lui donne et qu'on se donne à lui en détail, ne dit jamais : *c'est assez*, parce qu'il n'a pas encore toute sa proie.

Les aveux des sorciers, recueillis par les tribunaux, véritables *mémoires du diable*, seraient certainement une longue histoire de mystifications d'origine extra naturelle infligées aux adeptes, et et non point de bonnes fortunes, de triomphes politiques, de richesses immenses obtenues à l'aide de leur art. Ce sont eux qui ont pû donner lieu au proverbe vulgaire : *loger le diable en sa bourse*.

On trouverait peut-être encore dans ce dossier la preuve de crimes étranges, commis à distance au moyen de l'envoutement, si célèbre au moyen âge. On sait qu'une figure de cire représentant l'ennemi visé recevait jour par jour les coups qui devaient atteindre en son corps la véritable victime vouée à une mort cruelle. Mais vrai ou non, l'envoutement n'atteindrait en rien les lois physiques, la victime étant touchée, non par le bras de l'assassin agissant à distance, mais par le pouvoir meurtrier du démon, laissé libre par la Providence, comme la main d'un brigand vulgaire, et obéissant, parce qu'il le veut bien, au signal donné par son complice.

Pour ce qui est des faits du presbytère de Cideville, ceux-ci semblent à première vue se jouer de la physique, mais il est bon d'y regarder à deux fois. Encore, dès qu'il s'agit des démons, n'est-on jamais certain d'y voir assez clair. Leur action se prouve surabondamment, mais elle ne s'explique jamais qu'à demi. On n'est même pas sûr de posséder toujours la petite moitié de la science : les faits sans les causes. Autant la nature est vraie et constante, toute subtile et retorse que Bacon la juge, autant elle avoue franchement ses manières de faire en les répétant sous nos yeux à découvert, autant la force libre et perverse qui produit les manifestations magiques cache ses procédés.

On dit que les esprits *esprits frappeurs* et ceux qui les incarnent peuvent être atteints par des coups de pointes frappant dans les murs où ils se trouvent. On en fait même une sorte de loi physique en la matière. Nous ne voyons pas ce qu'un coup matériel peut faire à des esprits, nous sommes, au contraire, convaincu qu'il ne leur fait absolument rien. Nous n'admettons pas davantage qu'un corps non glorifié puisse pénétrer un mur et nous dénions aux démons la puissance de glorifier un corps mortel. Là où agissent les démons, je flaire le mensonge, mais sans pouvoir, hélas ! toujours mettre la main dessus. Il est là, dans une assertion ou dans une autre, on ne sait pas toujours laquelle, mais il est là, quelque part, ils ne vont pas sans lui, car il est de leur être.

Toutes les communications citées par M. P. Gibier ne sont composées que de ces étranges amalgames.

Aussi comprenons-nous très bien les sorcières de Shakespeare qui chantent en agitant dans la chaudière magique leurs horribles et ridicules ingrédiens :

> Mêlez, mêlez, mêlez, esprits,
> Qui savez faire les mélanges.

Or que déduire ou qu'induire d'assertions en partie vraies, en partie fausses ? Car c'est là le mieux qu'on puisse espérer.

Ils font semblant : c'est là tout leur système. Comme le Satan du conte fantastique, couvrant sa nappe de vaisselle d'or vide et faisant asseoir à sa table son nouveau serviteur, ils ne nous servent que des apparences. Qu'ils se feignent blessés qu'ils blessent véritablement leurs compères, pour nous faire accroire quelque invention qui nous donne le change sur les véritables moyens à employer contre eux, il n'y a rien là que de vraisemblable. N'a-t-on pas vu des hommes se blesser eux-mêmes, comme Pisistrate, par une ruse d'ambition ? Et Zopyre, si l'on en croit Hérodote, par une feinte absurdement héroïque, s'inflige d'horribles mutilations, puis pénètre comme un transfuge dans la ville assiégée en vain par Darius, se disant ainsi traité par le roi de Perse, il se montre altéré de vengeance, on lui offre aussitôt le commandement et il s'empresse de livrer la ville à son maître.

Le *Cosmos* nous racontait récemment qu'un savant, le lieutenant-colonel de Rochas, venait de renouveler dans certaines conditions nettement définies et dans une mesure restreinte, l'envoûtement du Moyen-Age.

Cette opération, comme on sait, consistait essentiellement à enfoncer des aiguilles dans le simulâcre d'une personne à qui on en voulait, pour produire sur elle-même tous les effets indiqués par ces piqûres symboliques, accompagnées de formules d'incantation. Cela réussissait quelquefois, nous disent les historiens les plus sérieux.

La pratique de M. de Rochas n'a rien de cabalistique, elle ressemble à celle de nos docteurs dans leurs hôpitaux. Elle est, par conséquent, moins nouvelle que ne le voudrait le *Cosmos*.

Il prend un sujet rendu capable, par un long entraînement, des états les plus profonds de l'hypnose et lui ordonna d'*extérioriser* sa sensibilité.

Il paraîtrait que dans l'hypnose profonde, la sensibilité sort du sujet pour se fixer dans une couche qui est à quelques centimètres de lui. Plus l'hypnose est profonde, plus la couche ou pour mieux dire les couches s'éloignent par vibrations commes les ondes sonores. Dans cet état le sujet a le pouvoir d'*exteriortser* sa sensibilité et de la fixer sur une matière réceptrice quelconque : l'eau et la cire semblent jusqu'ici les meilleures matières réceptrices.

S'il fixe sa sensibilité sur une plaque et que l'expérimentateur fasse ensuite sur cette plaque la photographie du sujet, tous les coups portés sur la photographie passent avec leurs impressions sur le corps du sujet, insensible quand on le touche directement. Par exemple, M. de Rochas a fait une écorchure à la main de la photographie, l'excoriation a aussitôt paru au même endroit de la main du sujet qui s'est évanoui. S'il eût percé le cœur du portrait, nul doute, dit le *Cosmos*, que le pauvre original ne fût trépassé.

Le *Cosmos* voit là une ressemblance avec l'envoutement des temps anciens, mais repousse avec raison l'idée d'assimiler complètement l'expérience de cabinet instituée dans des conditions nettement définies et opérée sur un sujet de bonne volonté au fameux sortilège si souvent puni par les Chambres ardentes, au seizième et au dix-septième siècle.

Le *Cosmos* a raison: la différence est profonde, irréductible entre ces victimes volontaires et ces autres victimes involontaires, souvent inconscientes. Dans le premier cas, l'illusion du sujet peut avoir sa large part. Dans l'autre, tout le mal éprouvé vient d'une origine tout étrangère, outre qu'il n'est peut-être pas même prévu ni redouté. Si l'envoutement du moyen âge est extranaturel, l'envoutement moderne qu'on a prétendu constater serait absurde et par conséquent ne peut pas être. Il serait absurde de prétendre réellement faire sortir la sensibilité d'un homme pour la localiser dans un objet inanimé et pour la faire retentir de là dans le sujet qu'on vient d'en dépouiller.

En effet, qu'est-ce que cette sensibilité qu'on extériorise ?

La sensibilité ! mais la forme de son nom le dit: c'est une simple qualité : elle n'existe pas en dehors de l'être sensible. Elle n'est pas une matière quelconque visible ou invisible ; elle n'est pas même une action comme le regard, elle n'est qu'une aptitude à éprouver la sensation.

S'il est permis à l'*Amour forgeron* de V. Hugo de *forger un regard qu'il a pris à Stella*, il est défendu au savant de soutirer la sensation, et la sensation qui n'est pas encore ! pour la fixer sur une plaque *sensible* comme Franklin *soutire* un éclair véritable et comme Daguerre fixe une ombre réelle.

Quand il s'agit de transporter ce qui n'est pas,

qu'importe la matière réceptrice ? Pour peu que l'imagination du sujet *entraîné* s'y prête, il n'y a rien qui ne puisse remplacer l'eau ou la cire :

> Mettez une pierre à la place,
> Elle vous vaudra tout autant.

La sensibilité et la sensation ne sont donc point ailleurs que dans celui qui peut sentir ou qui sent actuellement.

Mais la sensibilité, dans l'homme, a deux termes, deux points accessibles aux influences du dehors : les sens et l'imagination. Quelque part que vous la placiez fictivement, elle est là, et c'est là seulement que vous l'excitez.

Dans l'opération dont il s'agit maintenant, qui ne voit que les sens ne sont pas le point touché ?

Vous n'atteignez point cette couche extérieure d'un fluide quelconque, gratuitement supposé, et dont il faudrait nous démontrer l'existence, puisque c'est là une nouveauté en physiologie et en psychologie et que nous sommes en possession avec les vieux maîtres ; vous atteignez semi-spirituellement, semi-physiquement, une faculté semi-physique, semi-spirituelle, l'imagination, collectrice des impressions qu'elle conserve et subtilise.

Mais ce qu'on nomme plus qu'improprement extériorisation de la sensibilité ne pourrait-il être, à la rigueur, l'extériorisation du fluide invisible, impondérable, impalpable, impossible à constater, qui serait le principe de la sensation, ce sans quoi la sensation n'existerait pas ? — Mais alors ce fluide séparé des sens n'aurait plus son effet sur les sens : ôtée la cause, ôté l'effet.

Le *Cosmos* ne nous dit point clairement, d'ailleurs, si les couches vagues dont M. de Rochas entoure le corps humain, sont la sensibilité même, ou la première matière réceptrice de la sensibilité : ce dernier sens paraît plus conforme aux termes employés par la feuille savante.

Mais si ces couches vibrantes existent, comment ne peut-on les mettre en branle sans l'autorisation du propriétaire, qui seul peut se déposséder ? Quelle bizarre théorie ! Et jusqu'où peut s'écarter cette atmosphère mystérieuse du corps humain ? A deux pas ? A cent lieues ? Il serait intéressant de l'apprendre, j'entends au point de vue de l'envoutement. En attendant, il est bien permis de ne pas y croire : l'expérience ne la prouve pas, c'est elle qu'on imagine pour prouver la valeur scientifique et la réalité de l'expérience. Véritable tache de naissance, il le faut avouer.

Voilà donc le bout de la chaîne par où vous tenez et faites mouvoir votre malade *entraîné* : sa propre fantaisie ; car je ne parle pas encore de la vôtre.

Usant de votre autorité naturelle et acquise, fortement soutenue d'un appareil fait pour en imposer à l'imagination passive, et tenir, comme parle Pascal, *la machine en respect*, vous lui faites prendre aisément une *impression* pour une *sensation*. Or, une impression, même purement imaginaire, vaut pour celui qui l'éprouve la sensation la plus réelle.

Et que faites-vous encore avec cet attirail tant soit peu forain, avec votre matière réceptrice, sorte d'alambic rudimentaire pour l'abstraction des quintessences immatérielles, avec votre chambre noire à photographier, non les *attitudes* humaines, mais les *aptitudes* ?

Comme celui qui s'enivre en voulant griser les autres, ou comme le médecin qui se chloroformise en mettant le mouchoir sous le nez de son client, voilà que vous devenez victime de vos propres suggestions. Vous croyez fermement avant le sujet tout ce que vous vous voulez lui faire accroire. Ailleurs, c'est la foi qui sauve, ici c'est la foi qui perd.

Quant aux stigmates du sujet correspondant à ceux de la photographie, ce sont effets pathologiques de l'imagination surexcitée, effets sans doute inexplicables et qu'on n'a jamais vus se produire dans l'organisation purement sensitive des animaux, mais effets constatés parfois chez les humains par les médecins les plus sérieux, et imputables, croyons-nous, tantôt à la nature humaine, tantôt à d'autres causes.

Car, comme il y a trois espèces d'extases, il y a aussi trois espèces de stigmatisation : la première naturelle et physiologique ; la seconde extra naturelle et démoniaque ; la troisième surnaturelle et divine.

On peut risquer du moins une demi-explication du stigmate physiologique ou plutôt pathologique. Il se pourrait, en ce cas singulier, que dans notre machine vivante, comme la lésion matérielle produit la sensation douloureuse, la sensation surexcitée à un point extrême produisît inversement la lésion matérielle : telle une série de mouvements associés dans un système mécanique se réveilleraient l'un l'autre, de quelque côté qu'on donnât le branle (1). Mais ceci ne serait qu'une lueur bien

---

(1) Les associations d'idées, de souvenirs, d'imaginations, d'impressions, sont un registre qui se déroule souvent à rebours : le chien crie avant qu'on le frappe, l'impression a précédé la sensation qu'elle avait autrefois suivie. Je ne prétends point que de là à cet autre renversement la pente soit douce ; mais qui connaît toutes les pentes de la nature ? Qui peut affirmer qu'elle n'ait aucun saut et qu'il n'y ait pas quelquefois de brusques harmonies ?

légère flottant sur une forêt que couvre la nuit et où l'esprit errant, comme un voyageur aventureux, s'enivre de l'obscurité même.

Nous croyons bien que l'auteur de l'expérience est très intelligent et l'idée même de l'expérience le prouve. Mais l'intelligence ne fut jamais, comme le *Cosmos* l'articule par mégarde, un brevet d'infaillibilité. Non, nul n'est trop intelligent pour se laisser tromper ; c'est assez qu'on soit trop honnête pour tromper les autres. Il y a des dupes sublimes, dupes d'elles-mêmes ou d'autrui. Nous sommes persuadé qu'il n'a pu vouloir tromper les autres, mais nous sommes également convaincu qu'il a bien pu se tromper lui-même et qu'il s'est trompé en effet, non dans la vue des choses, mais dans leur interprétation. C'est précisément à quoi sert l'intelligence quand elle s'attache et se boucle, pour ainsi dire, à l'imagination comme à un guide. Ceux qui ne se trompent jamais sont ceux qui ne pensent point.

Nous ne prétendons pas, d'ailleurs, opposer ici théorie à théorie, explication à explication, mais seulement établir que l'extériorisation de la sensibilité, contradictoire en théorie, est impossible, par conséquent, dans la pratique, tandis que la suggestion et l'auto-suggestion qui jouent ici les premiers rôles, suffisant, quand elles atteignent un certain degré de force, à produire dans le sujet des sensations ou des impressions et même des lésions matérielles, comme les faits l'ont parfois démontré, rendent, en l'espèce, toute autre hypothèse faible en comparaison.

Il n'y a donc qu'un rapport de surface entre l'envoutement magique et l'envoutement moderne. Celui-ci ne serait, s'il pouvait être, qu'une opération physique ; l'autre n'est que le symbole d'un *vœu contre quelqu'un*, vœu exprimé dans la formule cabalistique à chaque implantation d'aiguille, vœu parfois exaucé, mais toujours inefficace en lui-même, comme son symbole, *involamentum*.

CHAPITRE XII

SUITE ET FIN DES EXPÉRIENCES AVEC SLADE. — NOMBRE DE FAITS SEMBLABLES AUX FAITS SPIRITES PRODUITS SPONTANÉMENT ET SANS MÉDIUM.

Dans la cinquième expérience, le crayon trace deux barres parrallèles et, sur la demande des expérimentateurs, en tire une troisième.

Dans la sixième, il écrit : *The truth will outshine error*. « La vérité éclipsera l'erreur. »

Oracle ambigu, digne du trépied pythique et assurément intaillible.

Voici l'expérience VII, effectuée le 27 mai 1886, à neuf heures du soir :

« Prenant une de mes ardoises bien lavée sur les deux faces, je demande à Slade s'il pourra obtenir un mot que j'écrirai sans qu'il en ait connaissance. Sur sa réponse affirmative, j'écris sur mon ardoise, *me tenant complètement à l'abri* de la vue de Slade, le nom de mon fils Louis et, en rasant la table, je passe l'ardoise à Slade qui, sans la regarder, la glisse sous le bord de la table, de manière à la laisser visible dans une partie de son étendue; par conséquent nous voyions tous la main droite de Slade ; sa gauche était avec les nôtres sur la table. Dix secondes ne s'étaient pas écoulées que l'ardoise m'était rendue avec la mention : *Louis is not here*, « Louis n'est pas ici, » ce qui était vrai, écrite du côté opposé où j'avais moi-même tracé le mot *Louis*.

« Précédemment j'avais essayé d'obtenir un nom auquel je pensais, mais la réponse ne fut pas tout à fait exacte, dans ce sens qu'il me fut donné le nom d'une personne à laquelle j'avais songé une partie de la journée, mais au moment où je formulais la demande, je pensais à une autre personne.

« M. l'ingénieur Tremeschini a été plus heureux que moi sous ce rapport. Voici, en effet, ce que cet honorable savant raconte dans une lettre écrite à un journal *spiritualiste* (1) : M. Slade m'ayant invité à tracer sur une ardoise qu'il me présenta une demande quelconque, j'inscrivis ces mots : « Le nom de la personne à laquelle je pense en ce moment. » M. Slade ayant repris l'ardoise la plaça sur le bord de la table qui était de mon côté et l'en retira après trois secondes. Je constatai avec la personne qui était, comme moi, présente à la séance, que le mot *Vechy* était écrit en toutes lettres sur l'ardoise à la suite de ma question. Ce nom était bien celui de l'ami auquel je pensais et que j'avais perdu depuis dix ans.

« M. Tremeschini m'a raconté lui-même le fait qui précède : il est matérialiste à la manière de Gaotômo.»

Gautama, disons-le par parenthèse, le plus grand des Bouddhas de l'Hindoustan, bien que sa religion

---

(1) Ce mot fait équivoque et l'ancien sens doit rester seul en possession

n'y ait plus guère de place (1), tient que tout ce qui existe y compris Brahma lui-même n'est qu'une seule *matière* ou *substance* (le mot vague des Hindous flotte entre ces deux choses), mais que ce grand tout n'est proprement qu'un néant.

De ce prétendu matérialisme du Bouddha est sorti le nihilisme mystique des Bouddhistes ; de là aussi est descendu par l'escalier rapide de la logique le nihilisme philosophique de plus en plus profond de Hégel, Fichte et Schelling, dont voici le dernier mot :

Il n'y a rien, rien, rien, puisque 1° Toute idée est vraie (thèse). 2° La même idée est fausse (antithèse). 3° Sa fausseté et sa vérité sont indentiques, (synthèse).

Cela dit, revenons à notre thèse, laquelle est dans notre opinion, sans antithèse.

Premier fait raconté : c'est l'esprit qui lit le papier du docteur, puisque Slade n'en connaît rien d'avance.

Second fait : l'esprit, conjecturant, devine un nom pensé que dénonce une circonstance ou étrangère à l'attention de l'interrogateur ou indifférente à notre conception obtuse.

Mais une autre pensée du docteur, n'étant trahie par aucun indice, reste inconnue à l'esprit.

Il ne peut voir, en effet, la pensée en elle-même et par le simple fait de sa présence à notre intérieur : elle ne lui est présente que lorsqu'elle est exprimée ou trahie par son maître : en l'exprimant, il transfère son domaine sur elle ; en la trahissant, il le laisse voler.

---

(1) C'est dans l'Indo-Chine, le Thibet, la Chine, etc. que, sous des formes variées, le Bouddhisme a prévalu : nous ne parlons point de l'Europe.

Dans la troisième pensée, proposée comme une énigme à l'esprit, cette condition *sine qua non*, la cession, volontaire ou non, a dû exister, soit par le désir secret d'être deviné, soit par le mouvement machinal des lèvres ou des doigts ou tel autre mouvement tout intérieur correspondant à la pensée actuelle. Ou bien alors, l'esprit a deviné le nom de l'ami par le moyen de sa connaissance antérieure des relations de M. Tremeschini et de ses regrets qui rendaient son ami présent habituellement à sa pensée :

« Mon père ! s'écrie Hamlet, il me semble que je vois mon père ! — Où donc Seigneur ? — Dans ma pensée, Horatio ».

Slade, riche de son expérience, sait parfaitement que l'esprit a connaissance du nom écrit et il ne doute pas d'annoncer à coup sûr le phénomène. Pour la divination d'un nom simplement pensé, il ne promet rien.

Il sait plus ou moins explicitement, mais sûrement, que pour l'intuition spirituelle de l'ange, nul objet matériel ne saurait être un voile, même léger : le voile impénétrable, c'est notre volonté formelle, effective, opposée à sa curiosité que favorise la nôtre.

L'expérience VIII à laquelle l'auteur semble attacher une importance exceptionnelle se passa comme il suit ;

« 30 juin 1886. J'ai fait aujourd'hui, à 5 heures, chez Slade, une observation plus curieuse que les autres, dans ce sens que le phénomène de l'écriture s'est produit dans deux ardoises m'appartenant *et auxquelles Slade n'a pas touché.*

« J'avais apporté plusieurs ardoises, deux entre autres, enveloppées dans du papier, ficelées ensemble, cachetées et vissées. Je désirais obtenir de l'écriture dans ces ardoises et je demandai à Slade si c'était possible. — « Je ne sais pas, me répondit-il, je vais demander. » Je proposai alors d'avoir une réponse dans deux ardoises neuves que j'avais apportées dans une serviette, ce qui me fut accordé.

« Dans une séance antérieure, un visiteur est venu chez Slade et a obtenu, m'a-t-on dit, de l'écriture dans deux ardoises qu'il tenait sous ses pieds. J'ai demandé et obtenu la permission, après avoir mis la petite touche traditionnelle entre elles deux, de m'asseoir sur mes ardoises. Les ayant donc posées sur ma chaise, je m'assis dessus et ne les quittai de la main que lorsque tout le poids de mon corps porta sur elles. Je plaçai alors mes mains sur la table avec celles de Slade et je sentis et entendis alors très nettement que de l'écriture se traçait sur l'ardoise avec laquelle j'étais en contact.

« Quand ce fut fini, je retirai moi-même mes deux ardoises et je lus les douze mots suivants, fort mal écrits du reste, mais enfin, écrits et lisibles, quand même : « Les ardoises sont difficiles à influencer ; nous ferons ce que nous pourrons. »

« Slade n'avait pas touché ces ardoises : je ne pus en obtenir davantage. »

Il y avait sans doute dans la position de l'ardoise trop serrée une condition intrinsèque de difficulté pour écrire, le crayon s'écrasant naturellement et l'esprit ne pouvant rien contre les lois physiques. Il peut, en effet, en user et même en abuser, mais les neutraliser, point.

C'est ce que voudrait dire : « Le crayon est difficile à influencer. »

L'expérience IX, assez semblable aux précédentes, montre que « la *force psychique* de Slade, loin d'être permanente, est sujette à de nombreuses variations. »

Autant dire qu'elle n'est pas à lui, car c'est la vérité.

Slade parle aussi d'un fort *courant* dans son bras, quand l'ardoise écrit sous son attouchement. D'un pareil fait vint jadis peut-être l'idée du fluide magnétique. Il peut indiquer ici que la force de la cause libre, au lieu d'agir directement, se sert quelquefois, comme moyen, de la matière, soit visible, soit invisible, si souple et si variable par sa nature même sans cesse modifiée et comme *indifférente à toute forme*, selon le terme de l'école. L'air contient évidemment toute la mécanique des démons, comme toute leur physique et toute leur chimie. Aussi sont-ils appelés dans saint Paul *esprits* ou *puissances de l'air*.

Au cours de l'expérience X, 2 septembre 1886, à 9 heures du soir, le docteur prie Slade de provoquer le courant d'air froid et sent aussitôt l'impression qu'on éprouve en entrant l'été dans une glacière.

L'auteur continue :

« 6° Je demande à Slade qui est juste en face de moi de me faire passer l'ardoise qu'il tient. Slade place cette ardoise sous le bord de la table, mais sans faire disparaître complètement sa main ; je sens un courant d'air froid, je le fais remarquer tout haut ; chacun de nous a les yeux sur les mains de Slade et sur ses jambes qu'il tient hors de la table. Pendant qu'on croit encore l'ardoise dans sa main, je la sens doucement poser dans la mienne qui est à moitié engagée sous la table. Slade n'a fait aucun mouvement. Il dit seulement avoir senti *qu'on lui tirait l'ardoise*. Je déclare que je ne suis pour rien dans cette traction. La distance séparant ma main de celle de Slade était de 90 centimètres.

« Le même fait se renouvelle pour M. l'ingénieur M... et le docteur C... »

L'esprit qui avait dit poliment *bonsoir à tous* (good evening at all) trace sur l'ardoise pour dernier mot : *good bye*, adieu.

C'est dans cette dixième expérience qu'est obtenue la réponse suivante écrite en spirale et dont M. Gibier donne la photographie : (il s'agit toujours, on le voit, des ardoises scellées).

« My friends, There is something about your enclosed slates that prevents us from using them, but what you had already (mein theuer Herr) recceived be the proof of our presence and power to write. I am William Clark. »

« Mes amis, il y a quelque chose autour de vos ardoises scellées qui nous empêche de les utiliser. Que ce que vous avez déjà (mon cher Monsieur) obtenu soit la preuve de notre présence et de notre pouvoir d'écrire. Je suis William Clark.

M. Paul Gibier avait demandé l'intercalation d'une expression allemande dans la phrase anglaise : *mein theuer Herr* répond à cette demande.

Cette phrase n'est point pour nous sans valeur : c'est donc toujours la difficulté intrinsèque, la loi physique heurtant et renversant le pouvoir naturel de la créature forte et intelligente.

On remarquera en passant que cet esprit de Slade est fort bien élevé. Ils ne sont pas toujours si polis. Il est vrai que Slade lui parle toujours très civilement, sans affectation, sans *embarras*. C'est vraiment un sorcier de bonne compagnie, mais c'est surtout un maître sorcier, vraiment. Ses compagnons d'expériences, malgré toute leur science supérieure à la sienne, ne sont auprès de lui que des *apprentifs*.

Les dernières expériences, d'ailleurs, ne dépassent point les autres. Voilà sans doute une nouvelle manière d'expliquer l'écriture : le courant d'air froid. Mais cela ne fait qu'ajouter à l'embarras de la science. Il n'est pas plus difficile aux esprits d'écrire directement entre deux ardoises que de produire des courants d'air froid pour faire aller la presse invisible, ni de transporter des objets matériels que de tromper les hommes par des suggestions toutes spirituelles. Ces génies universels autant que transcendants passent sans effort de la politique infernale à la causerie de salon et de la magie noire à la physique amusante.

Cependant ne peut-on se demander avec quelque émotion : Qui s'amuse le mieux ici ?

Montaigne, avec son scepticisme incorrigible, parce que c'était un scepticisme de caractère et non de doctrine, Montaigne doutait si sa chatte « ne se jouait pas plus à lui que lui à elle. » Les tigres infernaux, même lorsqu'ils font les chats et se laissent caresser, se jouent toujours plus à nous que nous à eux.

Ils s'y jouent même souvent sans la moindre provocation. La preuve nous en tombe encore à l'instant sous la main et, contre nos habitudes, nous ne résistons pas à l'envie de citer un simple *faits divers* où les puissances de l'air ont réuni spontanément quelques-unes des expériences de nos docteurs. Ce récit a paru dans les journaux de Paris en janvier 1892.

UNE MAISON HANTÉE. — De temps en temps on signale dans Paris une maison hantée par les esprits. Dernièrement c'était une maison du boulevard Voltaire qui servait de théâtre aux exploits des forces invisibles, aujourd'hui c'est un immeuble situé, 38, rue Ducouëdic, dans le 14ᵉ arrondissement, à proximité de l'avenue d'Orléans.

Dans cette maison demeure, depuis 10 ans, au rez-de-chaussée et au fond d'une cour étroite, Mme veuve Boll, née au mois de décembre 1813, à Nancy ; elle est donc entrée dans sa soixante-dix-neuvième année. Malgré son grand âge, cette femme est très alerte, elle parle avec une grande netteté et paraît jouir de la plénitude de ses facultés.

Le logement qu'elle habite avec un jeune garçon âgé de 13 ans et une jeune fille âgée de 14 ans, orphelins qu'elle a recueillis, se compose de 2 chambres. On accède dans la première pièce en descendant une marche ; la seconde pièce communique avec la précédente; c'est dans ces deux chambres que se seraient passés les phénomènes que conte Mme Boll.

« Dimanche soir, à onze heures, dit-elle, les enfants et moi nous dormions profondément, lorsque nous fûmes réveillés par un vacarme indescriptible et des craquements qui se produisaient dans les meubles. Je me levai immédiatement et j'allumai une lumière. Les enfants et moi nous vîmes alors que les chaises et deux tables s'étaient renversées; qu'un pot à eau, qu'une forte cuvette contenant des oranges, que des verres placés sur une commode, des vitres recouvrant des chromo-lithographies pendues sur les murs étaient brisés.

« Au moment où j'entrai dans la pièce où couche le petit garçon, je vis très distinctement un bol placé sur une table s'enlever et venir se briser au milieu de la pièce, après avoir décrit un arc de cercle. La marche sur laquelle on passe pour entrer dans la première chambre est formée d'une seule planche; dans la cavité qui se trouve au-dessous était un vase de nuit. Ce vase s'élança tout à coup de l'endroit où il se trouvait, monta sur la marche, s'y vida, fut projeté près du lit et s'y brisa.

« Affolés, les enfants et moi nous appelâmes au secours. Deux voisins MM. Berthe-Muller et Guener, accoururent aussitôt; malgré nos efforts nous ne pouvions parvenir à ouvrir la porte. M. Berthe-Muller entra par la croisée de la seconde pièce et put alors nous désemprisonner.

« Les phénomènes ayant alors cessé, ces messieurs crurent, malgré les débris de verre et de porcelaine qui couvraient le parquet, que j'avais été l'objet d'une hallucination. Mais bientôt, devant ces messieurs, les cadres des tableaux pendus aux murs se brisèrent, les vitres éclatèrent sans que rien eût pu provoquer leur chute.

« Au bout de quelques instants tout rentra dans l'ordre. Nous nous recouchâmes. Vers trois heures du matin, mon fils adoptif est réveillé par un bruit de vitre brisée. C'est une des boules qui ornent son lit en fer qui a été dévissée et qui, lancée avec une grande force passe au travers du carreau et va tomber dans la cour. Au moment où, levée de nouveau, j'entre dans la pièce où cela venait de se passer, une lourde armoire pleine de vaisselle et d'ustensiles de cuisine est précipitée à terre et brisée ainsi que son contenu.

« Tenez, nous dit Mme Boll, voilà un médaillon en plâtre recouvert d'une couche de peinture brune: c'est le portrait de mon fils, qui a été tué à Gravelotte. Samedi, ce médaillon était intact. Voyez dans quel état il se trouve. Une raie, qu'on dirait tracée avec un couteau, a enlevé la peinture et a suivi le contour de la tête.

« Bref, depuis dimanche soir, chaque nuit et même dans le jour, il se produit de nouveaux phénomènes: tantôt c'est un meuble qui se renverse ou un vase qui se brise. Depuis ce jour, il m'a été impossible d'allumer du feu, car mon charbon s'éteint dès qu'il est allumé. Pendant que ces phénomènes extraordinaires s'accomplissent, il me semble que du sable glisse le long des murs. »

M. Percha, commissaire de police du quartier, a constaté les dégâts faits chez la veuve Boll, mais il n'a été témoin d'aucun phénomène. Il a constaté, voilà tout, sans pouvoir établir la cause de ce qui s'était passé chez cette dame. Pendant un moment, il a cru à la folie de Mme Boll, mais devant les affirmations de deux témoins, MM. Berthe-Muller et Guener, qui ont déclaré avoir vu, de leurs yeux vu, des tableaux se briser en leur présence sans qu'aucun coup leur ait été donné, il ne sait que penser.

Des faits pareils ôtent tout prétexte à la théorie des forces psychiques ou animiques présentées comme agent des phénomènes spirites; ils prouvent que les esprits obéissent aux humains quand il leur plaît à eux-mêmes et se passent aisément de nous pour faire, comme on dit, *des leurs*, et non pas *des nôtres*.

Cette maison hantée est devenue la propriété d'un groupe de spirites qui, connaissant le caractère fantasque des esprits, se hâtent de mettre à profit leurs bonnes dispositions.

Tout récemment encore, en décembre 1892, voici que des faits du même genre se passaient rue de la Sourdière n° 20, au deuxième étage (1). Tous les voisins de l'appartement hanté purent être en pleine nuit témoins des faits. M. le commissaire de La Lande y perdit son latin, et pour recommencer l'enquête, la préfecture de police a nommé.... un architecte.

Celui-ci dira pourquoi les habitants du second étage, et même ceux de toute la maison, sont épargnés par les causes malignes qui font sentir leurs effets dans un seul appartement.

CHAPITRE XIII

DOUBLE CRITERIUM DES FORCES NATURELLES ET DES FORCES EXTRA NATURELLES.

Très évidemment, le procédé de Slade n'a rien de physique ni de mécanique. Il s'adresse à un

---

(1) LES ESPRITS DE LA RUE DE LA SOURDIÈRE. — *Paris, 4 décembre.* — Depuis quelques jours, des faits extraordinaires se passent dans un appartement du deuxième étage de la maison située rue de la Sourdière n° 10 (premier arrondissement). On dit ce local hanté par les mauvais esprits, on y entend un vacarme épouvantable.

Tout à coup, sans cause apparente, les casseroles accrochées au mur s'agitent, les rayons sur lesquels sont posés les ustensiles de ménage se détachent ; un crucifix suspendu à la muraille a été avant-hier projeté par une force inconnue dans un vitrail. Des clous enfoncés de plusieurs centimètres dans les murs ont été arrachés, un petit buffet rempli de porcelaines s'est par deux fois éloigné du mur.

A l'annonce de ces premiers phénomènes, bien des locataires et des voisins étaient incrédules. La nuit dernière, à minuit les malheureux locataires de l'appartement hanté, compère invisible comme je parlerais à un de mes semblables.

Je commande ou je prie et l'on obéit si l'on veut. Agirons-nous de la sorte avec les forces brutes qui nous sont subordonnées

Ou par droit de conquête ou par droit de naissance ?

Je dis à mon cheval : *Allez* ! et il se met au trot, machinalement, sans être une pure machine, puisqu'il a en soi le principe de sa vie toute sensitive. Son oreille a perçu ce bruit qu'elle connaît, son imagination l'associe par l'habitude à l'instinct qu'il a d'autres fois excité, il obéit à cette double sensation, et il trotte.

Mais je ne dis point à l'électricité menaçante qui se traduit en foudre au-dessus de ma tête : « Ne tombe pas ici, tombe là, épargne ma maison, va te perdre sous la terre ou dans l'eau. » La foudre serait sourde à ma prière comme à mon commandement.

Non, je lui oppose la pointe d'acier qui l'appelle à sa manière et la chaîne qui la conduit sous la terre ou dans l'eau où elle se dissipe, sans qu'elle ait eu ni à obéir ni à refuser.

On ne prie pas davantage l'électricité complai-

M. et Mme Ablat, s'apercevant que les mêmes faits extraordinaires allaient se reproduire, ont prévenu des voisins. En effet, brusquement, dans la cuisine, deux grandes lampes qui se trouvaient sur une table ont été projetées au milieu de la pièce. Différents objets se sont mis à danser un pas fantaisiste.

Les spectateurs épouvantés sont allés prévenir les gardiens de la paix.

M. de la Londe, commissaire de police, a avisé la Préfecture de police qui va désigner un architecte à l'effet d'examiner les lieux et de déterminer, si possible, les causes de ces phénomènes bizarres.

sante de venir écrire un billet de notre part sur un petit rouleau de papier. On fait agir avec la main la machine productrice de l'étincelle, la foudre invisible suit la voie aérienne qui lui fut tracée à grand frais et de science et d'argent, et la machine correspondante, influencée par cet agent naturel employé avec art, écrit ce que vous voulez. Autrement vous auriez beau dire, beau supplier, le télégraphe se tairait et il faudrait confier vos dépêches à la poste.

Encore resteraient-elles en chemin longtemps si ceux qui font marcher les voitures des chemins de fer et des tramways se contentaient d'adjurer verbalement ou mentalement cet élément vulgaire appelé l'eau d'attacher des ailes nuageuses aux lourds chariots, ou ce fluide qu'on nomme l'air de leur adapter des ailes tout à fait invisibles. On aurait beau dire à l'eau glacée : « Cristal, devenez liquide ! liquide, changez-vous en vapeur ! » ou à l'air : « Comprimez-vous un peu, encore un peu, s'il vous plaît ! » L'eau resterait de glace ou du moins très froide, l'air garderait sa liberté native et proverbiable, le feu et le bois la force d'inertie qui est leur seule force, hélas ! rien n'irait et il faudrait revenir à l'antique diligence et à ses bons chevaux :

C'est la houille qui fait bouillonner les chaudières
Et rouler sur le fer l'impétueux wagon, (1)

Ce n'est pas la parole.
Si absurde que soit cette hypothèse, elle ne fait

---

(1) Aug. Barbier, *Lazare*.

que répondre à cette autre hypothèse qui admet provisoirement dans le domaine de la science des faits trop évidemment extra-naturels. Non, la science ne découvrira jamais le passage des procédés physiques ou mécaniques, aux procédés verbaux ou mentaux, qu'il faut appeler de leur vrai nom : procédés conjurateurs.

On dit quelquefois que du prétendu surnaturel au naturel la limite n'est guère marquée, que ce n'est qu'une transition douce, que les merveilleuses inventions de ce siècle : bateaux à vapeur, chemins de fer, télégraphes, ont dû paraître d'abord et ont paru en effet ou des miracles ou des impossibilités, ce qui est la même chose pour l'intelligence humaine ; que Napoléon lui-même ne voulut pas croire à la vapeur et renvoya Fullerton comme un simple *idéologue*.

C'est ce qui s'appelle carrément parler sans réfléchir. Il y a entre ces deux ordres un caractère profond de différence radicale, et qui saute aux yeux, pas à tous les yeux pourtant.

Ce qui distingue, en effet, nos inventions humaines, et du faux miraculeux et du miraculeux vrai, c'est qu'on les explique de tout point, avant même qu'elles soient réalisées, tandis que le miracle, dans son fond même, et le prestige démoniaque, dans beaucoup de ses éléments les plus essentiels, restent toujours inexpliqués, même après qu'ils ont été opérés.

Que Napoléon n'ait pas bien accueilli Fullerton, il n'y a là qu'une question de psychologie. Ce grand génie, ce vilain caractère n'a jamais fait ni le bien, ni le mal, ni les grandes, ni les petites choses que par principe d'égoïsme. Si sa vaste intelligence lui permettait de tout comprendre, son caractère étroit ne lui laissait rien juger qu'au point de vue de lui-même : *toujours lui, lui toujours* ! (1) L'ambition, mais l'ambition pressante comme la faim tenait incessamment en éveil ses puissantes facultés, son attention s'endormait sur tout le reste ; elle rejoignait alors sa conscience morale qui de la première à la dernière heure de sa vie publique semble n'avoir fait qu'un somme. Au moment où Fullerton vint l'entretenir de son invention, il n'avait pas besoin, croyait-il, de cet homme et de sa vapeur : il pensait à autre chose.

Or si les inventions ont commencé d'abord par être fort bien combinées mentalement par leurs auteurs, il n'importe que quelques autres ne les aient pas toujours et tout d'abord saisies, faute d'intelligence suffisante pour entendre ou d'attention pour écouter.

Cette objection en elle-même ne valait pas la peine d'être relevée, mais elle le méritait à un titre accidentel, car elle est vulgaire, même chez les gens qui ne sont pas vulgaires.

On voit à quoi elle se réduit et qu'elle laisse les inventions du génie humain, d'une part, de l'autre, les merveilles de Dieu, et même les inventions misérablement ingénieuses du diable, comme des choses mutuellement irréductibles, et le double criterium que nous avons trouvé dans la nature des procédés appliqués ou aux prestiges démoniaques ou aux œuvres du génie devient de plus en plus évident quand on réfléchit que toutes les inventions humaines ont toujours été expliquées à *priori*, c'est-à-dire avant d'être réalisées, tandis que les actes ou divins ou diaboliques ne le sont même pas et ne peuvent pas l'être, fût-ce par leur apparent auteur, *à posteriori*, c'est-à-dire après leur accomplissement.

---

(1) V. Hugo. *Odes et Ballades.*

Or ce petit livre n'a guère d'autre but que d'aider au discernement des esprits en distinguant nettement les faits démoniaques extra naturels, et prestigieux, tant des faits humains et naturels que des faits divins, soit ordinaires et physiques, soient extraordinaires, surnaturels et miraculeux.

QUATRIÈME PARTIE

L'HYPNOTISME DANS SES RAPPORTS AVEC LE SPIRITISME

CHAPITRE I

QUE PENSER DU SUGGESTIONISME ? PEUT-ON LUI ASSIMILER TOUT D'ABORD LE SPIRITISME AU POINT DE VUE DU CARACTÈRE OU NATUREL OU EXTRA NATUREL ?

C'est peut-être ici le lieu d'exprimer notre opinion sur l'hypnotisme et les suggestions.

Il faudrait pouvoir pénétrer jusqu'au fond du sujet : quand les choses sont obscures, c'est l'esprit qui doit apporter la lumière, préférant un feu de foyer à un feu d'artifice. Heureux qui peut dire avec Lucrèce :

Obscura de re tam lucida pango ! (1)

C'est notre désir bien plus que notre espoir.

Au début de son livre, M. P. Gibier affirme que cette pratique doctorale, devenue, hélas ! une pratique foraine, n'a rien de cabalistique. Affirmation

---

(1) J'éclaire dans mes chants l'obscurité des choses.

superflue dans la bouche d'un homme qui ne croit point à la cabale. Et il pense, d'après cela, qu'il en est nécessairement ainsi des pratiques spirites, vu qu'elles n'offrent rien, selon lui, de plus étonnant que l'hypnotisme.

Cette assimilation ne nous paraît point justifiable.

Que le docteur puisse dominer le malade dont la volonté est affaiblie par une affection du système nerveux, cela n'a rien d'étonnant. Qu'il lui greffe ses propres idées en lui coupant les siennes, c'est déjà prodigieux. Qu'il puisse faire cette suggestion sans parole, sans geste, sans indication physique, si légère soit-elle, c'est ce qui dépasse la vraisemblance ; mais

> Le vrai peut quelquefois n'être pas vraisemblable.

Nous n'avons donc pas besoin de voir ces faits pour y croire. Nous les admettons comme réels, sur témoignages valables. Mais pour les juger, il nous faut plus ample informé : c'est là que le témoignage des yeux et des autres sens, surveillés, dirigés, contrôlés enfin par l'intelligence, et par la plus haute partie de l'intelligence, qui est la raison, nous semble tout à fait nécessaire. Aussi ne pouvant mieux faire ici et maintenant, quand cette haute faculté nous aura paru manquer au rendez-vous des docteurs ou, si l'on veut, à la descente judiciaire opérée par eux sur le terrain de l'expérience, nous essaierons de l'y suppléer après coup, ce qui n'est peut-être pas chose facile.

Si nous avons bien compris ce qu'on nous raconte avec amples détails, il se passe dans la suggestion humaine quelque chose de tout à fait semblable à cette suggestion démoniaque que notre langage chrétien nomme la *tentation*, phénomène qu'on ne peut nier quand on y applique l'attention, qui est à la vue intellectuelle ce qu'est le regard à la vue physique. Si quelques-uns le contestent ou l'ignorent et ne veulent y voir qu'une invention mystique, c'est pour ne l'avoir point observé, faute de l'avoir jamais laissé durer assez longtemps.

Il y a dans cette scène intérieure, dans cette conversation et dans cette contestation des puissances de l'homme entre elles, comme chacun peut voir, et en outre, comme nous le croyons, nous, avec un interlocuteur étranger, il y a toujours deux volontés qui se combattent plus ou moins longtemps et dont la plus faible cède. Mais ce n'est pas toujours la même. C'est par cet endroit que la comparaison cloche nécessairement.

Qu'est-ce qui la fait céder ? Quelquefois les passions de l'âme : l'orgueil, par exemple ; ou ce sont au contraire les principes de la conscience, comme l'honnêteté. Quelquefois c'est l'affaiblissement du cerveau, instrument de la pensée, ou la défaillance ou la surexcitation partielle ou générale de l'organisme humain, admirable machine à l'usage de l'âme, résistant parfois à ce grand mécanicien, par suite de défauts permanents ou de dérangement accidentel ; c'est encore la survenance d'une cause circonstantielle, la résultante de diverses forces qui l'emportent ensemble, que sais-je ?

Et cependant il y a dans cette âme un principe de liberté, qui se connaît, qui sent qu'il peut résister, même lorsqu'il cède.

Mais n'est-il pas vrai quelquefois qu'il ne peut plus résister ou le peut si faiblement, que cela équivaut à point du tout, soit maladie physique ou morale, comme la fièvre chaude, comme la folie, ou cette forme de l'hystérie qu'on appelle improprement maladie de la volonté, soit habitude envieillie de céder à telle tentation ou à tel tentateur, que sais-je encore ?

Voilà ce qui se passe avec moins de combat dans la suggestion humaine dont la victime est ordinairement un malade du système nerveux ou un sujet particulièrement maniable, par suite de dispositions acquises.

Tout cela s'explique, hors la suggestion mentale et la possibilité, la facilité même qu'aurait l'agent de se faire entendre ainsi d'âme à âme, non pas spirituellement et directement, nous ne saurions l'admettre à aucun prix, même provisoirement, mais par le canal mystérieux du système nerveux singulièrement exalté et sensible à toute influence légère et même nulle pour un organisme à l'état normal.

Voilà comme à grand'peine nous expliquerions la réalité de la suggestion mentale ou plutôt quasi mentale, cette étonnante faculté que la science avait laissé dormir jusqu'à nos jours, du moins dans notre Europe, bien qu'elle eût toujours des psychologues merveilleux, sinon des physiologistes de science, car il y eut toujours des physiologistes d'instinct.

Mais ce qui est particulièrement inadmissible, c'est la conclusion du caractère purement naturel du suggestionisme en général, fût-il prouvé, au caractère purement naturel du spiritisme.

Dans le suggestionisme, je ne vois *à priori* que deux personnes et rien ne me montre tout d'abord qu'il y ait un tiers dans l'opération.

Dans les faits spirites, au contraire, il est impossible de méconnaître cette troisième force personnelle, tout d'abord évidente qui agit sur le sujet animé ou inanimé pour lui communiquer une activité et une intelligence nouvelles, et cela plus ou moins selon le désir du médium évocateur et invocateur de cette force intelligente et libre.

Il n'y a pas de quiproquo possible entre les deux faits. Le premier peut sembler tout d'abord, mais vaguement, dépasser la force humaine ; mais le docteur seul avec son malade y apparait, du moins au premier plan, ayant pour fond de tableau les nuages de sa physiologie psychologique.

Dans l'autre, on ne peut voir en réalité ni physiologie ni psychologie : on voit des faits inexplicables tout d'abord autrement que par des forces libres étrangères. Mettons qu'elles soient encore inconnues dans leur nature profonde. A la bonne heure ! Mais jamais elles ne seront que des forces libres, des personnalités qu'on ne saurait identifier avec aucune de nos forces personnelles, volontaires ou involontaires, conscientes ou inconscientes, physiques ou intellectuelles ou morales, électriques ou magnétiques, ni même psychiques ou animiques ou ecténiques. C'est la distinction très réelle, irréductible, quoi qu'en disent nos voisins, du *moi* et du *non moi*. Et cette conclusion est inattaquable dans toutes les hypothèses spirites, non seulement réelles, mais encore imaginables, en dehors de l'absurde idée de l'homme se prenant pour un autre sur le témoignage de tous ses sens réunis, y compris le sens intime; sorte d'hallucination dont notre mémoire ne nous fournit aucun exemple (1) et qu'il serait par trop humiliant de s'attribuer à soi-même.

---

(1) Le fou qui se croit Alexandre ou César ne se prend pas métaphysiquement pour un autre que lui-même : car il n'at-

Pour nous, il existe réellement une force particulière connue de tous temps sous le nom d'*ascendant* ou d'*autorité naturelle* (rien de l'*autorité légitime*). Cette force, dans l'homme, est à la fois morale et physique : car elle dépend de l'énergie de la volonté, et aussi de son expression par la physionomie, par le geste, par l'attitude, par le ton et le timbre de la voix. On voit aisément que cette force existe dans la suggestion naturelle, tandis qu'elle n'a rien à voir dans les faits spirites.

CHAPITRE II

SUITE DE LA SUGGESTION. — CEUX QUI L'EMPLOIENT LA CONNAISSENT-ILS ?

Mais la suggestion même est-elle de tous points, comme la femme de César aurait dû l'être, exempte de tout mauvais soupçon ? Examinons un peu.

Elle est, dans la pensée de ceux qui l'emploient, l'exercice d'une force psychique ou animique, avec ou sans communication par paroles ou par gestes, en présence ou à distance, avec ou sans le consentement du sujet.

---

tribue jamais ses actes présents ni ses propres pensées qu'à lui-même, Alexandre ou César, quelle que soit la fausse personnalité dont il se pare. Dans ces ruines de la raison, ce qui se retrouve toujours, c'est la base de l'édifice.

Slade, au contraire, tombe dans cette folie encore inconnue quand il dit à un autre : *Voulez-vous, s'il vous plaît, faire tourner cette aiguille ?* s'il est vrai que c'est lui-même qui la fait tourner: il se prend pour un autre.

Quand on rassemble par la pensée les effets connus de la suggestion et ses effets possibles et qu'on pense à l'impossibilité de les imaginer tous, cela finit par vous faire l'effet d'une multiplication absurde dont le résultat serait supérieur au produit des deux facteurs connus, et l'on en cherche involontairement un troisième.

Peut-être ne connait-on pas la quantité réelle de ces deux facteurs ; mais ce qu'il y a de curieux, c'est que ceux qui opèrent ne la connaissent pas eux-mêmes.

Nous avons lu les livres de vulgarisation les plus prônés en ces derniers temps, nous les avons lus avec un certain effort, au seul point de vue scientifique, les faits particuliers, même illustrés de gravures à vous tirer les yeux, n'ayant pas d'autre intérêt pour nous. Ce que nous voulions, c'est, comme les lecteurs de feuilletons, la fin de l'histoire, le dénouement qui explique tout. Ils ne nous l'ont point encore donné, nul n'a le mot de l'énigme, il nous le dirait, c'est toujours le moins qu'on fasse. Il en est de ce qu'on sait comme de ce qu'on fait : on le dit. Ce ne serait même pas long, si l'on voulait. Malheureusement

Chacun sait aujourd'hui quand il fait de la prose (1),

hors toutefois les poètes de la nouvelle école qui croient faire des vers.

Galvani étudia longtemps ses grenouilles avant d'en parler et si on l'appela *maître à danser des grenouilles*, on ne l'accusa point d'avoir découvert une force magique. On put même constater comme

---

(1) A. de Musset.

lui que cette force était physique et n'avait rien *d'animique*, et que si elle était nouvelle pour la science quoique ancienne dans la nature, elle se classait néanmoins toute seule dans les genres de forces connus naturellement à la raison et pratiquement à l'expérience.

S'il est vrai que Denis Papin ait passé un moment pour sorcier, lui se connaissait, il connaissait à fond sa marmite, il pouvait dire ce qu'elle contenait et prouver qu'elle n'était pas une chaudière de magicien, en attendant que l'avenir y découvrît une chaudière d'ingénieur. Mais eux, pourraient-ils nous dire ce qu'il y a dans leur marmite ?

Et comment le diraient-ils ? Ce ne sont pas eux qui l'ont remplie. Savent-ils ce qu'ils font quand ils hypnotisent ? Ne sont-ils pas là de simples empiriques, comme les autres ? Peuvent-ils affirmer que cette puissance qui opère est bien en eux et encore à eux ?

Voient-ils, d'ailleurs, tous les signes qu'ils donnent quand ils suggèrent mentalement ? Les peuvent-ils analyser et ne savent-ils pas que l'expression la plus vraie de la pensée ou du sentiment est l'expression tout involontaire et tout inconsciente ? Savent-ils jusqu'à quel point la sensibilité surexcitée peut saisir ces signes-là ? Le sauront-ils jamais ? Et qui prouvera qu'il n'y a pas un troisième facteur, une troisième personne, non celle de qui l'on parle, mais celle dont on ne parle pas (1).

---

(1) J'ai beaucoup de peine à croire que le diable n'ait pas quelque intérêt dans la suggestion, comme dans tout ce qui trouble la claire notion de la conscience morale. Chaque jour, en effet, nous entendons parler de vol et d'homicide par suggestion. Ce personnage est comme les Juifs, qui font argent de tout, surtout des valeurs fictives, et de la plus

Puis comment affirmer que ce que l'on prend pour une force de l'agent n'est pas purement et simplement une faiblesse du sujet ? Car la physiologie et surtout la pathologie nous découvrent chaque jour moins de forces que de faiblesses.

Mais comment, d'autre part, sans plus parler de ces cas moins extraordinaires, la pensée et le vouloir humains peuvent-ils atteindre une âme à distance, exercer leur plein pouvoir sur l'absent et cela sans nul intermédiaire ? Comment la science expliquera-t-elle (car elle n'est la science qu'à condition d'expliquer) que la nature humaine à soi-même inconnue durant six à huit mille ans, ou mieux durant des milliards d'années (selon nos savants indianistes) ait découvert en soi au bout de cette éternité une force nouvelle qui la change ?

Pour moi, j'attends patiemment la solution et suis prêt à tout accepter comme humainement possible, tout hors la suggestion mentale, purement mentale, dont le système nerveux ou appareil sensitif ne serait pas le véhicule.

Mais cette hypothèse elle-même de la surexcitation nerveuse puissante à ce degré, qui nous l'expliquera ? A quel point la volonté chez nous est plus complexe que la raison, qui le sait suffisamment ?

Ceux qui font dans nos hôpitaux de la physiologie psychologique, comme ils disent, sont physiologistes hors ligne, assurément, mais beaucoup moins psychologues et surtout n'ont généralement pas les quelques notions de métaphysique très simples qui servent d'auxiliaire presque indispen-

---

flotive de toutes, leur conscience. Mais l'argent pour lui, ce n'est pas l'argent, ce n'est pas même le sang des humains, c'est leurs âmes.

sable à la psychologie. Ils ont donc la prétention reprochée aux grands seigneurs d'autrefois de connaître une science qu'ils n'ont pas apprise. Prétention qui, s'ils croyaient à la magie, les amènerait à se prendre eux-mêmes pour des magiciens. Et nous ne sommes point certain qu'ils auraient tort. Ainsi, de même qu'il y eut jadis, c'est le bon père Malebranche qui nous l'assure, des *sorciers imaginaires*, il y a peut-être aujourd'hui des *sorciers sans le savoir*.

Passe donc pour la possession, non diabolique, mais doctorale du sujet affaibli moralement, surexcité nerveusement. Reste à nous expliquer le point de contact d'une volonté sur un organisme étranger, surtout à distance, et ce n'est pas le plus facile.

Nos docteurs nous le diront-ils ? nous aideront-ils au moins à le trouver ? Nous mettront-ils le doigt sur ce point précis où leur puissance immatérielle atteint les puissances intimes du sujet pour rayonner de là sur tout l'organisme ? Nous diront-ils même vaguement par quels milieux il y arrive pour agir sur le sujet d'une manière quelconque ?

Nous ne leur demandons point les raisons profondes des choses ; nous ne leurs posons point une de ces questions dont la réponse est : parce que Dieu l'a voulu. Ceux qui ne croient pas en Dieu comment nous répondraient-ils ?

L'opium ne fait pas dormir seulement *parce qu'il a une vertu dormitive dont l'effet est d'assoupir les sens* (ce qui est la raison profonde de la chose, n'est-ce pas ?) mais encore parce qu'il agit de telle ou telle façon sur l'organisme et sur telle de ses parties pour y produire tels ou tels effets immédiats, tant excitants que stupéfiants, qu'on explique peut-être par l'analyse et qui l'ont rendu parfois, surtout à haute dose, propre à réveiller aussi bien qu'à endormir.

Comment agit sur l'être physique et moral la suggestion, surtout mentale et à distance, et quels accidents nettement appréciables et spécialement imputables à son emploi produit-elle sur le malade et sur l'homme sain ? A-t-elle enfin quelque chose de régulier dans ses effets comme toute autre forme de traitement ? On a là-dessus deux ou trois observations plus saillantes et dont on fait grand bruit.

L'avenir y verra peut-être *beaucoup de bruit pour rien*.

CHAPITRE III

UN PEU PLUS DE PHILOSOPHIE NE NUIRAIT PAS. — EXEMPLE : ANALYSE DU SOMMEIL

Qu'est-ce donc que cet exercice de l'hypnotisme et des suggestions, capricieux, sans méthode, sans principes sérieux ? Une distraction peut-être intéressante pour le médecin plus ou moins psychologue et vraiment physiologiste, mais sans fruit pour la science et surtout pour *l'humanité souffrante*, éternel sujet d'expériences, *âme vile* sacrifiée à des essais sans fin comme sans base philosophique, en une matière où la philosophie, *cette science des autres sciences et d'elle-même*, comme dit Platon, a le dernier mot humain de tous les problèmes.

Prenons un seul exemple, celui du sommeil, de cette base matérielle de votre hypnotisme, de cet état si fréquent chez l'homme et si inconnu à l'homme.

Le sommeil, c'est la suspension de l'activité nerveuse la plus apparente : sensibilité externe et mouvement volontaire. Mais c'est aussi l'attention qui tombe et la liberté morale qui cesse. Voilà la part du corps et voilà celle de l'âme.

Lequel a commencé? Mystère pour l'observation, même psychologique. Elle se tait donc. Mais la métaphysique, prenant sa place, répond hardiment que c'est le corps, parce qu'il n'est pas infatigable comme l'âme.

Homère, que M. Gladstone, dans le meilleur ouvrage qui existe sur ce vieux poète(1), a bien raison de trouver encyclopédique, Homère appelait le sommeil *divin*, parce qu'il est mystérieux. Il est vrai qu'il appelait aussi la mer *divine* : elle était pleine de mystères pour l'ignorance de son temps ; le sommeil est encore plein de mystères pour l'ignorance du nôtre.

Il n'y a qu'une difficulté pourtant dans la question, mais elle est grande, et elle apparait vivement dans le phénomène du rêve.

Que le corps se fatigue et se repose : cela se conçoit. Toute machine s'*use* par l'*usage* (le mot le dit) et s'use d'autant plus, ordinairement, qu'elle est plus fine et plus délicate. Il y en a qui sont faites pour aller sans cesse et trouver la fin de leur mouvement dans la fin de leur puissance : telle est une montre qu'on remonte sans interruption de sa marche. D'autres ont besoin d'une cessation régulière : il paraît bien que notre corps est dans ce dernier cas.

Mais cette cessation chez lui n'est pas complète :

---

(1) *Homer*, par M. Gladstone, un chef-d'œuvre de deux cents pages.

il y a des organes qui dans le sommeil font sentir leur activité, et le nombre de ces organes est même plus grand chez certains sujets, comme les somniloques et les somnambules. Les rêves plus ou moins fréquents sont le cas de tout le monde, et ils sont une action déréglée des centres nerveux produisant des actes d'imagination à peu près sans suite logique ni harmonique, car la logique est l'harmonie des pensées, comme l'harmonie est la logique des choses.

Or, dans ces rêves, qu'est-ce qui agit sur les centres nerveux ou plutôt qu'est-ce qui leur influe la force d'agir si ce n'est l'âme? Et si c'est l'âme, pourquoi ne manque-t-il alors à l'imagination émue par l'action des centres nerveux que le principal caractère des actes de l'âme: l'ordre rationnel?

Mystère qui est celui de l'union de l'âme infatigable (1) au corps fatigable; mystère où je ne vois rien clairement, sinon peut-être l'inaptitude du corps fatigué à suivre les mouvements rapides et ordonnés de l'âme spirituelle, par conséquent sans fatigue.

Mystère au moins relatif, que la psychologie la plus pure, servie par quelque grand génie métaphysique, saura peut-être un jour interpréter, mais sur lequel la physiologie n'a pas besoin de fermer les yeux (c'est comme si elle les ouvrait) étant, par sa nature même, aveugle à ces choses profondes.

— Mais si l'âme ne repose pas dans le sommeil, d'où viendrait au réveil cette fraîcheur de la pensée, comparable à celle du matin lui-même?

— C'est que l'âme a continué dans un aparté mys-

---

(1) *Infatigable* est chez Homère synonyme d'immortel : *acamaton pyr*, un feu infatigable, immortel; *camontes*, les fatigués, les morts.

térieux ce discours incessant avec elle-même et avec toutes choses qui est de son essence. Au réveil elle trouve le cerveau délassé par un long repos, partant mieux préparé à la servir. Les organes de l'analyse, du sentiment moral, de l'imagination mettent alors en valeur et en action le riche apport, en quelque sorte accumulé, de l'âme qui veille quand tout l'organisme dort autour d'elle. Ce qui était inconscient pour notre être complexe, soumis à toutes les conditions inconnues de nous qui résultent naturellement de l'union de l'esprit à la matière dans une seule personnalité, devient conscient. Et nous voyons par le fait que la première de ces conditions est l'impossibilité pour l'être humain d'entendre son âme sans se servir de son corps et de cette partie spéciale de son corps destinée par le Créateur à l'exercice des facultés spirituelles, qui sont le propre de l'âme.

Dans le rêve, et là seulement, la lumière nous manque pour discerner *l'objectif* du *subjectif*, ce qui est en soi de ce qui n'est qu'en nous, et la philosophie plus ou moins allemande qui nous attribue cette impuissance, même dans l'état de veille, nous fait ou rêver éveillés ou dormir debout.

Voilà quelques lueurs, ce n'est pas le jour, c'est *la nuit blanchissante* (1). Que nos docteurs achèvent la lumière sur ce point du sommeil naturel ; ils pourront après cela s'occuper de l'autre.

Il est vrai qu'il y a deux grandes écoles : l'une purement expérimentale, celle de Paris ou de M. Charcot ; l'autre visant à une théorie générale, absolue, celle de Nancy ou de M. Bernheim. Cette école de Nancy attribue tout à la suggestion

---

(1) Homère.

seule, dont elle étend le domaine à toute l'humanité, saine ou malade, endormie ou éveillée : à peine un mortel qui ne tombe pas sous la coupe de la suggestion, dont cette école nous donne ou croit nous donner les *pourquoi* et les *comment*.

Le R. P. Franco (1), dans une courte brochure, admirablement logique, a prouvé que cette école de Nancy n'ajoute à l'empirisme que des paroles. Il a « pesé ses œufs de mouche, non dans des balances de toile d'araignée », mais dans des plateaux d'acier pur enchaînés d'airain. Il est heureux qu'un esprit aussi sérieux et aussi lucide ait eu ce courage, cet héroïsme scientifique, d'autant plus méritoire qu'il est conscient au dernier point. C'est le dévouement d'un philosophe intrépide qui se sacrifie pour les autres, combattant des fantômes de systèmes qu'il sait être des fantômes, parce qu'il voit qu'on les prend pour des êtres réels. C'est à nous particulièrement de lui dire merci. Merci à cet esprit éclaireur qui sait promener, puis élever son flambeau.

Mais ne perdons-nous pas notre temps à faire ainsi les parts et du corps et de l'âme ?

« Il n'y a pas d'âme », s'écrieront encore de nombreux physiologistes.

« Le corps est rempli d'une multitude d'âmes, » répondent déjà certains autres. »

Tout cela est bientôt dit : mais ces réponses, loin de résoudre la question, la reculent, et chacun va leur demander maintenant quel est donc le ressort dont l'absence ou le dérangement a affolé la machine.

---

(1) La *nouvelle théorie de la suggestion* destinée à expliquer l'hypnotisme, par le R. P. Jean-Joseph Franco, S. J. Paris, Téqui, libraire éditeur, rue de Rennes, 1892.

Pour nous, ce serait à croire que l'âme dans le sommeil, vivant de sa vie propre et intime qui nous est cachée, et devenue inattentive aux objets propres de l'attention humaine, n'agit plus sur le corps que pour en conserver la physique et la chimie naturelles et en vivifier la mécanique. Et voilà pourquoi, dans le rêve, état de sommeil imparfait et par là même plus mêlé d'action, tout est absolument machinal, sans qu'on puisse en induire étourdiment, comme Voltaire, qu'il en est ainsi dans l'état de veille.

Oui, la métaphysique a du bon, et le renard de Ferney n'a pu en médire comme il l'a fait sans montrer sa queue absente.

Comme l'arithmétique est la base des connaissances musicales et la géométrie celle de tous les arts du dessin, la métaphysique est la base de la psychologie dont elle est la mathématique, ayant seule les notions transcendantes des choses. Base d'ailleurs des mathématiques elles-mêmes, possédant à la fois le dépôt de leurs principes et les règles de leurs déductions. Base encore de la physique qui lui emprunte l'induction, son premier instrument. Base enfin de la physiologie, cette physique du corps humain : aussi le progressif anglais, comme notre français du moyen-âge, appelle-t-il toujours le médecin un physicien, « *a physician* », et plût à Dieu qu'il fût encore, avec toute sa science, un métaphysicien !

Car enfin, sans la métaphysique, nous ne savons jamais au juste où s'arrête notre savoir, où commence notre ignorance; et cette connaissance exacte est pourtant la condition de tout progrès et le lot du bon sens.

CHAPITRE IV

LES SUGGESTIONISTES DÉTERMINISTES.
LEUR INCOMPÉTENCE.

Si nous nous étendons sur un point difficile, faisant d'ailleurs plus de questions que de réponses, c'est pour appeler sur ce sujet dont les physiologistes se jouent, avec une sorte d'aveugle instinct,

Comme le chat de la souris, (1)

l'attention clairvoyante des philosophes.

Car nous sommes bien bon de poser nos questions à ces faux psychologues. A notre point de vue, en en effet, elles sont difficiles, mais au leur, elles sont insolubles, et voici pourquoi. C'est que la plupart de ces psychologues, qui ne croient pas à l'âme, objet de la psychologie, sont déterministes.

Or le déterminisme tient que l'univers n'est qu'un enchaînement *déterminé* de causes et d'effets qui se réduisent tous à la transformation de la chaleur en mouvement et du mouvement en chaleur. Qui a donné la première chaleur ou le premier mouvement ? C'est le moindre de leurs soucis. Qui a porté le premier coup de queue dans cette gigantesque partie de billard dont tous les coups sont

---

(1) La Fontaine, *Fables*, livre XII.

déterminés par le premier, puisque la partie selon eux, ne saurait s'arrêter ? Ils n'ont pas même posé la question : elle n'en valait pas la peine. Ou plutôt la puissance divine et la liberté humaine sont des trouble-fête qui dérangent la partie.

Passe encore pour ce jeu de chaleur et de mouvement dans le monde inanimé : ce système est spécieux, il peut même être vrai. Mais les animaux, mais les humains ? Non, rien n'y échappe, et l'oraculeux docteur Luys résume ainsi carrément l'histoire de l'activité humaine :

« Les divers processus de l'activité du cerveau se résument en dernière analyse en mouvement circulaire d'absorption et de restitution de forces : c'est le monde extérieur avec toutes ses sollicitations qui entre en nous par la voie des sens sous forme d'incitation sensoriale, et c'est le monde extérieur qui, modifié, répercuté par son conflit intime avec les tissus vivants qu'il a traversés, sort de l'organisme et se réfléchit au dehors en des manifestations variées de motricité volontaire ? »

Tout cela, c'est beau, c'est d'un puissant effet. Mais que vient faire ici la volonté, puisque la liberté n'existe pas ? Que vient faire la vie, même la simple vie animale, là où il ne peut exister de détermination vraiment individuelle ?

Tout est donc ainsi réglé : pas de liberté, pas d'âme, pas de Dieu; on ajouterait logiquement : pas de vie. Le déterminisme, c'est la formule plus scientifique du naturalisme de Voltaire. Si c'est plus insensé, c'est seulement parce que c'est plus savant (1).

---

(1) Ainsi le déterminisme semble avoir singé *ce singe de génie*, comme l'appelle V. Hugo avec son esprit profond : il est

Dans le système de Voltaire, Dieu n'avait aucun droit à vivre. Cependant on lui faisait grâce de la vie. Il est bien vrai qu'il ne savait plus qu'en faire. Voltaire était clément ; le déterminisme, au contraire, est juste et rigoureux.

Cependant ces grands docteurs, par grâce pour les faits qui sollicitent trop haut leur inexorable et sourde attention, admettent encore l'existence d'une certaine conscience illusoire, qui croit vouloir, qui croit commander, qui croit agir, véritable mouche, non du coche, mais de la locomotive, bourdonnant en un coin de la grande machine et pensant niaisement la faire aller.

Comment osent-ils parler après cela de leur suggestionisme ? Mystère qui ne saurait trouver son explication que dans cette assurance inexplicable elle-même attachée en apanage à la profession publique de ce qu'on nomme la libre pensée.

Comment savent-ils ce qu'ils feront, ce qu'ils voudront ou pourront faire de leur volonté propre et de la volonté d'autrui, qui n'existent ni l'une ni l'autre, n'étant, au vrai, que des coups de billes déterminés d'avance par les coups de billes précédents et où nulle force intruse ne peut survenir ?

Ou plutôt comment un déterministe ose-t-il prendre la parole pour affirmer ou professer quelque chose ? Sa seule excuse, d'après son système, est qu'il ne peut s'en empêcher. Et moi, je ne saurais prendre au sérieux une telle doctrine : cela aussi est déterminé.

Entre le Musulman qui dit : *c'était écrit*, et le

---

bien vrai que Voltaire eut assez de génie pour un singe ; pour un homme, c'eût été différent.

déterministe qui dit : *c'était déterminé*, je ne vois qu'une différence : le premier suppose un *écrivain*, c'est-à-dire une cause libre, terme dernier, mais terme nécessaire de toute induction ayant pour objet l'origine des choses ou d'une chose ; l'autre croit à une loi sans législateur.

Dans la pratique, cela passerait pour le comble de l'insanité ; dans la théorie, cela devient sublime et d'autant plus sublime que ceux qui la professent expliquent par cette loi toutes les merveilles de l'ordre matériel et se trouvant *affrontés* à l'absurde quand il s'agit des choses immatérielles, si pratiques dans la vie, ne s'embarrassent pas pour si peu. Qu'un fait palpable, évident, lumineux, les gêne, comme celui de la volonté de l'homme intervenant à titre de cause réelle, indéniable, en mille et mille choses petites ou grandes, qui modifient ou renouvellent la face du monde lui-même, ils le jettent au panier en disant : « Périssent tous les faits plutôt que notre système ! » C'est ce qu'on appelle de nos jours être savant. Il en est, Dieu merci, qui ne voudraient jamais l'être à cette condition.

Allez donc, ô docteurs, étudiez, observez, professez, parlez, écrivez. Mais que vaudront vos théories ? que sera votre autorité ? De votre propre aveu, l'autorité d'une machine.

Comme l'a très bien remarqué le R. P. de Bonniot (1), dont la vraie science pleure la mort prématurée, le déterminisme, c'est l'épicurisme ancien. Oui, c'est Lucrèce traduit en prose, et quelle prose ! Le cardinal de Polignac (2), en réfutant ce merveilleux poëte, a réfuté par anticipation ses en-

---

(1) L'*Ame et la Physiologie.*
(2) Dans l'*Anti-Lucrèce*, admiré de Voltaire lui-même.

nuyeux copistes, et comme l'a dit le vieux Salomon, *rien de nouveau sous le soleil*. Traduction déterministe : les carambolages les plus nouveaux sont toujours vieux jeu.

Ainsi série interminable de causes sans cause première indépendante et libre ; mouvement perpétuel sans premier moteur libre et conscient ; puissance immense de force et de vie dépensée sans but sérieux qu'on puisse deviner ; l'hymne que chantait jadis l'univers à la louange du Créateur remplacé par le rire strident de la nature raillant la cécité du destin, et la longue chaîne de l'histoire du monde, chaîne d'esclavage sans rédemption possible : voilà le déterminisme.

CHAPITRE V

THÉORIE DE LA SUGGESTION D'APRÈS LE P. DE BONNIOT

On pourrait nous reprocher de n'avoir point assez précisé ce qu'il faut croire, selon nous, du suggestionisme. Bien que nous y ayons beaucoup réfléchi nous même, plutôt que de présenter tout d'abord nos propres observations, nous aimons mieux citer un philosophe contemporain fort sérieux.

Le P. de Bonniot, dans un livre très riche, intitulé *le Miracle et ses contrefaçons*, expose avec amples développements sa théorie que nous allons tâcher de reproduire à l'échelle d'un centième.

Que la nature ait part à l'hypnotisme, ce n'est pas une question, c'est une évidence.

Il y a une chose tout d'abord incontestable : la docilité de l'hypnotique est fondée sur sa crédulité, comme la volonté sur l'intelligence, et cette crédulité est naturelle à l'homme endormi. Le sommeil hypnotique est, en outre, maladif, et le sujet a déjà la volonté malade, par suite de l'état nerveux qui le domine.

Le sommeil est la privation de l'attention. Le rêve en est la suite assez ordinaire. La raison qui discerne et la volonté qui choisit librement d'après le dictamen de l'intelligence semblent dormir à la fois : mais l'imagination peut veiller : de là les rêves. Chez le malade du système nerveux elle veille en effet, elle s'excite, elle s'emporte d'autant mieux qu'elle ne sent plus le frein. Or le propre de l'imagination passive est de tout percevoir sans discernement et de se nourrir de tout ce qu'elle a recueilli des sens, instinctivement, comme le bœuf rumine. L'homme endormi ne réfléchit pas, donc il croit tout; à plus forte raison l'hystérique endormi.

C'est comme un rêve dirigé du dehors. Car d'après ce que nous savons du sommeil et du rêve,

(Ici nous ajoutons au mot de l'interprète,)

on voit aisément que celui-ci peut avoir diverses origines. Il peut venir :

1° De la nature physique et de l'état maladif ou sain, calme ou agité, de certains organes. Le rêve est souvent à la merci de l'estomac, que les Grecs appelaient aussi *psyché* : nous connaissons tous cette *force psychique*.

2° D'une impression divine sans miracle (le véritable *rêve divin* d'Homère,) Dieu disposant physiquement nos organes de telle ou telle façon, pour y imprimer l'image des bonnes pensées qu'il nous veut suggérer. C'est une opération différente de la vision proprement dite, laquelle suppose l'état de veille et quelque chose d'extraordinaire dans le *moyen*.

3° D'une impression et suggestion analogue produite par les saints anges, dont ces effets ne dépassent pas les pouvoirs et qui sont les ministres actifs et les imitateurs pieux de la Divinité.

4° D'une impression et suggestion démoniaque à l'instar de celles de Dieu et des bons anges, le diable étant toujours le singe incorrigible que nous savons.

5° Enfin, d'une suggestion humaine. Vous voyez que tout dans la création, et même au-dessus d'elle, fait de l'hypnotisme ou mieux du suggestionisme : Dieu, les anges, les démons, la nature et l'homme.

De croire à faire, poursuit le père de Bonniot, la voie est aisée, et d'autant plus aisée ici qu'elle n'est encombrée par aucun motif contraire. Toute parole est écoutée, reçue, obéie, si elle vient de l'homme autorisé que l'instinct reconnaît aussitôt.

La suggestion simple et ses effets ne sont donc point ce qui nous déconcerte.

Car toutes ses conditions posées, qu'on se figure une chose désignée par cette personne et que la fantaisie nous rappelle d'ailleurs ; qu'on fasse un acte suggéré aussi par cette même personne, c'est presque inévitable.

Mais que l'hypnotisé se figure conformément à la réalité l'image d'une chose que les sens ne lui ont jamais révélée et que sa mémoire, par conséquent, n'a pu conserver, ceci est contre nature.

Que le malade éveillé par la suggestion ne voie

et n'entende pas ce qui est devant lui et qu'on lui a défendu de voir et d'entendre, cela s'explique encore par le défaut complet d'application de l'âme à la sensation, défaut résultant ici d'une volonté affaiblie par la maladie des organes et dominée par autrui.

Quant à la suggestion à temps ou avec délai déterminé : « demain, à telle heure, tu feras telle chose, » elle est simplement à la suggestion immédiate ce qu'est la mémoire ou l'imagination à la sensation présente, et, le principe admis, le mode d'action n'est pas plus mystérieux. C'est une mise à point spéciale de la machine que Voltaire avait entrevue. Ce sont les modifications conservées dans tel ou tel organe du cerveau, dont la perception interne rend l'âme consciente au moment voulu, comme nous nous réveillons à l'heure que nous-mêmes avons fixée d'avance par une véritable autosuggestion.

Ainsi la suggestion n'est point en elle-même une hallucination produite par l'hypnotiseur, c'est une affirmation prononcée par lui, et cette affirmation peut produire cependant une hallucination en éveillant dans le système et dans les centres nerveux du sujet les impressions de toutes sortes laissées par les suggestions passées.

Si donc on ne lui parle pas, ou si on lui parle un langage qu'il ignore, ou si on lui parle de choses qu'il ne connaît pas, ou si on lui commande d'un lieu où sa perception ne peut atteindre, l'activité du sujet ne pourra être mise en action, du moins naturellement. Tel est le cas de la suggestion mentale et à distance.

Cette théorie est claire et la conclusion s'en tire toute seule, bien que l'auteur se borne à l'indiquer ou plutôt à la laisser poindre, avec une discrétion qui est, sans doute, de la part d'un religieux une politesse à son auditoire laïque.

D'après cette théorie là, si nous l'avons bien saisie, la suggestion mentale ne s'explique pas autrement que par l'intervention de la troisième personne, dont on ne parle pas, sans doute, à qui l'on ne parle pas, peut-être, à qui l'on ne pense peut-être même point, mais qui s'interpose obligeamment pour rendre le service qu'on ne lui a pas demandé.

Comment cela se ferait-il ? Hélas ! très simplement, selon nous.

L'orgueil humain s'arroge un pouvoir dénié à la nature humaine : celui de se faire entendre et obéir sans signifier humainement son ordre ni sa pensée. Charmé de cette belle disposition, l'auxiliaire arrive et se fait le messager de la pensée et de l'ordre doctoral. C'est donc à lui qu'on suggère et c'est lui qui suggère à son tour. Aucun fluide conducteur d'éléments immatériels ne saurait le suppléer.

Mais comment, direz-vous, la connaît-il, cette belle disposition ? Comment sait-il la pensée qu'on ne lui communique pas volontairement ? Tout simplement par une communication involontaire ; par l'expansion de notre parole intérieure. Sans cette parole intérieure, nous ne saurions penser rien de distinct. Cependant il nous est permis de penser tout bas, de ne penser que pour nous. Mais dès là que nous pensons pour un autre, nous pensons véritablement tout haut, nous renonçons à notre privilège en mettant dehors spirituellement cette parole tout intérieure, et d'aussi fins entendeurs que les démons sont bien capables de la saisir au passage.

Voilà qui pourrait expliquer à la rigueur et sous toutes réserves la suggestion mentale.

Revenons à la théorie du P. de Bonniot sur la suggestion. Elle est généreuse, cette théorie ; elle accorde à la nature tout ce que l'extra-naturel ne réclame pas à haute et intelligible voix. La puissance du magnétiseur, soit pour endormir, soit pour suggérer, nous semble pourtant toujours inexpliquée. A peine la nature livrée à elle-même nous montrerait-elle le germe léger des phénomènes hypnotiques. L'homme endormi n'est ni crédule, ni docile, il est simplement inactif. Le somnambulisme est varié, capricieux, celui de l'un n'est pas celui de l'autre, il n'a pas d'effets certains, constants ni logiquement ordonnés.

Le P. Franco s'est montré en quelque sorte plus *adéquat* à son sujet et il a jeté un vrai jour sur la question quand il a distingué d'une part les faits naturels ou extranaturels dans leur substance et d'autre part les faits naturels ou extranaturels dans la façon dont ils se produisent. Beaucoup de faits accordés à la nature par le P. de Bonniot pourraient bien n'être naturels que de la première façon. Le mot d'ordre ici doit être *défiance*.

CHAPITRE VI

EURÊKA. — IDENTITÉ DE LA DIVINATION SPIRITE ET DE LA CLAIRVOYANCE HYPNOTIQUE.

Eurêka ! j'ai trouvé ! j'ai le secret de la suggestion mentale, plus exactement *quasi mentale*, et aussi des divinations spirites, et je rends grâce à la science moderne qui me l'apporte en même temps qu'à la scolatisque de saint Thomas qui me l'indiquait et à l'expérience mystique du P. Surin, l'exorciste de Loudun, qui m'en donne un exemple frappant, obscur néanmoins, n'était cette science moderne qui l'éclaire, mais sans voir, *telle qu'un aveugle errant qui porte un vain flambeau* (1), ou mieux telle que le flambeau lui-même.

Saint Thomas nous dit que l'ange ne peut pas lire directement dans nos pensées, mais qu'il peut les deviner à des signes subsistants.

Ces signes subsistants, nous étions loin d'en soupçonner toute l'étendue, toute la richesse et toute la profondeur : ce sont les études récentes d'anatomie microscopique et de physiologie qui nous les révèlent.

Il est maintenant prouvé, en effet, que les sensations tracent leurs sillons dans l'organisme, que ces sillons y demeurent d'une manière persistante, peut-être indélébile, et que ces modifications durables, en gravant, pour ainsi parler, la sensation, constituent précisément l'imagination, cette merveilleuse faculté semi-corporelle, qui n'est point la pensée, mais un auxiliaire de la pensée.

Ces signes inscrits à chaque instant comme sur un registre où tout se retrouve sont le livre où le pur esprit, non point les humains, peut lire comme la suite ou la préparation de chacune de mes pensées distinctes, dont la sensation ou l'imagination, *sensation continuée*, dit Bossuet, est la condition préliminaire, et dont un sentiment, suivi d'une détermination active, est la conclusion pratique.

Ainsi les cordes d'un violon dont on a joué ont

---

(1) V. Hugo, *Odes*

pris et gardé des plis et des biais sans nombre, que nous verrions si nos yeux étaient meilleurs. On les retend : qui sait si elles n'ont pas encore les mêmes plis et les mêmes biais, seulement atténués? Cela est du moins certain pour nos organes : on les retend sans effacer leurs vieux plis, qui sont la trace de tous leurs mouvements, de toutes leurs vibrations. Que dire alors de la facilité avec laquelle une vue suffisante saura prendre tous ces mouvements sur le fait ?

Nous comprenons mieux maintenant ce que le P. Surin rapporte et qui nous semblait de nature à faire chanceler dans notre esprit la doctrine de saint Thomas. Celle-ci nie expressément que les anges connaissent la pensée humaine. Mais le fait brutal, hélas! est toujours de force à renverser la théorie la plus solide, du moment qu'ils se heurtent : c'est le pot de terre qui brise le pot de fer au premier choc.

Voici le fait attesté par le P. Surin : « Ces religieuses possédées nous disoient que dès qu'elles estoient à l'exorcisme et qu'elles n'estoient point encore troublées en façon qu'elles eussent perdu le sens, elles lisoient par la vivacité que les démons leur donnoient dans la teste de tous ceux qui estoient présents, comme dans leurs heures, tous les desseins qui y estoient. »

Il dit *les desseins*, non *les pensées*, et pour cause.

Ce serait ainsi que le sujet lirait par procureur les volontés de l'agent qui lui commande, et non seulement en sa présence, mais encore en son absence, car ce n'est là pour le véritable voyant qui est le pur esprit, l'esprit ambassadeur ou truchement, qu'une question d'attention, c'est-à-dire d'advertance volontaire. Mais présent ou absent, l'homme n'entend point la pensée ni rien qui soit dans l'intérieur d'un autre, et l'absence n'est pas pour sa vue physique ou intellectuelle un voile plus épais que l'enveloppe crânienne ou les dédales cérébraux.

Que ces desseins fussent présentés aux religieuses sous la forme originale des signes réels imprimés sur les organes sans nombre du cerveau ou que cette expression ne soit qu'une image pour exprimer la facilité avec laquelle tous ces desseins leur devenaient, dans leur essence, présents, certains, évidents, peu importe en l'espèce. Elles voyaient les desseins, elles les connaissaient comme intuitivement : c'est ce qui est très clair et ce qui importe.

Voici maintenant ce que nous apporte la science moderne.

D'après des expériences innombrables, parfaitement instituées, la physiologie possède les faits suivants, quelque conséquences plus ou moins légitimes qu'en veuillent tirer certains docteurs.

Pas de sensation sans impression reçue par une certaine classe de nerfs et conduite à un centre déterminé. Donc l'imagination, sensation continuée, suppose une modification de certains groupes des cellules du cerveau.

Il est universellement admis que les cellules centrales conservent la propriété de reproduire une première impression. Elles sont montées, comme une machine, par l'action des objets sensibles.

Les impressions éprouvées en même temps s'unissent les unes aux autres, de telle sorte qu'en touchant à un anneau de la chaîne, on met tous les autres en mouvement. C'est le secret de l'éducation des animaux, qui n'ont que les sensations et l'imagination, sans la pensée.

Si l'impression se réveille sous l'action d'impressions nouvelles et analogues, elle renaît encore mieux sous l'influence de l'attention qui suscite volontairement, avec précision et opportunité, l'impression qui lui convient, C'est là l'imagination vraiment intellectuelle. Cela ne se fait pas encore sans une modification organique, et cependant c'est l'action spirituelle qui domine. Comment tombe-t-elle tout juste sur le système de cellules convenables ? c'est là qu'est le mystère ; mais ce mystère est celui de l'union de l'âme au corps et le fait énoncé demeure acquis à la science.

La sensation, l'image, la passion qu'elles excitent sont des phénomènes où le cerveau intervient comme cause formatrice partielle. Au-dessus est le monde de l'intelligence pure qui se sert de la passion, de l'image, de la sensation, comme d'une matière préparée à son usage. Des passions et de l'intelligence combinées, soit dans l'ordre où l'intelligence domine, soit dans le désordre où les passions l'emportent, naît le désir, puis la volonté qui, procédant de ce foyer mixte et se matérialisant de plus en plus, reprend par une nouvelle voie organique le chemin de l'extérieur et marque ainsi sur tout l'organisme où elle passe et particulièrement sur le cerveau d'où elle s'élance les traces de ses pas.

Et l'observateur bien doué, comme le sont les purs esprits, avec quelle précision ne saura-t-il pas mesurer l'impression matérielle de cette action et en induire autant qu'il se peut l'acte intellectuel qui la produit ! Mais les esprits n'induisent pas comme nous : il voient instantanément la cause avec l'effet, non toutefois nécessairement, puisqu'il ne la contient pas.

Voilà, croyons-nous, entre les *signes subsistants* dont parle saint Thomas, ceux dont la connaissance appartient spécialement à la nature angélique.

Ils connaissent toutes les modifications du cerveau et la sensation présente et l'impression résultant de tel ou tel phénomène imaginatif ou actif voisin de telle pensée, et chacune de ces modifications visibles de l'être matériel leur donne un jour sur l'être spirituel.

Car la pensée elle-même, n'ayant rien de corporel, ne saurait être matériellement visible. La pensée, en d'autres termes, n'agissant sur le cerveau et par le cerveau qu'en tant qu'elle est unie à l'imagination et à la sensation comme au sentiment, qui naît à la fois de la sensation et de la pensée, les modifications ou signes gravés sur les mille et mille organes du cerveau sont les traces de l'imagination et non de la pensée elle-même. Il est vrai que, grâce à la nécessité où elle est de n'agir que par ces facultés inférieures, qui voit leurs pas, voit, en quelque façon, les siens ; mais ce n'est point là une vue directe, complète et certaine de la pensée.

Et savez-vous pourtant ce que l'on connaîtrait avec le cerveau ? Ecoutez. Il est légitime de s'acheminer par l'analogie de ce que l'on connaît du corps à ce qui nous en est inconnu. Il est donc vraisemblable que si Dieu a fait de l'oreille, par exemple, avant que le piano fut inventé par l'homme, un piano si perfectionné, où tous les tons et les fractions minimes de tons, produits par milliers dans la nature ambiante, ont chacun sa corde visible au microscope, vibrant à sa note spéciale qu'elle reproduit avec une intensité diminuée dans des proportions très régulières; insensible et sourde, comme l'expérience le démontre, à tout ce qui n'est pas cette note-là ; de même il n'est pas une des mille et mille images adoucies, subtilisées, spiritualisées enfin par la sensation prolongée en imagination, qui n'ait aussi son lieu spécial dans le labyrinthe encore inexploré, peut-être inexplorable, du cerveau. N'y aurait-il pas même ici un *a fortiori* fondé sur la supériorité *d'entendre* à *ouïr* et nous permettant de conclure, en attendant un examen peut-être impraticable, la supériorité de l'organe de l'entendement sur l'organe de l'ouïe.

Et ces images réunies dans le désordre des sensations et de l'imagination passive ou dans l'ordre intelligent de l'imagination active et de la pensée sont toutes visibles pour le pur esprit, non plus au microscope ni même à l'œil nu, mais à l'intelligence nue. Tant ce petit monde (microcosme) que nous sommes si réellement est bien le spectacle de Dieu et de l'ange, plus que le spectacle de l'homme lui-même !

Ces notions de physiologie, admises aujourd'hui par toutes les écoles, parce qu'elles sont fondées sur de nombreuses expériences, et les inductions très naturelles que nous en tirons, peuvent donc suffire à expliquer comment l'inspection des cellules cérébrales, telle qu'elle est permise à une intelligence suréminente, peut conférer une vue encore assez sérieuse de ce qui se passe dans l'âme humaine, ce sanctuaire inviolable, mais dont la clôture a des joints où passe le regard.

Ce n'est point, il est vrai, la philosophie, c'est la théologie qui nous apprend et nous montre comment le souverain Maître a voulu garantir le domaine moral de ses créatures intelligentes en gardant leur pensée intime à l'abri de tout œil étranger. Car à la simple philosophie il semblerait naturel que l'esprit vît l'esprit et toute chose spirituelle, comme l'œil du corps voit la matière. Il n'y a contre cette raison d'analogie qu'une raison de haute convenance qui ne nous est enseignée ou confirmée que par la Révélation.

En résumé, notre pensée en elle-même échappe à toute autre intelligence que Dieu et nous; mais ses entours servent parfois aux purs esprits à le deviner, et c'est bien à ceux-ci qu'il faut appliquer le proverbe : *A bon entendeur demi-mot*. De là les divinations spirites et les suggestions mentales.

CHAPITRE VII

L'HYPNOTIQUE DÉSEMPARÉ PAR LA PRIVATION DE L'ATTENTION AU PROFIT DU VÉRITABLE CLAIRVOYANT

Ce qui nous frappe le plus dans le sujet hypnotique, en dépit de quelques apparences grossières, c'est la privation de l'attention : ses actes ont le cachet du sommeil.

Et le dirai-je ? Cela n'est point une exception dans la nature. L'illusion de l'hypnotique a la même cause que toutes les erreurs de l'esprit humain. Toutes, en effet, quelles que soient leurs diverses causes spéciales et immédiates, ne tiennent, au fond, qu'à l'absence, volontaire ou involontaire, de l'attention de l'esprit. Sans *cette grande force de l'homme*, notre esprit n'est que faiblesse.

Et disons-le encore en passant : dans l'état ordinaire et normal de l'homme, ce sont les passions déréglées du cœur qui désarment ainsi l'esprit parce que la volonté, c'est-à-dire l'activité attentive, a désarmé elle-même. Ici c'est autre chose.

On assure à Nancy que l'attention est précisément le cachet de la suggestion et de l'auto-suggestion plus ou moins hypnotiques. Cette attention-là n'est point *la plus grande force* de l'homme, mais sa plus grande faiblesse : c'est l'idée fixe faisant dégénérer la pensée en instinct.

Voyez le sujet se précipiter à la recherche d'un objet caché, l'œil fixe, le corps raide, essoufflé, haletant, aspirant je ne sais quelles effluves trop subtiles pour nous autres et bousculant tout sur son passage, guidé, ce semble, par l'odorat, comme le chien sur la piste du gibier. Est-ce là de l'attention ?

Oui, et surtout non. Ici, en effet, la scolastique tant dédaignée vous dirait : « *Distinguo : attentio organica et animalis, concedo; attentio rationalis et humana, nego.* »

En résumé, la loi du sommeil, loi absolue, c'est l'absence du voyant humain : j'en conclus, dans tous les cas de lucidité, la présence de l'autre.

A ce propos, je pourrais trouver dans l'hypnotisme, surtout s'il a toute la puissance que ses promoteurs lui attribuent, un grand argument en faveur de la possibilité de la possession, de l'hallucination démoniaque et de tous les faits spirites. De très bons catholiques nous disent : « Comment Dieu donnerait-il au diable un tel pouvoir sur l'homme ?... »
Et moi, je demande : « Comment donc donne-t-il à

l'homme lui-même sur d'autres hommes un pouvoir incomparablement plus grand, puisqu'il agit, non plus seulement sur les organes, mais sur la volonté ?

D'ailleurs je prends la chose ainsi par simple hypothèse, convaincu qu'il y a beaucoup à rabattre sur les prétentions des hypnotiseurs de tous les degrés et qu'il faut chercher la source de bien des exagérations doctorales, (sans parler des moyens suspects que nous avons jugés ci-dessus), dans une émulation téméraire des merveilles de la science humaine avec les miracles de la puissance divine.

CHAPITRE VIII

NI PSYCHOLOGIE NI PHYSIOLOGIE, MAIS PATHOLOGIE

Disons encore ceci : car il faut bien délivrer toute vérité captive : c'est pour la vérité que la liberté est faite, et c'est par la vérité que la liberté se fait (1).

Qu'est-ce, après tout, que votre physiologie psychologique si ce n'est pas la psychologie jetée sous les pieds de la physiologie et soumise à ses méthodes toutes matérielles, ou plutôt jetée avec la physiologie elle-même dans le chaos à peine éclairé de la pathologie ? (2)

---

(1) *Veritas liberabit vos*, dit saint Paul.
(2) Malebranche a joint constamment la physiologie à la psychologie, et sa psychologie peut faire bon ménage aussi bien avec la physiologie moderne qu'avec celle de son temps : il devine ce qu'il y a d'essentiel dans cette science de la vie du corps. Mais loin de confondre les deux sciences, il a fait, comme de raison, la science du corps servante de celle de l'âme.

« La chair convoite contre l'esprit », dit saint Paul, et dans votre étude, le corps empiète sur l'âme au point de ne faire de l'âme qu'une faculté semi corporelle, comme l'est en réalité l'imagination, composée de sensations subtilisées, matière adaptée à l'usage de l'esprit, mais qui n'est pas l'esprit.

Eh ! que pouvez-vous voir autre chose de l'âme à l'inspection du corps ou des actes dirigés par la faculté semi-corporelle ? Le corps, les sens, l'imagination réfléchissent l'âme, mais imparfaitement, et si imparfaitement, qu'on la nie avec une logique au moins apparente lorsqu'au lieu d'examiner les actes qui lui sont propres, on s'est attaché uniquement à ceux où domine l'influence hétérogène du corps, et du corps malade.

Ne nous vantez donc plus votre prétendue physiologie psychologique ou plutôt votre pathologie physico-morale. En l'élevant si haut, c'est votre science et votre art principaux, c'est la médecine en général, cette étude si noble et si belle, c'est vous-mêmes que vous abaissez et vous feriez dire à d'autres qu'à Napoléon : « Ces gens-là ne brassent que de la matière ! »

CHAPITRE IX

LA SUGGESTION GUÉRIT-ELLE ?
EST-ELLE LA RÉSERVE DES SAVANTS ?

Resterait bien encore une question qui n'a rien de métaphysique. Elle est pourtant fort sérieuse, mais peut-être non moins indiscrète. Aussi ne ferons-nous guère que l'indiquer : la suggestion guérit-elle ?

Les ouvrages volumineux que nous avons lus et qui sont dédiés aux grands savants par leurs disciples immédiats ne contiennent aucune réponse bien satisfaisante. Un soulagement momentané, c'est déjà quelque chose ; c'est peu, dirait le Candide optimiste de Voltaire. — C'est beaucoup, beaucoup, répondrait sans doute son pessimiste Martin. Et puis, souvent, c'est une aggravation qu'on obtient. Nos docteurs attendent assurément mieux que cela de la suggestion opérée avec science, c'est-à-dire par les savants.

Certes, cela viendra, ces messieurs nous en donnent leur parole, et leurs successeurs la renouvelleront aux nôtres : quelle meilleure garantie pourrions-nous désirer ? Mais, en attendant, pour donner confiance, tandis que nous écrivons ceci, non seulement les docteurs des places publiques envoient leurs sujets voler et assassiner pour rire, mais encore la suggestion sérieuse fait dans le bon peuple de véritables progrès. Les tribunaux sont en train d'écouter cette servante d'un médecin breton, grand hypnotiseur lui-même (ô comble de l'ironie des choses !) qui volait innocemment à son maître près de deux cent mille francs en titres, par l'influence d'un suggestioniste voleur (1). Ils viennent de juger en même temps cette mâle Angevine à moustaches noires se disant sorcière et l'étant peut-être, qui se faisait apporter, la nuit, par suggestion mentale, des sommes de quelques mille francs. Écoutez encore cette histoire naïve que racontent les journaux de mai 1892.

---

(1) *Espérance du peuple*, de Nantes : Brest, 14 février 1891.

Singulier cas d'hypnotisme. — « Il y a quelques jours, Mme D..., marchande de vins, 1, place Vintimille, à Paris, s'apercevait, à deux heures de l'après-midi, de la disparition de sa fille Henriette, âgée de 13 ans.

En même temps, elle constatait qu'on lui avait soustrait dans son tiroir-caisse une somme de trois cent soixante francs en or et billets de banque.

Ni le lendemain, ni le jour suivant la fillette ne reparut. On comprend l'inquiétude de la mère qui alla aussitôt faire part de cette mystérieuse disparition à M. Cornette, commissaire de police du quartier Saint-Georges.

Jeudi soir, à cinq heures, une amie de Mme D..., ramenait la jeune Henriette qu'elle venait de trouver assise sur un banc du boulevard de Clichy, pleurant et n'osant pas rentrer chez sa mère.

Interrogée aussitôt sur son absence prolongée, l'enfant a fait le récit suivant :

Mercredi dernier, c'est-à-dire le jour de sa disparition, un individu aux yeux perçants, très brun, au regard dur et acéré, venait, à 11 heures du matin, prendre son repas chez Mme D... Ce fut la mère qui le servit, et il n'adressa même pas la parole à la fillette.

A midi et demi, son déjeuner terminé, cet homme sortait de l'établissement de vin.

A une heure, comme la jeune Henriette allait jeter dans le ruisseau un seau rempli d'eau de vaisselle, elle se trouva en présence de cet individu qui avait dû guetter sa sortie et qui lui dit, en braquant ses yeux dans ses yeux :

— Va chercher l'argent qui se trouve dans le comptoir, mets ensuite ton chapeau et viens me rejoindre rue Ballu, je t'attends.

L'enfant, comme hypnotisée, s'empressa de faire ce qui lui avait été enjoint par cet homme et, après avoir pris trois cent soixante francs dans le tiroir caisse, s'être coiffée de son chapeau, elle sortit de la boutique sans avoir adressé la parole à sa mère et, comme mue par une force invisible, elle courut rejoindre l'inconnu qui l'attendait effectivement dans la rue Ballu.

Suis-moi, lui dit l'homme mystérieux, et la jeune fille emboîta docilement le pas à cet individu.

A dix heures du soir, après avoir marché tout le temps, son compagnon s'arrêta dans une petite rue déserte qu'Henriette croit être dans le quartier de la Butte-Aux-Cailles.

Arrivé dans cet endroit, l'inconnu enjoignit à l'enfant de lui remettre son porte-monnaie.

Henriette le lui remit en tremblant. Après avoir enlevé une somme de cent vingt francs, l'étrange personnage voulut embrasser la fillette, mais à ce moment elle fut prise d'une crise de larmes et tomba évanouie à terre.

Quand elle reprit ses sens, elle était seule.

Affolée, l'enfant s'enfuit et erra pendant toute la nuit dans un quartier inconnu.

Le lendemain matin, Henriette se trouvait dans les Champs-Elysées. Elle reconnut alors son chemin et se rendit sur le boulevard de Clichy, où elle s'assit sur un banc, n'osant pas rentrer chez sa mère.

Ce n'est qu'à cinq heures seulement qu'elle était aperçue par l'amie de Mme D..., qui la ramenait chez ses parents.

Cette déclaration a été répétée par la jeune Henriette à M. Cornette, commissaire de police. Elle a ajouté que l'individu qui l'avait entraînée ne lui avait fait aucune menace.

Le récit de l'enfant semble être exact. Les renseignements recueillis sur la jeune Henriette sont favorables. Elle est profondément honnête et dévouée à ses parents.

Le commissaire de police fait rechercher l'étrange hypnotiseur qui se sert de son pouvoir pour entraîner les enfants et les voler. »

Et ce n'est pas seulement le vol, c'est l'assassinat par suggestion que pratiquent les hypnotiseurs de cavernes avec un zèle égal à celui des hypnotiseurs d'hopitaux, de salons et de théâtres forains. Le sanctuaire de la justice épurée retentit sans cesse de cette excuse souvent assez plausible, prise enfin au sérieux par les magistrats et les médecins légistes, d'assassinat suggéré.

Aux docteurs qui assurent que l'hypnotisme n'est qu'un joli serpent inoffensif comme celui de Voltaire, ou si l'on veut une bénigne petite sangsue qui ne mord que sous leur main et dans les règles, rappelons en passant quel filtre invisible y trouve la débauche pour se faire suivre par l'innocence.

Comment la science honnête s'y prendra-t-elle donc pour empêcher l'ignorance criminelle ou le crime ignorant d'abuser par une concurrence aussi déloyale de ce qui devrait être à tout jamais *le secret du Docteur* ? Comment, je le répète, si la science est moins forte que le crime et pas plus savante que l'ignorance ?

CHAPITRE X.

SUGGESTIONS ET MIRACLES. — LA SCIENCE DES CHARCOT ET LA FOI DE BOSSUET.

La seule chose qui nous porterait à espérer beaucoup de la science future, c'est que la science présente lui a laissé beaucoup à faire.

Nous ne croyons pourtant pas qu'elle en vienne un jour, même éloigné, à faire des suggestions comme celles que le journal de Donato, répandu à foison jusque dans les presbytères, attribue à Jésus-Christ, il disait à un malade : *Vous êtes guéri*. Et le malade, se croyant guéri, l'était en effet. Quand il s'agissait d'un tiers, il disait : « Votre serviteur est guéri, » ou : « Votre fille est ressuscitée. » Et la foi du tiers opérait sur ses malades ou sur ses morts. Mais quand il disait au mort lui-même : « Levez-vous, » le mort se levait, se croyait ressuscité, et il l'était par le fait même. Bien qu'il fût mort, sa foi l'avait sauvé comme les autres. Voilà des suggestions qui peuvent compter.

Mais vous avez à votre portée, messieurs, pour ne pas dire à votre porte, le moyen d'observer des suggestions, bien inférieures, sans doute mais encore assez remarquables et constatées mêmes par des médecins, Car ce ne sont pas des hystériques guéris qui reviennent de Lourdes ; ce ne sont pas seulement des paralytiques ou des fiévreux auto-suggestionnés qui ont laissé leur fièvre ou retrouvé leur mouvement dans la piscine de la Grotte ; ce sont parfois d'horribles cancers qu'emporte l'eau pure et simple qui sort de la source, des plaies déclarées incurables par la science que des foules immenses ont vu soudainement cicatrisées.

Quand ce ne sont que des aveugles ou des sourds-muets, on peut encore n'est-ce pas ? crier à la supercherie ou parler de maladie toute nerveuse qui aurait cédé à l'enthousiaste persuasion du sujet. Mais des cancers, cela ne se simule ni ne s'imagine.

Si l'on a vu parfois des médecins qui avaient, au départ, déclaré par certificat signé de leur main la maladie incurable, refuser de certifier au retour la guérison dont ils ne pouvaient douter, il en est d'autres, même parmi ceux qui ne joignent pas la foi à la science, il en est qui n'ont ni craint ni rougi de rendre gloire à Dieu, c'est-à-dire à la vérité.

Ainsi fut revêtue du cachet de l'authenticité scientifique la guérison assez récente d'une religieuse bretonne. Je me rappelle avoir lu, à plus d'un an de distance, l'origine de la maladie et sa guérison. C'était aux époques respectives des faits, et il faudrait avoir trop mauvaise opinion des journaux catholiques et des *Semaines religieuses* pour voir dans le premier récit une préparation machiavélique du second : d'autant qu'il eût fallu être par trop assuré d'une connivence surnaturelle.

Il y avait donc au moins un an de cela : un misérable appartenant à ce qu'on nomme la bonne compagnie, pris de délire à la simple vue du costume religieux, s'était précipité de sa voiture sur cette femme sans défense pour lui déchirer le sein de ses mains forcenées. Fait non moins odieux qu'authentique et dont on peut aisément retrouver les sources. Une plaie cancéreuse se déclare, la science la confesse incurable, c'est un martyr de tous les instants, la patience et la résignation sont à la mesure de la souffrance. Ce n'est qu'au bout d'un an et plus que cette sainte fille se décide à demander sa guérison à un miracle. Elle se rend à Lourdes, le voyage est un supplice, elle arrive enfin, elle se plonge dans la piscine, la souffrance s'évanouit, la plaie se dessèche et se ferme aussitôt, les traces seules en demeurent comme l'inscription du miracle sur ce monument vivant de la rage de l'enfer et de la grâce du ciel. Sa première prière, après son action de grâces rendue solennelle par la participation d'une foule transportée, fut pour son bourreau.

Voilà un miracle. Nous n'en demandons pas tant à la suggestion doctorale. Qu'elle guérisse un seul malade en dehors de l'hystérie et nous crierons merveille. Qu'elle guérisse radicalement un seul hystérique et nous dirons : Votre pathologie physico-morale est par nous promue thérapeutique de l'hystérie. Mais nous ne croirons pas pour autant aux miracles de la Salpêtrière et nous continuerons de croire aux miracles de Lourdes, qui n'ont rien de suggestif, qui sont matériels et matériellement prouvés, mais qui seront toujours niés sans examen par ceux qui croient sans examen au grand dogme axiomatique du déterminisme. Qu'ils continuent à se mettre, comme dit Pascal, *quelque chose devant les yeux* (ce n'est pas la même chose pour tous,) à serrer ce bandeau dès qu'une lumière gênante éclate, à ne l'ôter que pour voir ce qui leur plaît.

Avec les chrétiens les plus éclairés de nos jours, avec le monde catholique tout entier conduit par ses chefs et ses docteurs, je m'agenouille devant

Notre-Dame de Lourdes, salut des corps et des esprits, guérison du cœur, cette dupe éternelle qui dupe l'esprit à son tour. Telle a voulu apparaître en nos jours la Vierge sans tache, reine de tous les temps chrétiens, la Vierge de saint Jean, de Dante Alighieri, du grand Bossuet ! Avec Bossuet, je salue l'Immaculée, et je préférerai toujours à la science incrédule et même à la plus savante incrédulité la foi de Bossuet : de cette intelligence dont le *moi* fut si étendu ; anatomiste et physiologiste à ses heures aussi lui, dans la *connaissance de Dieu et de soi-même* ; métaphysicien des plus sûrs dans sa *Logique* et dans son *Libre arbitre* ; ayant la profondeur indo-germanique avec la clarté française ; moraliste dont la finesse égale la hauteur ; historien aux vues larges et compréhensives, au style vivant, aux grandes moralités : polémiste athlétique, à la fois souple et fort, en un mot, roide joûteur en tout genre d'escrime intellectuelle ; savant unique en son genre par l'érudition multiple unifiée dans son savoir ; Père de l'Eglise, un des derniers par la date et des premiers par le mérite ; riche et brillant d'esprit, chaud de cœur, comme Jean Bouche d'or, et plus sobrement abondant que lui ; tendre en même temps et nerveusement subtil, comme Augustin, mais plus majestueux ; remarquable entre tous par la pureté du goût qui fut toujours le guide de son génie ; Bossuet, l'élan de la pensée intuitive, la logique rapide de l'esprit et du cœur ; Bossuet, le bon sens en personne, mais le bon sens élevé, l'imagination puissante et hardie, sentant toujours le frein de la raison ; constamment supérieur par la perfection de la forme et l'éclat de l'expression à toute l'antiquité classique et à toute la littérature moderne, y compris les poètes ; en un mot, le plus éloquent des orateurs et le plus grand des écrivains, et par dessus tout cela, le sublime écolier de ce que vous nommez *les fables bibliques*, et le maître des maîtres.

CONCLUSION

La lumière naît bien moins souvent du choc des idées que d'une seule idée mise en son vrai jour.

Nous avons fait cette remarque de bon sens :

Tous les phénomènes physiques correspondent immédiatement à des causes naturelles et non point à nos volontés ou à nos désirs. On peut les provoquer, sans doute, mais toujours par des moyens physiques appropriés rationnellement au but à obtenir.

Les faits spirites, au contraire, sont de telle nature que pour les obtenir il est toujours nécessaire et souvent suffisant de formuler sa demande ou de la sous-entendre au moins, les actes matériels ajoutés n'étant qu'une cérémonie ou un signal convenu.

Il est évident que les spirites ont affaire à une cause libre, et ses refus prouvent la liberté de ses faveurs.

Mais quelles sont les causes libres qui président au spiritisme ? Ici la raison et la science humaine se taisent : la foi seule répond.

Pour nous il n'y a pas de doute possible. Précédé de la Bible, des Pères et de saint Thomas, nous avons marché d'un pas ferme à la découverte des dieux du spiritisme et nous les avons éclairés, à ce triple flambeau.

Ils cachent volontiers leur identité, ils se donnent le plus souvent pour les âmes de nos morts, que le chrétien, d'ailleurs, se garderait d'évoquer, averti par les prohibitions de Moïse et de l'Eglise elle-même, et sachant que cette pratique audacieuse est un jeu à tout perdre.

On sait que les Chinois, emportés par la fureur du jeu, quand ils n'ont plus leur argent ni leurs habits à risquer, mettent leur doigts sur la table, et le gagnant les coupe sans pitié. Ce ne sont pas ses doigts, ce n'est pas seulement sa chair, c'est son âme qu'on pose comme enjeu sur la table spirite.

« Les malheureux ! s'écrie sainte Thérèse, ils ne sauraient aimer ! »

Cette parole profonde résume en un cri du cœur la doctrine de l'école.

Ils ont aimé Dieu, dit saint Thomas, dès le premier instant de leur création ; mais cet amour était spontané, nécessaire, appartenant à la nature de l'ange : Dieu tout amour ne pouvait créer qu'amour. Et cet amour spontané de Dieu comme souverain bien subsiste dans leur être immuable avec la haine présente de sa justice, et c'est ce qui fait toute l'horreur de leur damnation.

Ils ne peuvent s'empêcher de désirer ce souverain bien qu'ils connaissent et ce désir impuissant et sans espoir n'est plus qu'un immense regret. Leur orgueil terrassé, toujours en révolte, combat cet amour de naissance et lui oppose éternellement le poids de sa haine.

Dès le second instant de leur existence, en effet, dit le docteur angélique, abusant du plus grand des dons divins, la liberté d'élection, leur orgueil jaloux a choisi la haine. Et Dieu leur laissant tout ce qu'ils avaient de biens naturels, mais les repoussant de lui, les a plongés par là même dans l'abîme de tous les maux.

Comme ils haïssent Dieu, il haïssent l'homme, son image, et ne pouvant mentir à Dieu, il nous mentent.

On dit la vérité à ceux qu'on aime : le mensonge, sous toutes ses formes, est l'arme de la haine.

Si leur chef est appelé *l'homicide dès le commencement*, c'est parce qu'il fut l'initiateur du mensonge. Comme la vérité est une parole vivante et qui donne la vie, le mensonge est une parole morte et qui donne la mort (1).

Calomnies, flatteries, promesses trompeuses, voilà les œuvres de ce père du mensonge et des menteurs, comme l'a nommé la Vérité même.

Leurs calomnies contre Dieu, leurs flatteries à notre adresse, leurs promesses à notre usage sont la vieille tactique du Paradis terrestre, adaptée soigneusement à chaque époque, selon ses caractères. Par bonheur ils discréditent eux-mêmes leurs promesses en ne donnant que de la fumée, leurs flatteries sont souvent déjouées par notre bon sens, leurs criantes calomnies, disons le mot, leurs blasphèmes sont couverts par la voix de la nature entière et par le cri du cœur humain.

Cependant rien ne les décourage, ils mentent encore, ils mentent toujours et de mille manières : en paroles, en actions ; ils cherchent à faire mentir notre esprit, notre cœur, notre conscience et

---

(1) Pierre comprenait bien cela quand il disait ces mots dictés, non par la sensibilité ni par le bon sens, mais par le sens nouveau et spirituel : « A qui donc irions-nous ? Vous avez les paroles de la vie éternelle. »

jusqu'à nos sens; ils tournent autour de nous pour épier nos faibles particuliers, connaissant déjà si bien notre nature générale et sachant que l'homme hélas ! se trompe avec variété : *varie fallimur* (1).

A ce signe certain, reconnaissons nos ennemis.

Voilà ce que nous avons à dire aux croyants.

Quant aux libre-penseurs qui cherchent le progrès dans l'imitation des fakirs de l'Inde et des sorciers du moyen-âge, nous ne leur ferons point de vains reproches : ils sont dans la logique ; non dans la logique du discours, mais dans celle des choses, encore plus puissante, parce qu'elle est matériellement irrésistible.

L'*abîme appelle l'abîme* (2) et l'incroyance appelle la superstition. Mal cachée sous le court manteau de la science humaine, la magie est toujours la magie. Chacun peut même la reconnaître aisément, car elle n'a plus le masque sur le visage, mais à la main. En effet, la sorcellerie maintenant pratiquée à découvert chez les Japhétiques des deux mondes est bien la vraie science *ésotérique*, c'est-à-dire intime, des sanctuaires secrets de la Grèce, de l'Egypte, de la Perse et de l'Inde. Les gymnosaphistes (sophistes nus) du temps d'Alexandre, sont remplacés chez nous par les sophistes habillés, voilà toute la différence.

Au défaut de la religion des pères de l'Église, ils ont celle des *pitris*, (pères de l'Inde). Il leur manque, c'est vrai, les monuments vénérables de leurs sciences occultes enfouis depuis quelques millions d'années dans une retraite inaccessible aux déluges périodiques prévus et datés d'avance par

---

(1) *Imitation.*
(2) Psaumes.

les calculs prodigieux de ces ancêtres cent et cent fois millénaires........ Mais courage ! il ne reste plus qu'à trouver le gîte.

Voilà du moins une religion : c'est qu'il en faut une : « Oui, comme s'écriait après boire ce brave officier, en se jetant à genoux dans un transport tout militaire de sentiment religieux, oui, il faut un Dieu ! fût-ce le diable, il en faut un ! »

L'homme prie naturellement, comme la source coule : qu'on l'arrête sur une pente, elle se précipite sur une autre, et tous les hommages qui ne vont pas à Dieu vont à Satan.

PIÈCES JUSTIFICATIVES

Lettre de M. Cox à M. Crookes,

36, *Russel square, 8 juin 1871.*

Cher Monsieur,

Étant présent dans un but de recherches aux expériences d'essai relatées dans votre article, j'apporte avec empressement mon témoignage en faveur de la parfaite exactitude de la description que vous en avez faite et des précautions et du soin avec lesquels furent accomplies les différentes épreuves.

Les résultats me semblent établir d'une manière concluante ce fait important : qu'il y a une force qui procède du système nerveux et qui est capable dans la sphère de son influence de donner aux corps solides du mouvement et du poids.

J'ai constaté que cette force était émise par pulsations intermittentes et non pas sous la forme d'une pression fixe et continue, car l'index montait et baissait constamment pendant l'expérience. Ce fait me semble d'une grande importance, parce qu'il tend à confirmer l'opinion qui lui donne pour source l'organisation nerveuse, et il contribue beaucoup à asseoir l'importante découverte du docteur

Richardson d'une atmosphère nerveuse d'intensité très variable enveloppant le corps humain (1).

Vos expériences confirment entièrement la conclusion à laquelle est arrivé le comité de recherches de la Dialectical Society après plus de quatorze séances d'essais et d'épreuves (2).

Permettez-moi d'ajouter que je ne vois rien là qui puisse même tendre à prouver que cette force est autre chose qu'une force émanant de l'organisation humaine ou du moins s'y rattachant directement (3) et qu'en conséquence, comme toutes les autres forces de la nature (4), elle est pleinement du ressort de cette rigoureuse recherche scientifique à laquelle vous avez été le premier à la soumettre (5).

La psychologie est une branche de la science qui a été jusqu'ici presque entièrement inexplorée, et cette négligence doit être probablement attribuée à ce fait qui semble étrange que l'existence de cette force nerveuse soit demeurée si longtemps sans être étudiée, examinée et à peine constatée (6).

---

(1) Cela prouve nettement qu'il n'y a point un poids, mais une impulsion. Mais comment cela prouverait-il une atmosphère nerveuse enveloppant le corps humain ? Comment cela montre-t-il la source de cette force impulsive ?

(2) A savoir que l'objet n'a paru augmenter de poids que par l'effet d'un mouvement impulsif extérieur. C'est beaucoup de travail pour arriver à un résultat qui saute aux yeux.

(3) Rien non plus qui puisse tendre à prouver qu'elle soit une force émanant de l'organisation humaine ou s'y rattachant.

(4) Il n'est pas prouvé qu'elle soit une force de la nature, mais il n'en est pas moins permis de l'examiner provisoirement comme telle.

( ) D'une force *émanant de l'organisation* à une force *qui s'y rattache*, même *directement*, il y a tout un monde : la première est évidemment personnelle ; que pourrait bien être la seconde ?

(6) Du temps que le cœur était à gauche et le foie à droite, la psychologie était la science de l'âme, et la physiologie,

Maintenant qu'il est acquis par les preuves données par des appareils que c'est un fait de la nature (1) (et si c'est un fait (2), il est impossible d'en exagérer l'importance au point de vue de la physiologie et de la lumière qu'il doit jeter sur les lois obscures de la vie, de l'esprit et de la science médicale), sa discussion, son examen immédiat et sérieux ne peuvent pas ne pas être faits pour les physiologistes et par tous ceux qui ont à cœur la connaissance de l'homme, connaissance qui a été nommée avec raison la *plus noble étude de l'humanité* (3).

Pour éviter l'apparence de toute conclusion prématurée, je recommanderai d'adopter pour cette force un nom qui lui soit propre et je me hasarde à suggérer l'idée qu'on pourrait l'appeler *force psychique* ; que les personnes chez qui elle se manifeste avec une grande puissance s'appellent *psychistes*, que la science qui s'y rapporte se nomme *psychisme*, comme étant une branche de la psychologie (4).

---

celle du corps. En ce temps-là, Malebranche, Thomas Reid, Cousin, Jouffroy, étaient des psychologues. Aujourd'hui, le psychologue, c'est M. Charcot.

(1) De quelle nature ? la nature physique ? la nature humaine ? Et que prouvent les appareils ? l'objectivité du fait, mais non son origine.

(2) Mais si c'est un fait surnaturel ? Vous dites : c'est impossible. Vraiment, qu'en savez-vous ?

(3) Après celle de Dieu, toutefois. Quant aux lois de la vie, il y en a une qui sera toujours obscure : son origine ; elle ne se découvrira jamais aux yeux ni au microscope et ne sortira jamais de la cornue ni de l'alambic : c'est l'alchimie du xixe siècle. Les autres lois de la vie pourraient-elles être éclaircies par cette notion de la force psychique, si elle doit demeurer elle-même toujours aussi obscure ?

(4) Une force purement nerveuse appartiendrait purement à la physiologie et ses effets à la physique.

Permettez-moi aussi de proposer la prochaine formation d'une société psychologique, dans le but de faire marcher, par le moyen des expériences, des journaux et de la discussion, l'étude de cette science jusqu'ici négligée.

Je suis, etc.

ED. W. COX.

A M. William Crookes, F. R. S. (Fellow royal society).

Quand l'homme ne sait plus que dire ni que penser, alors il fait des phrases, comme la femme fait des arguments. Il n'y a pas même d'exception pour l'Anglais, le moins phrasier de tous les peuples.

M. P. Gibier, page 293 :

William Crookes avait fait connaître ses recherches lorsque le professeur Boutlerow, de Saint-Pétersbourg, lui écrivit qu'il venait de faire des expériences semblables avec Home dont la force à ce moment était des plus considérables. Un appareil avait été disposé de telle façon que la pression des mains de Home à l'endroit où elles étaient appliquées eût diminué la tension si celui-ci eût fait le moindre effort. Le dynamomètre servant à l'expérience marquait une tension normale de 100 livres. Lorsque Home eût appliqué ses mains, la tension du dynamomètre fut portée à 150 livres.

M. Crookes avait déjà conclu que l'existence

d'une force associée à l'organisme humain (1) devait être mise hors de doute. Cette force « par laquelle un surcroît de poids peut être ajouté à des corps solides sans contact effectif » se rencontre chez un très petit nombre d'individus. Chez la même personne, elle est très variable d'un instant à l'autre. Après avoir observé « l'état pénible de prostration nerveuse et corporelle dans lequel quelques-unes des expériences ont laissé M. Home, après l'avoir vu dans un état de défaillance presque complète, étendu sur le plancher, pâle et sans vie », M. Crookes pense que cette influence procède « du système nerveux », et que cette *force psychique* « est accompagnée d'un épuisement correspondant de la force vitale. » (2).... L'existence de cette force est donc incontestable : on ferait encore admettre cela facilement.

Mais voici que le comité de recherches de la société dialectique de Londres, tout en établissant sa réalité après expériences, constate que cette force est souvent dirigée par quelque intelligence... (3).

Lorsque M. William Crookes fit connaître ses recherches, elles furent fort mal accueillies : na-

---

(1) Comme c'est vague, cette force *associée*. Et ne serait-ce pas une exaltation morbide des nerfs, électrisant ou aimantant de quelque manière l'organisme humain ? Ce n'est pas notre opinion, mais pour ceux qui veulent que tout ceci soit purement physiologique, c'est la plus naturelle.

(2) Qu'est-ce que cette force humaine qui n'a pas d'exercice normal puisqu'elle ne s'emploie jamais sans épuiser la sève vitale ? Que de fois la marche, la gymnastique, la lutte modérée, au lieu d'épuiser cette sève vitale, la rafraîchissent !

(3) Quelque intelligence est charmant ! Excusez du peu ! Comme les savants sont vagues, quand ils ne sont pas précis ! Quelque intelligence ! A savoir, celle des esprits. Nos savants seraient-ils contents qu'on parlât ainsi de leur génie Allez donc dire que M. Crookes a quelque génie !

-turellement la Société Royale dont notre expérimentateur fait partie, ne voulut pas d'une nouveauté aussi compromettante et le professeur Balfour Steward poussa la facétie jusqu'à supposer que M. Crookes et les personnes qui l'avaient assisté avaient été fascinés par la grande puissance électro-biologique de M. Home : « Possible, répondit M. Crookes, que nous ayons été fascinés ; mais nos instruments enregistreurs étaient-ils fascinés aussi ? »

Voilà bien les savants, en présence des faits surnaturels ou extra naturels ! Les uns les nient : ils sont plus logiques. Les autres cherchent à les expliquer naturellement : ils sont plus sincères. Mais tous demeurent courts par le même côté.

Lettre à M. Crookes

25 décembre 1892.

Monsieur et illustre Maître,

Pardonnez-moi si je reviens et si j'insiste sur un sujet que vous semblez avoir abandonné, on dirait même rejeté. Il y va de votre renommée et, ce qui est bien plus grave, de votre réputation. C'est ce qui m'enhardit à vous importuner pour vous servir.

Vous ne sauriez imaginer ce que beaucoup d'hommes éminents, distingués, savants, pensent et osent dire, de ce côté du détroit, au sujet de vos relations passées avec Katie King. Et ce n'est point un écho isolé, c'est une multitude d'échos, pour ainsi dire, convergents et consonnants qui arrivent de toutes parts.

N'auriez-vous point donné lieu à ces appréciations défavorables et même injurieuses, par votre laconisme, tellement constant qu'il peut sembler systématique. On voit que la politesse seule dicte vos réponses, et cela équivaut presque au silence.

On va jusqu'à comparer l'histoire de Katie King à une farce qui s'est jouée à Vienne, il y a deux ans devant la famille impériale. Le médium avait exigé des paroles d'honneur qu'on n'entrerait pas dans le *cabinet*. (Et je me le demande malgré moi, dans une expérience loyale, à quoi sert un *cabinet*?) Deux jeunes gens qui n'avaient pas pris d'engagement y entrèrent quand même et prirent le sorcier la main dans le sac. On ajoute que si vous aviez été moins docile à Katie ou à son médium, vous auriez aisément éventé la mèche.

On va beaucoup plus loin, et il faut l'amour passionné que j'ai de la vérité pour pousser moi-même jusqu'au bout mon rôle d'écho fidèle.

On dit que, trompé d'abord et détrompé ensuite, vous aviez hâté d'en finir. De là ce dénouement subit, la cessation des apparitions, et surtout le silence dont vous ne sortez que par quelques monosyllabes, montrant bien, ajoute-on, ce que le sujet a pour vous de désagréable.

Je n'ai pas voulu affaiblir ces imputations. Je ne crois pas d'ailleurs moi-même, que votre brièveté tienne à autre chose qu'à la multiplicité de vos occupations, et je me reprocherais d'empiéter sur vos études précieuses si ce n'était dans votre intérêt et pour vous mettre à même de répondre une fois pour toutes à ces calomnies, avec l'indignation qu'elles méritent, mais aussi avec l'étendue que comporte une apologie devenue nécessaire. D'autant qu'à l'esprit chagrin des frondeurs se joint la critique sérieuse de quelques hommes graves, qui parlent le même langage.

J'ai l'intention de publier tout prochainement, sur le point de vue philosophique et religieux des questions relatives au spiritisme, un ouvrage court, mais soigneusement étudié. Je voudrais faire passer dans l'âme de mes lecteurs ma conviction profonde que le plus grand physicien de l'Angleterre est infiniment au-dessus du soupçon (malheureusement trop répandu en France), d'avoir mieux aimé perpétuer une erreur que de l'avouer.

Encore une fois, agréez, Monsieur, l'expression de mon admiration, et croyez que vous méritere z toute ma reconnaissance et celle de beaucoup d'autres, en rendant un témoignage public à la vérité et à votre propre honneur, dans un pays où l'on ne connaît de vous que votre savoir et votre génie.

A. JEANNIARD DU DOT.

P.-S. Pour établir votre parfaite loyauté dont, pour ma part, je ne doute nullement, il faudrait que toutes les personnes présentes aux expériences eussent donné ou donnassent maintenant leur témoignage. Me serait-il permis de vous en demander la courte liste et, s'il était possible, leur adresse ? On demande aussi de tous côtés qu'est devenue miss Cook.

Les Photographies

M. P. Gibier fait précéder de cette observation la reproduction de quelques photographies de Katie King :

Les photogravures qui suivent ont été faites sans aucune retouche manuelle, d'après les photographies de Katie King obtenues par M. Crookes... La figure 19 représente, suivant l'honorable M. William Crookes, de qui nous tenons personnellement ce renseignement, le docteur Gully tenant *Katie King* par la main. Cette photographie a été faite par M. Harrisson... Dans la lettre dont il a bien voulu nous honorer, l'affirmation de M. W. Crookes, en ce qui a trait aux deux premières photographies est absolue, c'est bien lui qui les a obtenues, et la personne qu'elle représente est bien *Katie King*, c'est-à-dire un personnage qui se formait de toutes pièces devant ses yeux et disparaissait avec autant de facilité !

Dans le fond de la figure 17, on remarque deux rangées de flacons dont l'une est très apparente; cette épreuve a été prise chez M. Crookes et ces flacons sont ceux de son laboratoire de photographie.

La photographie reproduite au moyen de la photogravure sur la figure 19 (photographie tirée par M. Harrisson) se vend en Angleterre et en Amérique dans les librairies spéciales. L'exemplaire que nous avons sous les yeux porte au verso la mention suivante que nous traduisons littéralement :

Cette photographie qui est une copie agrandie de

l'original pris à Londres au moyen de la lumière au magnésium représente la forme de l'esprit matérialisé Katie King... qui pendant trois ans, (fin de mai 1874) vint en présence de plusieurs assistants, par l'intermédiaire de la médiummité de miss Florence Cook. Le gentleman qui tient sa main est le docteur J. M. Gully, bien connu des Américains qui ont visité l'établissement hydrothérapique de Great-Malvern. En mars 1874, M. C. F. Varley F. R. S. (Fellow-Royal-Society, société royale de Londres,) ingénieur en chef de la compagnie du câble transatlantique, et le professeur Crookes, F. R. S... illustre, chimiste, ont prouvé par une épreuve électrique que miss Cook était dans l'intérieur du cabinet de M. Crookes tout le temps que l'esprit Katie était au dehors (dans une autre salle) se promenant au milieu des assistants et s'entretenant avec eux. Le 12 mars 1874, le professeur Crookes, au moyen d'une lampe à phosphore, vit Katie se tenant dans son cabinet tout près de miss Cook et il se convainquit de la réalité objective distincte des deux personnes. Le 9 mai 1874, Benjamin Coleman, esq. (à qui nous sommes redevables de cette photographie) était présent à une séance au sujet de laquelle il écrit: M. Crookes soulève le rideau, et lui et moi et quatre autres assistants, nous vîmes ensemble et en même temps la forme de Katie vêtue de sa robe blanche et à côté la forme du médium couché dont la robe était bleue et qui avait un châle rouge sur la tête. Mistress Florence Marryat Ross-Church, qui était présente à trois séances, les 7, 13 et 21 mai 1874, atteste qu'elle a vu le médium et Katie ensemble et qu'elle a senti son corps nu sous son vêtement, ainsi que son cœur battre rapidement et qu'elle peut certifier que « si c'est une force psychique, la force psychique est vraiment une femme. »

Elle ajoute : « Je ne dois pas oublier de dire que quand Katie coupa devant nos yeux douze ou quinze morceaux d'étoffe différents, sur le devant de sa tunique blanche, pour laisser en souvenir à ses amis, l'examen le plus minutieux ne pouvait faire voir de trous (à la place où les morceaux avaient été coupés.) C'était la même chose avec son voile, et je lui ai vu faire la même chose plusieurs fois. » La disparition de l'esprit matérialisé après son entrée dans le cabinet était le plus souvent instantanée.

Ces photographies, ajoute M. P. Gibier, se vendent au vu et au su des personnes dont le nom, des plus honorables, figure dans la description qui précède. Comment se fait-il qu'aucune d'elle n'ait protesté contre cet abus de leur nom, si abus il y avait ?

TABLE DES MATIÈRES

Lettre de Monseigneur Bécel, évêque de Vannes, à l'auteur. ... 1
Rapport de M. l'abbé Le Roux, professeur de philosophie au collège Saint-François-Xavier, à Monseigneur l'évêque de Vannes. ... 1
Lettre de Monseigneur de Kernaëret, doyen de la faculté de théologie d'Angers, à l'auteur. ... 2
INTRODUCTION. — I. Choses à laisser passer ... 8
— II. Choses à retenir ... 12

PREMIÈRE PARTIE. — NOTIONS FONDAMENTALES

CHAPITRE Ier. — Le fait et la doctrine. ... 17
CHAPITRE II. — Suggestion, tentation, obsession, possession, sorcellerie ou magie. ... 19
CHAPITRE III. — Qu'est-ce que le spiritisme? Spiritisme réel et spiritisme imaginaire. Illusion et supercherie. Le spiritisme réel seul objet de cet ouvrage ... 21
CHAPITRE IV. — L'esprit et le corps des esprits ... 24
CHAPITRE V. — Classification des faits spirites. ... 28

DEUXIÈME PARTIE. — TÉMOIGNAGES HISTORIQUES

CHAPITRE Ier. La table philosophe de M. Eugène Nus. Son aversion pour la philosophie chrétienne. ... 31
CHAPITRE II. — La table divinatrice et la table facétieuse de M. Paul Gibier. ... 35
CHAPITRE III. — Le prophète et le médecin peau-rouge. 40
CHAPITRE IV. — Ecriture magique, divination, lévitation chez les Hindous ... 49

Chapitre V. — Le papayer poussé en une heure . . . 52
Chapitre VI. — Commentaires sur ces phénomènes divers : écriture spontanée, divination, sommeil magique, et particulièrement sur la croissance végétale précipitée 57
Chapitre VII. — Le jeune instituteur et son génie familier 61
Chapitre VIII. — Une séance spirite en Amérique. . . 70

TROISIÈME PARTIE. — EXPÉRIENCES SCIENTIFIQUES

Section Ire. — *Les expériences de Crookes et de Zœllner*

Chapitre Ier. — Valeur scientifique et morale de M. Crookes. Son début dans l'étude du spiritisme. Avis aux docteurs français 76
Chapitre II. — Etudes de M. Crookes sur l'augmentation du poids des objets sans addition matérielle. . . . 81
Chapitre III. — Quelle est la véritable force augmentative du poids des objets sans addition matérielle. 84
Chapitre IV. — Matérialisation d'esprit. Qu'est-ce que ce phénomène. Histoire de Katie King, prétendue morte ressuscitée. Ses apparitions répétées pendant trois ans. Ses rapports de laboratoire et de salon avec M. Crookes, sa famille et ses collègues. L'esprit photographié. Critique historique. 88
Chapitre V. — Analyse psychologique et physiologique de Katie-King acceptée ou supposée comme un esprit matérialisé, venu de l'autre monde. Sagacité physiologique et inadvertance philosophique du docteur. Irrémédiable vanité de ses constatations les plus exactes. Erreur et témérité de sa conclusion principale. Les savants pipés par de plus savants. . . . 111
Chapitre VI. — Les expériences de Zœllner avec Slade. 127
Conclusion de la première section. 10

2° section: *Les expériences du docteur P. Gibier au moyen de Slade*

Chapitre Ier. — Différents phénomènes prestigieux obtenus par Slade en présence du docteur P. Gibier. La lévitation. 134
Chapitre II. — Mouvements des corps sans le contact du médium 139

Chapitre III. — Les extases de Slade possédé par les âmes de certains morts. Objection plus plaisante que solide du docteur Paul Regnard sur les noms des esprits 141

Chapitre IV. — Théorie de l'extase. Extase vraie ou extase des saints. Fausse extase ou extase des poètes. Extase fausse ou extase des sorciers. . . 145

Chapitre V. — Le miracle et le prestige. Les lois de la nature: le prestige en abuse, le miracle y déroge et en dispense. Lazare et Katie King. La lévitation des médiums et le ravissement des saints. 152

Chapitre VI. — Matérialisation : mains perceptibles à la vue et au toucher tour à tour. La main du festin de Balthasar. 157

Chapitre VII. — Ecriture spontanée (2ᵉ catégorie du docteur). Témoignage d'un Robert-Houdin. Voltaire et les sorciers. Essai impuissant. Souvenir de M. Crookes : un crayon boiteux et impotent. 162

Chapitre VIII. — Episode à propos du précédent. Le naturalisme de Voltaire aussi contraire à la raison qu'à la foi. Son symbole négatif sur Dieu, la nature et l'homme. Puissance persévérante et caractère de cette fausse philosophie résumée dans le *Dictionnaire philosophique* résumé lui-même en quatre pages. Voltaire et Joseph de Maistre 167

Chapitre IX. — Dix expériences d'écriture spontanée. La première. Que fera la science future de telles expériences. Véritables causes de ces faits. Notion des causes intelligentes et libres. 175

Chapitre X. — Les trois expériences suivantes d'écriture spontanée. Encore le fluide magnétique. Physiologie psychologique, magie du moyen âge et fakirisme hindou se rencontrent. *Latet anguis in herba*. . . 181

Chapitre XI. — Inviolabilité des lois physiques. Impuissance des causes libres contre elles. Le sabbat, l'envoûtement, le presbytère de Cideville. Faux envoûtement moderne de M. de Rochas. 185

Chapitre XII. — Suite et fin des expériences avec Slade. Nombre de faits semblables aux faits spirites produits spontanément et sans médium. 193

Chapitre XIII. — Double criterium des forces naturelles et des forces extra-naturelles 209

QUATRIÈME PARTIE

L'HYPNOTISME DANS SES RAPPORTS AVEC LE SPIRITISME

Chapitre I. — Que penser du suggestionisme ? Peut-on lui assimiler tout d'abord le spiritisme au point de vue du caractère ou naturel ou extra naturel. . 215
Chapitre II. — Suite de la suggestion. Ceux qui l'emploient la connaissent-ils ? 220
Chapitre III. — Un peu de philosophie ne nuirait pas. Exemple : Analyse du sommeil 225
Chapitre IV. — Les suggestionistes déterministes. Leur incompétence 231
Chapitre V.—Théorie de la suggestion d'après le P. de Bonniot 235
Chapitre VI. — *Euréka*. Identité de la divination spirite et de la clairvoyance hypnotique. 240
Chapitre VII — L'hypnotique désemparé par la privation de l'attention au profit du véritable clairvoyant 247
Chapitre VIII. — Ni psychologie ni physiologie, mais pathologie. 249
Chapitre IX. — La suggestion guérit-elle ? Est-elle la réserve des savants 250
Chapitre X. — Suggestions et miracles. La science des Charcot et la foi de Bossuet 255
Conclusion. 259

PIÈCES JUSTIFICATIVES

Lettres de M. Cox à M. Crookes. 265
M. P. Gibier, page 273. 268
Lettre de l'auteur à M. Crookes. 270
Les photographies 273

LIBRAIRIE BLOUD & BARRAL
4, rue Madame, & 59 rue de Rennes, Paris

BIBLIOTHÈQUE HISTORIQUE & LITTÉRAIRE

Ecrits pour tous les *âges*, mais plus spécialement *pour la jeunesse de nos jours*, les ouvrages de la présente *collection* sont aussi *irréprochables* pour le fond que *soignés* au point de vue de la *forme littéraire*. Tous n'ont qu'un seul but, quoique les sujets en soient variés : FAIRE AIMER LA RELIGION ET LA FRANCE, en un moment où l'esprit de foi et de patriotisme, battu en brèche par la Révolution, tend à s'affaiblir, sinon à disparaître, pour le malheur de notre pays.

CAMPAGNES CONTEMPORAINES
DE
L'ARMÉE FRANÇAISE
DEPUIS 1830 JUSQU'A NOS JOURS

9 beaux volumes in-8 ornés chacun de huit portraits *hors texte et se vendant séparément*. — *Prix du volume*, **5 fr.**; franco, **5 fr. 50**.

LES FRANÇAIS EN AFRIQUE

RÉCITS ALGÉRIENS
Par E. PERRET, ancien capitaine de zouaves

Ouvrage adopté par le ministère de la Guerre pour les bibliothèques de garnison

4ᵉ Edition. — 1ʳᵉ Série (1830-1848). — Un beau volume in-8, orné de *huit portraits* hors texte. — Prix, **5 fr**; *franco*, **5 fr. 50**
||
4ᵉ Edition. — 2ᵉ Série (1848 à nos jours) — Un beau volume in-8 orné de *huit portraits* hors texte. — Prix, **5 fr.**; *franco*, **5 fr. 50**.

LES FRANÇAIS EN ORIENT

RÉCITS DE CRIMÉE (1854-1856)
Par E. PERRET, ancien capitaine de zouaves

Un beau volume in-8 orné de huit portraits hors texte, 2ᵉ édit. — *Prix*, **5 fr**; franco, **5 fr. 50**.

Ouvrage adopté par le Ministère de la Guerre pour les bibliothèques de garnison

CAMPAGNE DE 1859

LES FRANÇAIS EN ITALIE
SUIVI des FRANÇAIS en CHINE, en SYRIE & en COCHINCHINE (1860)
Par le commandant L. GRANDIN

Un beau volume in-8 orné de huit portraits hors texte et d'une carte. — *Prix*, **5 fr.**; franco, **5 fr. 50**.

Ouvrage adopté par le ministère de la Guerre pour les bibliothèques de garnison

LIBRAIRIE BLOUD ET BARRAL

RÉCITS DE GUERRE (1862-1867)

LES FRANÇAIS AU MEXIQUE
par le général THOUMAS.

Un beau volume in-8° orné de *huit portraits* hors texte
d'une carte
Prix, 5 fr.; franco, 5 fr. 50

Ouvrage adopté par le Ministère de la Guerre pour les bibliothèques de garnison.

GAULOIS ET GERMAINS

RÉCITS MILITAIRES
Par le général AMBERT

Ouvrage couronné par l'Académie française, adopté par le Ministère de la Guerre pour les bibliothèques de garnison.

1re Série : *L'INVASION.* — Un beau volume in-8° orné de *huit portraits* hors texte. — Prix, 5 fr.; *franco*, 5 fr. 50. — 19e édition.

2e Série : *APRÈS SEDAN.* — Un beau volume in-8° orné de *huit portraits* hors texte. — Prix, 5 fr.; *franco*, 5 fr. 50. — 15e édition.

3e Série : *LA LOIRE ET L'EST.* — Un beau volume in-8° orné de *huit portraits* hors texte. — Prix, 5 fr.; *franco*, 5 fr. 50. — 15e édition.

4e et dernière série : *LE SIÈGE DE PARIS.* — Un beau vol. in-8° orné de *huit portraits* hors texte. — Prix 5 fr.; *franco* 5 fr. 50. — 13e édition.

Exposer aux yeux des jeunes générations, appelées toutes désormais à passer sous les drapeaux, un tableau à la fois fidèle et attrayant des *Campagnes de l'armée française* en ce dernier *demi-siècle*, telle est l'œuvre éminemment patriotique qu'ont bien voulu s'imposer plusieurs de nos officiers et généraux des plus distingués, aussi experts à tenir la plume qu'à manier l'épée.

Nous n'avons pas à faire valoir auprès du grand public français le mérite de ces *Récits militaires contemporains*, couronnés par l'*Académie française* et adoptés par le *ministère de la guerre* pour les bibliothèques de garnison, il nous suffira de dire que leur inépuisable succès a dépassé toute espérance.

En lisant ces pages remplies du plus pur patriotisme, il n'y a pas lieu de désespérer de l'avenir ; un jour viendra où de nouveaux succès couronneront nos efforts, et ce jour-là, comme au temps de Mérovée et de Clovis, les élus de la victoire seront portés sur les pavois de notre vaillante armée.

Les Francs-Gaulois de Brennus revivent dans ces *Récits*, et quoi qu'on en dise, les fils n'ont pas dégénéré de leurs pères

LIBRAIRIE BLOUD ET BARRAL

SOUVENIRS ET RÉCITS (1870-1871)

Les Soldats Français dans les Prisons d'Allemagne

Par M. le chanoine GUERS

Missionnaire apostolique, ancien aumônier à l'armée du Rhin,
au 17e corps d'armée et en Tunisie

Ouvrage adopté par le Ministère de la Guerre pour les bibliothèques de garnison

Un beau volume in-8° orné de *huit portraits* hors texte. — 4e édit.

Prix, 4 fr. ; *franco* 4 fr. 50.

LES FORTERESSES FRANÇAISES EN 1870-1871

NOS PLACES PERDUES
D'ALSACE-LORRAINE

Par M. Marcel POULLIN, ancien rédacteur de la *France militaire*

1re Série. — TABLEAU DE LA GUERRE — STRASBOURG — LA PETITE-PIERRE — SCHLESTADT — LICHTEMBERG — NEUFBRISACH — BITCHE

Un beau-vol. in-8°. — Prix, 4 fr. ; *franco*, 4 fr. 50.

2e Série. — METZ — PHALSBOURG — MARSAL — THIONVILLE

Un beau vol. in-8°. — Prix, 4 fr. ; *franco*, 4 fr. 50.

Chaque série forme un tout complet et se vend séparément

LES GÉNÉRAUX DE LA RÉVOLUTION (1792-1804)

PORTRAITS MILITAIRES

Par le général AMBERT

Un beau volume in-8° d'environ 390 pages,
orné de *quinze portraits*

Prix, 4 fr ; *franco*, 4 fr. 50.

TABLE DES MATIÈRES. — Introduction : *Les Armées de la Révolution* — *Les Généraux de la Révolution* : Desaix. — Hoche. —Luckner. — Joubert. — Marceau. — Pichegru. — Dampierre. — Championnet. — Rochambeau. — Beurnonville. — Dumouriez. — De Gontaut-Biron. — Custine. — Moreau. — Kléber. — *Conclusion* : Les Volontaires et les Généraux de la Révolution.

LIBRAIRIE BLOUD ET BARRAL

LA FRANCE AU PAYS NOIR
Par Louis d'ESTAMPES

Un très beau volume in-8° raisin, orné de 22 gravures.
Prix, *franco*, 5 fr.

AU PAYS DE CHINE
Par Paul ANTONINI

Un volume in-8° orné de *huit gravures* hors texte.
Prix, *franco*, 4 fr.

DU MÊME AUTEUR
AU PAYS D'ANNAM

Un beau volume in-8°. — Prix, *franco*, 4 fr.

LES
SPLENDEURS DE LA TERRE SAINTE
SES SANCTUAIRES ET LEURS GARDIENS
Par M. SODAR DE VAULX

Ouvrage dédié à S. E. le Cardinal SANFELICE, archevêque de Naples. Honoré d'une lettre d'approbation de S. S. LEON XIII.

Recommandé par le R^{me} BERNARDIN DE PORTOGRUARO, ministre général des Franciscains

Approuvé par NN. SS. les Archevêques et Evêques de Malines, Namur, Ischia, Limoges, Verdun, etc.

Un très fort volume in-8° de xx-547 pages, orné d'une carte de la Palestine en trois couleurs.— Prix, 6 fr.; *franco*, 6 fr. 75.

LIBRAIRIE BLOUD ET BARRAL

FLEURS
DES
PETITS BOLLANDISTES

Vie des Saints pour tous les jours de l'année

Par M. l'abbé PROVOST

Ancien directeur au grand séminaire de Séez, chanoine honoraire de Séez, curé-archiprêtre de Mortagne

Ouvrage approuvé par Mgr Trégaro, évêque de Séez

Deux beaux volumes in-8°. — Prix, 8 francs; *franco*, 10 fr.

VIE
DE
SAINT-VINCENT DE PAUL

Par M. J.-B. JEANNIN, ancien préfet des études au collège de Saint-Dizier

Ouvrage approuvé par S. G. Mgr l'évêque de Langres

Un beau volume in-8°. — Prix, 4 fr.; *franco*, 4 fr. 50

HISTOIRE DU GÉNÉRAL SONIS

Par J. DE LA FAYE

Ouvrage dédié au général de Charette

Adopté par le Ministère de la Guerre pour les bibliothèques de garnison

Un beau volume in-8°, orné de *huit portraits* ou *gravures* hors texte. — 12e édition. Prix, 4 fr.; *franco*, 4 fr. 50

HISTOIRE DE L'AMIRAL COURBET

Par J. DE LA FAYE, auteur de l'*Histoire du général de Sonis*

Ouvrage précédé d'une introduction
par l'amiral Jurien de La Gravière
Membre de l'Académie française
Adopté par le Ministère de la Guerre pour les bibliothèques de garnison

Un beau volume in-8°, orné de *huit portraits* hors texte. —
9ᵉ édition. Prix, 4 fr.; *franco*, 4 fr. 50

LE GÉNÉRAL AMBERT

SA VIE ET SES ŒUVRES

Par J. DE LA FAYE

Un volume in-8°, orné de six portraits.
Prix, 3 francs. *franco*, 3 fr. 50.

DIX GRANDS CHRÉTIENS DU SIÈCLE

*Donoso Cortès — O'Connel — Ozanam — Montalembert
De Melun — Dupont — Louis Veuillot — Garcia Moreno —
De Sonis-Windthorst*

Par J.-M. VILLEFRANCHE

Un beau volume in-8', orné de *dix* portraits.
Prix, 3 fr. 50; *franco*, 4 fr.

HISTOIRE DU GÉNÉRAL CHANZY

Par J.-M. VILLEFRANCHE

Ouvrage adopté par le Ministère de la Guerre pour les bibliothèques de garnison

Un beau vol. in-8°, avec *portrait*. — 3ᵉ édition.
Prix, 4 fr.; *franco*, 4 fr. 50

LIBRAIRIE BLOUD ET BARRAL

VIE DE DOM BOSCO

Fondateur de la Société Salésienne

Par J.-M. VILLEFRANCHE, auteur de l'*Histoire de Pie IX*

Un beau vol in-8°. — 11e édition. — Prix, 4 fr. ; *franco*, 4 fr. 50

VIE DE MONSEIGNEUR DARBOY

Archevêque de Paris, mis à mort en haine de la foi le 24 mai 1871

Par M. l'abbé J. GUILLERMIN,
aumônier de la Présentation, à Saint-Tropez

Avec lettre-préface de Mgr Oury, évêque de Fréjus et Toulon

Un vol. in-8°, orné d'un portrait.
Prix, 4 fr. ; *franco*, 4 fr. 50

Ouvrage honoré d'une lettre du Saint-Père et de nombreuses approbations épiscopales

LES ILLUSTRATIONS

ET LES CÉLÉBRITÉS DU XIXe SIÈCLE

12 séries ou vol. in-8 (titre rouge et noir) chaque série ou volume formant un tout complet et se vendant séparément :

Prix franco : **4 fr.**

« *Les Illustrations du XIXe siècle* en sont à leur douzième série : près de soixante mille volumes se sont écoulés en quatre ans, et vraiment elles méritent l'accueil flatteur que leur a fait le monde littéraire. Ce sont des biographies écrites avec talent par des auteurs connus, tels que le général Ambert, Dom Piolin, Rastoul, le colonel Protche, etc., etc. On y rencontre les personnages les plus divers. Dans le premier volume, je note en courant Léon XIII, le général Vinoy, Montalembert, Drouot, la touchante figure de Sœur Rosalie, Eugénie et Maurice de Guérin, etc. ; dans la douzième série paraissent Lacordaire, Berryer, Ampère, Frayssinous, Lamennais, etc. Tous ces portraits, que des anecdotes choisies avec soin rendent plus ressemblants, forment une sorte de galerie fort intéressante, où l'on peut sans fatigue se mettre au courant de l'histoire contemporaine, et puiser dans l'exemple de nos gloires nationales l'amour de la France et de l'Eglise. — P. M. » (*Etudes religieuses des RR. PP. Jésuites.*)

LIBRAIRIE BLOUD ET BARRAL

BIOGRAPHIES DU XIXᵉ SIÈCLE

Suite des " Illustrations et Célébrités du XIXᵉ siècle "

*Neuf séries ou volumes in-8º (avec portrait de personnages);
chaque série ou volume formant un tout complet
et se vendant séparément :*

Prix *franco* : **3 fr. 50**

HISTOIRE ANECDOTIQUE DE LA FRANCE

Par Ch. d'HÉRICAULT

*Ouvrage publié en sept beaux volumes in-8º ou séries formant
chacun un tout complet et se vendant séparément.*

Chaque série ou volume orné de huit gravures hors texte

Prix : **5 fr.** franco **5 fr. 50**

1ʳᵉ Série. — *Les Origines du peuple français.*
2ᵉ Série. — *Le Moyen âge.*
3ᵉ Série. — *La Renaissance.*
4ᵉ Série. — *L'Ancien régime.*
5ᵉ Série. — *La Révolution.*
6ᵉ Série. — *Le Régime Moderne.*
7ᵉ Série. — *La Période Contemporaine.*

L'histoire de France se divise naturellement en sept périodes : les *Origines*, le *Moyen âge*, la *Renaissance*, l'*Ancien régime*, la *Révolution*, le *Régime moderne*, la *Période contemporaine*. Notre ouvrage suit ces divisions naturelles. *Chaque volume forme d'ailleurs un tout complet et séparé.*

Le nom de l'écrivain suffit à recommander cet ouvrage et à en faire valoir les mérites Le public est persuadé d'avance que cette œuvre patriotique et chrétienne ne pouvait être confiée à de meilleures mains.

HISTOIRE DE FRANCE

RACONTÉE A MES ENFANTS

Par E. de MOUSSAC,
avec introduction par M. le Mⁱˢ A. de SEGUR

Un vol. grand in-8º jésus,
orné de 162 belles gravures ou portraits. 8ᵉ édition.

Prix broché, *franco*, **6 fr. 50**.
Reliure toile, fers spéciaux, **9 fr.**

LIBRAIRIE BLOUD ET BARRAL

LA PATRIE FRANÇAISE
SES ORIGINES, SES GRANDEURS ET SES VICISSITUDES
Par Ch. BARTHÉLEMY

Un beau volume in-8·, illustré de *seize gravures* hors texte.
Prix, **5 fr.**; *franco*, **5 fr. 50**.

*Ouvrage adopté par le Ministère de la Guerre
pour les bibliothèques de garnison*

PHILOSOPHES ILLUSTRES
LEUR VIE ET LEURS DOCTRINES
(Antiquité et temps modernes)

I. *Socrate* et ses disciples. — II. *Platon* et l'Académie. — III. *Aristote* et le Lycée. — IV. *Épicuriens et Stoïciens*. — V. La philosophie à Rome : *Sénèque, Épictète, Marc-Aurèle, Lucrèce, Cicéron*. — VI. *Bacon, Hobbes, Gassendi*. — VII. *Descartes* et l'école cartésienne. — VIII. *Malebranche*. — IX. *Spinosa*. — X. *Leibnitz*. — XI. *Locke*. — XII. *Condillac*. — XIII. *Kant*.

Par M. MERKLEN, professeur de philosophie

NOUVELLE ÉDITION AUGMENTÉE D'UNE NOTICE SUR KANT
Ouvrage précédé d'une lettre-préface de Mgr Bourquard

Approuvé par S. E. le cardinal Foulon, archevêque de Lyon, Mgr Besson, évêque de Nimes, etc, etc.

Deux beaux volumes in 8o. — Prix : **8 fr.**; *franco*, **10 fr.**

LES
GRANDS ARTISTES DU XIXe SIÈCLE
PEINTRES — SCULPTEURS — MUSICIENS
Par C. de BEAULIEU

Un très beau et fort volume in-8o, orné de seize portraits hors texte.

Prix : **5 fr.**; *franco*, **5 fr. 50**.

LIBRAIRIE BLOUD ET BARRAL

HISTOIRE POPULAIRE DU CANADA

D'APRÈS LES DOCUMENTS FRANÇAIS ET AMÉRICAINS
Par J.-M. de BAUDONCOURT

Un beau volume in-8°. — 2ᵉ édition.— Prix, 5 fr.; *franco*, 5 f. 50

Ouvrage adopté par le Ministère de la Guerre pour les bibliothèques de garnison

HISTOIRE DE L'ÉGLISE

Par Fr.-X. KRAUS

Docteur en théologie et en philosophie, professeur d'histoire ecclésiastique à l'Université de Fribourg. — Traduite par P. GODET et G. VERSCHAFFEL, prêtres de l'Oratoire.

Trois volumes in-8°. — Prix, 12 fr.; *franco*, 14 fr.

LE PARFUM DE LOURDES

RÉCITS ET SOUVENIRS
Par M. LOUIS COLIN

3ᵉ édition. — Un beau volume in-8° écu de 440 pages.
Prix, 3 fr. 50; *franco*, 4 francs.

HISTOIRE DE L'ART CHRÉTIEN

DES ORIGINES JUSQU'A NOS JOURS
Par F. BOURNAND

Professeur d'esthétique et d'histoire de l'art à l'Ecole professionnelle catholique et à l'Association polytechnique, lauréat de la Société d'encouragement au bien ; ancien élève de l'Ecole des hautes études ; ancien vice-président du Cercle catholique de Saint-Roch.

Deux beaux volumes in-8° cavalier. — *Ouvrage orné de nombreuses gravures*

Prix, 8 fr.; *franco*, 10 fr.

LIBRAIRIE BLOUD ET BARRAL

LA SALETTE

Par M. l'abbé I. BERTRAND

Avec 18 gravures. — Un volume in-8º écu de 526 pages sur beau papier.

Prix, 4 fr.; *franco*, 4 fr. 50

Ouvrage approuvé par NN. SS. les évêques de Grenoble et de Verdun.

2ᵉ ÉDITION

NOUVELLE

HISTOIRE DE LA LITTÉRATURE FRANÇAISE

DEPUIS LA RÉVOLUTION JUSQU'A NOS JOURS

Par M. JEANROY-FELIX

4 beaux vol. in-8º. — Prix, 20 fr.; *franco*, 22. — Chaque série ou vol. forme un tout complet et se vend séparément — Prix, 5 fr.; *franco*, 5 fr. 50.

1ʳᵉ Série : Histoire de la Littérature pendant la Révolution et le premier Empire. — 2º Série : Histoire de la Littérature pendant la Restauration. — 3º Série : Histoire de la Littérature sous la Monarchie de juillet. — 4º Série : Histoire de la Littérature sous le second Empire et la troisième République.

FAUTEUILS DE L'ACADÉMIE FRANÇAISE

Par M. PROSPER VEDRENNE

Quatre beaux et forts volumes in-8º, ornés de *quarante beaux portraits* hors texte.

Prix, 20 fr.; *franco*, 22 fr.

Ouvrage adopté par le Ministère de la Guerre pour les bibliothèques de garnison

LIBRAIRIE BLOUD ET BARRAL

GABRIEL
OU LA
FIN DE LA PIRATERIE SOUS L'EMPEREUR CONSTANTIN
Par M. le chanoine J. REYMOND
Deux volumes in-8º. — Prix, franco, 6 fr.

Les AVENTURES d'YVONIK KERGOAL
SCÈNES & RÉCITS DE L'ANCIEN & DU NOUVEAU RÉGIME
Par M. L. ARNOULIN, professeur d'histoire
Un beau volume, in 8o. — Prix, 4 fr. 50; franco, 5 fr.

LE CHEMIN DE DAMAS
Par le général AMBERT. — Nouvelle édition revue et augmentée.
Un beau volume in-8º. — Prix, 4 fr.; franco, 4 fr. 50

INTRODUCTION SCIENTIFIQUE A LA FOI CHRÉTIENNE
Par un Ingénieur de l'Etat, ancien élève de l'Ecole polytechnique.
Un vol. in-8º écu. — Prix, 4 fr.; franco, 4 fr. 50

APOLOGIE DU CHRISTIANISME
Par FRANZ HETTINGER

Docteur en philosophie et en théologie, professeur de théologie à l'Université de Wurtzbourg. — Traduction de l'allemand par M. Julien LALOBE DE FELCOURT, licencié en droit, et M. J.-B. JEANNIN, préfet des études au collège de l'Immaculée-Conception de Saint-Dizier. — 3ᵉ édition revue et considérablement augmentée suivant la nouvelle édition allemande.

Cinq beaux volumes in-8º carré, sur papier vergé — Prix, franco, 25 fr.

FRAYSSINOUS. — **Défense du Christianisme** — Deux volumes in-8 carré, Prix, franco, **5 fr.**

LIBRAIRIE BLOUD ET BARRAL

LES TEMPS PRIMITIFS ET LES ORIGINES RELIGIEUSES
D'APRÈS LA BIBLE ET LA SCIENCE

Par M. l'abbé **THOMAS**, Vicaire général de Verdun, auteur des *Etudes critiques sur les origines du Christianisme*

Deux volumes in-8o. — Prix, **8 fr.** ; *franco*, **10 fr.**

LE RÈGNE DU CHRIST
L'ÉGLISE MILITANTE ET LES DERNIERS TEMPS

Par M. l'abbé **THOMAS**, vicaire général de Verdun, auteur des *Etudes critiques sur les origines du Christianisme* et des *Temps primitifs et les origines religieuses*.

Un volume in-8° — Prix, **4 fr.** ; *franco*, **4 fr. 50**.

L'ÉGLISE ET LA LIBERTÉ
ÉTUDES SUR L'EGLISE, SA NATURE, SON ESPRIT, SES BIENFAITS

Par Georges **ROMAIN**, auteur de *Le Moyen âge fut-il une époque de ténèbres et de servitude ?* — 4e édition entièrement refondue

Un beau et fort volume in-8° — Prix, *franco*, **6 fr**

LE MOYEN AGE
FUT-IL UNE ÉPOQUE DE TÉNÈBRES ET DE SERVITUDE — ÉTUDES
Par M. Georges **ROMAIN**

Un beau volume in-8°. — 2e édition. — Prix, **4 fr.** ; *franco*, **4 fr. 50**.

HISTOIRE AUTHENTIQUE DES SOCIÉTÉS SECRÈTES
DEPUIS LES TEMPS LES PLUS RECULÉS JUSQU'A NOS JOURS

Leur rôle politique, religieux et social, par un ancien Rose-Croix.

Un beau volume in-8°, titre rouge et noir. — Prix, *franco*, **5 fr**.

COURS DE SCIENCE RELIGIEUSE

A l'usage des classes supérieures des Collèges, des Lycées, des petits Séminaires, des Ecoles normales, des Maisons d'éducation et des Catéchismes de persévérance.

par l'abbé **A. GUYOT**

Curé-doyen de Gérardmer, docteur en théologie et en droit canon, professeur de théologie, chanoine honoraire de Saint-Dié, auteur de *La Raison conduisant l'homme à la Foi*.

Ouvrage approuvé par NN. SS. les évêques de Saint-Dié et de Nancy

Un volume in-8° écu. — Prix, **3 fr. 50** ; *franco*, **4 fr**.

LIBRAIRIE BLOUD ET BARRAL

DICTIONNAIRE CLASSIQUE

DE LA LANGUE FRANÇAISE

Le *plus exact, le plus complet de tous les ouvrages de ce genre* et le *seul* où l'on trouve la solution de toutes les difficultés grammaticales et généralement de toutes les difficultés inhérentes à la langue française suivi d'un *Dictionnaire géographique, historique, biographique et mythologique*, par H. BESCHERELLE jeune, officier d'Académie, membre de plusieurs sociétés savantes. — 5 éditions. — Un très fort volume grand in-8 raisin sur fort papier (à deux colonnes) de 1232 pages, imprimé en caractères *neufs*, et renfermant la matière de 8 volumes in-8° ordinaires.

Prix, franco : Broché, **11** fr. — Relié toile pleine, **13** fr.

[Relié demi-chagrin, **13** fr. **60**.

BIBLIOTHÈQUE DU DIMANCHE

Collection in-18 jésus : 3 fr. le volume. — Titre rouge et noir

Les ouvrages qui rentrent dans notre collection n'y sont admis qu'après sérieux examen. Bien qu'ils aient la forme et l'attrait du roman de nos jours, on n'y trouve rien qui surexcite l'imagination, parce que les pensées et les sentiments y sont surveillés et maintenus dans les bornes d'une irréprochable convenance.

Considérés au point de vue du mérite littéraire, ces ouvrages se recommandent encore par l'élégance du style et les noms bien connus qui les ont signés.

Le Prieuré, par M. Maryan, 1 vol.
Petite Reine, par M. Maryan, 1 vol.
Les Ruines de Fougueil, par G. d'Ethampes, 1 vol.
La Dernière des Ravaudeuses, par le vicomte H. du Mesnil, 1 vol.
Les Iles Sauvages, par Raoul de Navery, 1 vol.
L'Héritière du Colonel, par G. d'Ethampes, 1 vol.
Françoise de Chaverny, par J. de Cherzoubre, 1 vol.
La Roche d'Enfer, par G. du Vallon, 1 vol.
Un Oncle à héritage, par S. Blandy, 1 vol.
La Veuve du Garde, par Raoul de Navery, 1 vol.
Roseline, par A. Franck, 1 vol.

La Cassette du baron de Faouédic, par G. d'Arvor, 1 vol.
Les Coiffes de Sainte-Catherine, par Raoul de Navery, 1 vol.
Maxime Dufournel, par Mme Gabrielle d'Arvor, 1 vol.
Les Dupes, par Raoul de Navery, 1 vol.
Histoire d'une Fermière. — Faustine, par Mme Bourdon, 1 vol.
L'Héritier de Montreil, par Marie Guerrier de Haupt, lauréat de l'Académie, 1 vol.
La Dette de Zeéna, par S. Blandy, 1 vol.
Un Roman dans une cave, par Claire de Chandeneux, 1 vol.
Les Chemins de la Vie, par M. Maryan, 1 vol.

Imp. Mazereau, Tours, R. Sot de, Succ.

L'HYPNOTISME
SES PHÉNOMÈNES ET SES DANGERS
Par le R. P. Touroude

1 vol. in-8° écu. — Prix, *franco* . . . . 2 fr. 50

Beaucoup de personnes ne soupçonnent pas à quels dangers elles s'exposent, soit en se prêtant, soit en assistant aux représentations publiques d'hypnotisme. Comme ces sortes de spectacles font fureur dans presque toutes les villes où l'on a l'imprudence de les permettre, on a pressé le R. P. TOUROUDE de publier le présent ouvrage pour montrer combien ces expériences sont pernicieuses au point de vue de la santé, de la morale et de la religion. Mais avant de livrer son travail à la publicité, il a voulu le soumettre à l'examen d'hommes compétents et il en a reçu les approbations les plus flatteuses « J'ai lu votre opuscule avec un grand intérêt, lui écrit un savant professeur du séminaire de Saint-Sulpice, et je ne puis que donner mon assentiment à la doctrine sage et modérée dont vous vous êtes fait l'interprète. »

« Le cri d'alarme que vous avez si opportunément et si efficacement jeté est donc un nouveau service rendu à la cause de la foi et de la morale chrétienne ».

« Pour vous dire toute ma pensée, lui mande le Supérieur du grand séminaire de Bordeaux, je trouve vos quelques pages plus instructives et plus concluantes que ce qui a été publié jusqu'ici... »

« La théologie trouvera dans cette publication les conclusions morales à proposer aux fidèles au sujet de cette pratique que la curiosité tendait à généraliser, au détriment de la foi et des mœurs. Donc vous avez fait une œuvre bonne et utile. Je vous en félicite ».

Voici le jugement que porte sur cette *Etude*, le Supérieur général de la Congrégation des SS. Cœurs : « Elle est bien conçue et très concluante. Il est regrettable qu'elle ne soit pas donnée à un libraire de Paris. Elle s'écoulerait très vite et produirait les meilleurs résultats. Elle est un excellent résumé de ce qui a été de mieux écrit sur l'hypnotisme »

M. l'abbé Grandelande, vicaire général et supérieur du grand séminaire de Saint-Dié, qui a lui-même publié dans le *Canoniste Contemporain* plusieurs articles sur cette question, écrivait d'autre part au R. P. Touroude : — « J'ai lu avec une satisfaction sans mélange, chose peu ordinaire, votre excellente *Etude* sur l'hypnotisme. Cette étude est le travail le plus *complet*, le plus *précis*,et j'ajouterai même le plus *exact* qui ait eu lieu jusqu'alors sur la matière. Détails historiques suffisants pour fournir la preuve des faits ; conséquences physiques et morales nettement établies ; manifestation du principe réel de tous les faits ou prestiges, tels sont les caractères de votre ouvrage qui font de celui-ci un traité complet. La rigueur des raisonnements, la clarté du style et l'énergie des appréciations viennent encore ajouter un nouveau prix à votre *Etude* si intéressante.

Le R. P. Touroude ayant demandé à M. l'abbé Grandelande la permission de reproduire cette lettre si caractéristique, en recevait cette réponse « Je serais heureux de concourir en quelque chose à la divulgation de votre excellent ouvrage. J'autorise donc bien volontiers la publication de la lettre que j'ai eu l'honneur de vous adresser... Ne vous étonnez pas des appréciations diverses portées sur votre publication et surtout ne tenez aucun compte des tendances trop naturalistes de L... et d'O.. vous êtes dans le vrai .. »

Enfin Mgr Gay, évêque d'Anthédon, daignait écrire à l'auteur : « Mon cher Père, j'ai lu avec le plus vif intérêt et le plus grand plaisir votre opuscule sur l'hypnotisme. Vous ferez une œuvre utile en le publiant et l'effet qu'il a déjà produit à Alençon est le gage du succès qui l'attend ailleurs... »

« Vous avez raison de le dire, la science, si respectable, quand elle reste dans son domaine, ne donne point aux hommes le dernier mot de ces questions, qui intéressent au plus haut point la morale et même la foi. »

Un grand nombre de NN. SS. les évêques ont félicité le R. P. Touroude sur le mérite de cette excellente étude sur l'*hypnotisme*.

www.ingramcontent.com/pod-product-compliance
Lightning Source LLC
Chambersburg PA
CBHW071601170426
43196CB00033B/1522